_____님께

행복을 드립니다.

_____

대중문화 백세를 품다

호모헌드레드와
문화산업

임진모 이재광 전찬일 이채원 최현규 이재욱 이한규 이혜경

온하루 출판사

CONTENTS

저자 소개 (차례순)

임진모

고려대학교 사회학과. 2006 MBC 연기대상 라디오부분 공로상.

2011 제5회 다산대상 문화예술 부문 대상.

경향신문 기자. 내외경제신문 기자.

영상물 등급위원회 공연심의위원. 한국저작권위원회 위원.

이재광

한양대학교 공공정책대학원 특임교수.

시니어 전문 매거진 〈시니어 비즈니스 리뷰〉 발행인 겸 편집인,

뉴스통신 KNS 논설위원 · 전문위원.

고려대학교 사회학박사, 경희대학교 행정학박사.

미국 뉴욕주립대학교 브로델연구소 객원연구원, 한성대 겸임교수,

경기개발연구원 선임연구위원, 중앙일보 기자,

젊은영화비평집단 고문 등 역임.

저서 『과잉생산, 불황, 그리고 거버넌스』 『영화로 쓰는 세계경제사』

『상식과 싸운 사람들』 『식민과 제국의 길』 등.

전찬일

서울대 독어독문학과 대학원.

동국대 영화전공 박사 수료.

부산국제영화제(BIFF) 프로그래머.

아시아필름마켓 부위원장, 연구소 소장.

현 울주세계산악영화제 집행위원, 강원영상위원회 운영위원.

숙명여대, 경기대, 전주대, 한국외국어대 등 겸임·객원 교수.

현 조선대학교 초빙교수.

〈아시아엔〉, 〈공연과 리뷰〉, 〈쿨투라〉 등 기고.

평론집 『영화의 매혹, 잔혹한 비평』

『문화현장에서 오늘의 영화를 읽다』(손정순 공저)

『전찬일의 세계영화사조론 1/2』 등.

이채원

서강대학교 국어국문학과 졸업. 동 대학원 문학박사.

영화평론가. 나사렛대학교 교양교육학부 교수.

2013 동아일보 신춘문예 영화평론 부문 당선으로 등단.

『소설과 영화, 매체의 수사학』(국학자료원)

『영화 속 젠더 지평』(서강대 출판부).

최현규

2010 올해의예술가상 수상. 복사골문학상 수상.

2011 부천신인문학상위원장. 2017 한국작가회의 부천지부장.

전 부천대학교수. 현 동국대학교 외래교수.

장편소설 전3권『모스』문학평론집『문학, 씨줄과 날줄』

장편소설 전3권『해인의 비밀』단편소설집『즉흥환상곡』출간.

이재욱

충청일보 신춘문예 소설 입선(학생부).

충청일보 신춘문예 동화 입선(학생부).

부천신인문학상. 복사골문학상 수상. 경기도문학상 수상.

소설집『귀천의 길목』『연탄 두 장의 행복』

장편소설『아버지의 가슴앓이』출간.

전 부천작가회 회장. 부천소설가협회장.

수주문학상 운영위원. 부천신인문학상 운영위원.

한국소설가협회 회원.

현 부천 복사골문학회 회장.

이한규

수원시 부시장. 고려대학교 사회학과 졸업.

버밍엄대학교 도시지역개발학 석사.

서울시립대학교 대학원 도시행정학 박사.

제35회 행정고시 합격.

2005 경기도 양주시 부시장. 2007 경기도청 정책기획심의관.

2012 경기도청 안전행정실장, 기획행정실장.

2013 경기도 성남시 부시장. 2016 경기도 부천시 부시장.

이혜경

명지대학교 대학원 문예창작학과 박사과정 수료.

중국 태산의학대학교 한국어과 교수 역임.

2007 창조문학 신인상 [배냇저고리].

현 서일대학교 강의교수.

소설집 『제가 그 둘쨉니다』 출간.

머리글

인간이 100세를 향유하는 호모헌드레드 시대다. 신화나 동화 속 세계가 두루마리 그림처럼 한순간에 현실세계에 펼쳐진 느낌이다. 호모헌드레드 homo-hundred, 유엔은 이 용어를 〈세계인구고령화 World Population Aging 2009〉보고서에서 처음 쓰면서 중요한 지적을 했다. 호모헌드레드 시대는 모든 사회시스템의 변화를 요구한다는 것이었다.

'모든 사회시스템'이라 했다. 여기에는 산업시스템이 들어가고 이 산업시스템 안에는 응당 문화산업도 포함된다. 결론은 호모헌드레드 시대는 문화산업도 변해야 한다는 것이다. 그래야만 문화산업이 생존하고 번성할 수 있다는 단언과 다름 아니다. 문제는 '어떻게'이다. 어떻게 변화해야 하는가.

임진모, 전찬일 두 평론가와 먼저 이 문제를 토론했다. 책을 기획하고 각자의 영역에서 글을 쓰기로 의기투합했다. 백세시대를 맞아 문화산업의 지금까지의 변화와 앞으로의 변화 방향을 모색해보자는 취지였다.

우리 여덟 필자들의 몇 가지 바람을 터놓는다.

첫째, 우리나라 대중문화산업이 어떻게 백세시대에 적응했고, 또 적응하고 있는지 독자 분들이 조금씩만이라도 더 이해하기를 소망한다. 이것이 이 책을 쓴 가장 중요하고 직접적인 동인動因이다.

호모헌드레드 시대에서 모든 산업은 적응이 절대적으로 필요하다. 하지만 적응 방식은 체계화되지 못했다. 심도 있는 연구가 아직은 부족해서이다. 이 책이 정리한 대중문화산업의 백세시대 적응기記가 다른 산업까지 확장돼 다른 산업의 고령사회 적응기도 연구 · 정리되길 희망한다. 주택이나 패션 · 의류 부문에서는 특히 연구할 게 많아 보인다.

둘째, 대부분의 나라들이 일자리 부족에 허덕이고 있다. 우리나라도 예외는 아니다. 특히 고령인구는 절반이 빈곤층이다. 경제협력개발기구OECD에서 우리나라가 이 부문 1위다. 2018년 현재 국내 65세 이상 고령자인구 700만 가운데 빈곤층이 350만이다. 여기에 차세대 고령층인 베이비부머 700만이 대기 중이다. 향후 빈곤율이 여전하다면 정부는 700만 고령 빈곤자를 보호 · 관리 · 요양해 줘야한다. 이 부담을 경감하는 최선책은 하루빨리 오륙십 대 후기 베이비부머에게 양질의 일자리를 제공하는 것이다. 수많은 관계자들이 확실한 방법론을 찾지 못하는 것 같아 안타깝다.

상당수 사람들이 그 답을 시니어 비즈니스에서 찾고 있다. 이 시장은 세계적으로 급팽창하고 있고 다양한 기술의 접목이 시도되고 있다. 현재시점에도 시니어 비즈니스 분야는 그 영역이 꽤 넓어 보인다.

우리 여덟 필자들의 세 번째 바람은 바로 여기에 있다. 이 책이 시니어 산업과 비즈니스의 이해를 고양하고 그 활성화에 기여하길 희원한다. 정부–대기업–중소기업의 협력관계가 제대로 이뤄져 시니어 산업이 성장하면 시니어는 물론 청년에게도 적잖은 일자리를 가져다줄 것이다.

마지막으로 백세시대를 맞는 우리 모두 건강하고 행복하길 염원한다.

이재광

대중문화 백세를 품다

호모헌드레드와
문화산업

제1장

시니어와
한국 대중음악

임진모

1. 대중음악과 호모헌드레드

곱고 희던 그 손으로 넥타이를 매어주던 때/어렴풋이 생각나오, 여보 그때를 기억하오/막내아들 대학 시험 뜬 눈으로 지내던 밤들/어렴풋이 생각나오, 여보 그때를 기억하오/세월은 그렇게 흘러 여기까지 왔는데/인생은 그렇게 흘러 황혼에 기우는데…/다시 못 올 그 먼 길을 어찌 혼자가려하오/ 여기 날 홀로 두고 여보 왜 한마디 말이 없소/여보 안녕히 잘 가시게…

이 노래가 흘러나오면 나이 든 어른들이든 젊은이들이든 눈을 지그시 감는다. 고인이 된 김광석이 마지막에 '여보 안녕히 잘 가시게…'를 처연하게 부르는 대목에선 애써 참으려 해도 자기도 모르게 눈물이 흐른다. 노래를 한 김광석도 녹음 중에 너무 슬퍼서 노래를 이어나가기가 힘들 것 같다며 술을 마신 뒤 노래했다고 한다. 이제는 대중가요의 클래식 반열에 오른 곡 '어느 60대 노부부의 이야기'는 삶과 나이듦을 아는 사람이라면 남녀노소를 떠나 누구나 공감하는 강한 호소력을 발휘한다.

2. 60대가 노부부인가

김광석의 노래로 알려져 있지만 실은 1988년에 블루스 기타리스트 김목경이 영국 유학 중에 한 시간도 안 걸려 후다닥 작곡하고 먼저 불러 음반으로 발표한 노래다. 그런데 지금은 대부분이 김광석 노래로 기억하니 어느 틈에 노래의 주인이 바뀌어버린 셈이다.

대중적 위상은 두텁지만, 세월이 흐르면서 많은 사람들이 이 곡의 제목에만은 고개를 갸우뚱하고 의아해한다. 60대 노부부라니? 실제 60대도, 아니 젊은 사람들도 결코 동의하지 않는다. 환갑잔치가 사라지고 고희연도 머쓱해진 마당에 노老라는 말은 어색함을 넘어 부당하다.

당장 김목경부터가 변화를 겪었다. '가는 세월'의 가수 서유석이 2003년 '어느 60대 노부부의 이야기'를 리메이크하기 위해 원작자인 김목경에게 저작권 허락을 요청했다. 1945년생의 서유석이 마침 60대로 접어든 시기여서 이 곡의 가치를 새롭게 평가했겠지만 60대 노부부라는 표현이 마음에 걸렸다.

그는 결국 제목에서 60대를 빼고 '어느 노부부의 이야기'라는 곡목으로 발표했다. 김목경(1959년생)은 이 곡을 두고 이렇게 말한다. "팔팔한 20대 후반에 이 곡을 썼다. 그때에 60대는 아득히 먼 나이였고 솔직히 나한테는 '올 것 같지 않은' 나이였다." 그때는 노부부라는 말은 자연스러웠다. 하지만 지금 고령화시대에 맞지 않는 타이틀임에는 분명하다.

백세시대가 되면서 대중가요에서 늙음이라는 언어가 주는 뉘앙스도 격변 중이다. 우선 과거에 늙음은 젊음과 대립하고 갈등하는 기성 질서와 기존 가치의 상징으로 자리했다. 서구의 베이비붐세대 젊음은 역사상 최초로 이것을 고정관념화 했다. 전쟁 세대의 낡은 가치에서 벗어나야 한다! 당연히 그들이 두각을 나타내면서 대중음악도 젊음이 지배하고 주도하는 판으로 급속 이동했다.

1930-40년대에 젊은이들은 아버지 세대가 시키는 대로 '아버지 음악'을 들었다. 이때의 습속과 미덕은 대물림이었다. 하지만 자식 세대인 베이비붐세대는 위 세대와 분리선을 치고 그들만의 젊은 음악을 원했다. 1960-70년대 가치변화를 향해 치달은 베이비붐세대들에게 약동하는 로큰롤rock and roll 사운드와 통기타를 연주하며 낡은 시대를 비판한 포크folk는 궁합이 맞아떨어졌다. 더욱더 '젊음을 위한, 젊음에 의한, 젊음의' 패턴이 공고해졌다.

우리도 마찬가지였다. 1960년대를 주름잡았던 기성세대 대상의 트로트음악이 1970년대 초반의 마지막 전성기라고 할 남진 나훈아 라이벌전 이후로 대세는 청춘음악인 포크와 로큰롤로 넘어갔다. 공공연히 앞에 '영young'이라는 말이 붙은 포크는 대학생이 중심이었고 혈기와 반항성이 두드러진 로큰롤 역시 청춘과 동행했다. 베이비붐세대가 우뚝 서게 되면서 이미자와 나훈아에서 신중현과 김민기로 청춘의 감성과 취향이 바뀌었고 서양의 경우도 당연히 나이 든 루이 암스트롱에서 젊디젊은 비틀스와 밥 딜런으로 음악 판의 세대교체가 단행되었다.

온 누리의 아버지와 어머니도 함께해요/자신이 이해할 수 없는 것이라고 비난하지는 말아요/당신의 아들과 딸들은 당신의 통제를 넘어서 있고/그대들의 낡은 노선은 빠르게 나이를 먹고 있죠/당신이 거들어주

지 않을 거라면 새로운 대열에서 빠져주기를/왜냐면 시대는 변하고 있
으니까요…

– 밥 딜런 〈세상은 변한다 The times they are a-changing〉

오랜 세월이 지나 내 나이가 들어 머리가 빠진다면/그때도 발렌타인 선
물을 보내고 생일날에 와인을 보내줄 건가요/…전구가 나갔을 때 퓨즈
를 갈아 끼우는 일을 척척할 게요/당신은 난롯가에서 스웨터를 짜고/일
요일 아침에는 드라이브를 가죠/정원을 가꾸고 잡초를 뽑지요/더 뭘 바
라요/여전히 날 필요로 하고 여전히 날 밥 먹여줄 건가요/내 나이 예순 넷
일 때도…

– 비틀스 〈내 나이 예순 넷에 When I'm sixty-four〉

1960-70년대를 살아간 젊음(베이비붐세대)에게 늙음과 나이듦은
두 노래가 말해주듯 퇴물, 완고함 아니면 나약, 보호대상과 같은 다분
히 부정성의 의미를 띠었다. 젊은 뮤지션들이 음반과 무대를 완전 장악
하면서 가수들은 나이가 들면 자연스럽게 무대에서 물러나는 것이 사실
상 공식화되었다. (이 과정이 더디게 진행되면 낡은 사회 혹은 국가로 치
부되었다) 외국이든 우리든 고령의 가수는 경쟁력 상실로 은퇴했고 실제
로 40대 이상의 나이에 인기차트 순위에 드는 히트를 치는 사례는 드물
었다.

3. '애모' 김수희, '낭만에 대하여' 최백호
김수희가 뒤늦게 주목받은 곡 '애모'로 1993년에 톱스타들인 서태지

와 아이들, 김건모를 꺾고 방송 인기차트에서 1위를 올랐을 때가 마흔 살이었다. 당시 매체들은 간만에 나이든 가수가 젊은 가수를 이겼다고 호들갑을 피웠다. 대중음악이 늘 그렇긴 하지만, 그 시기는 신세대, 이른바 X세대의 목소리가 힘을 얻고 랩과 알앤비R&B 등 흑인음악으로 트렌드가 바뀔 때였기 때문에 유난히도 젊은 20대 가수들 천지였다.

40대들은 퇴장해서 야간업소로 활동의 장을 마련하는 게 그때까지의 관례였다. 그래서 김수희의 분발은 돋보였다. 언론 입장에서는 그처럼 '죽지 않는 노병' 사례를 간만에 가요계에서 목격한 게 희한했을 것이다. 바로 이어서 1995년경, 차곡차곡 인지도가 쌓인 끝에 또 하나의 김수희 골든 레퍼토리가 된 곡 '남행열차'는 한 방송프로그램 조사에서 10대가 가장 좋아하는 트로트로 선정되었다. 그는 그 무렵 세대를 넘나드는 가수로 인기를 누렸다.

하지만 40대 히트곡 생산자는 김수희만은 아니었다. 패티김(1938년생)은 '애모'보다 훨씬 전인 1983년에, 당대로서는 거의 기념비적인 나이 마흔다섯 살에 '가을을 남기고 간 사랑'을 발표했다. 이 곡은 지금도 꾸준히 라디오전파를 탄다. 패티김은 데뷔 가요라고 할 '초우'와 더불어 나이 먹어 발표한 '가을을 남기고 간 사랑'을 자랑스러운 자신의 대표곡으로 여긴다.

최백호(1950년생) 역시 마흔 다섯이던 1995년에 탱고리듬의 '낭만에 대하여'가 드라마 〈목욕탕 집 남자들〉에 삽입되어 널리 알려지면서 모처럼 히트 레퍼토리를 확보하게 되었다. 신의 한 수라고 할 이 곡이 없었다면 아마도 최백호는 여전히 '내 마음 갈 곳을 잃어', '그쟈', '영일만 친구' 등 1970년대 말의 저 옛날의 노래들을 반복적으로 노래하며 추억에 기대는 왕년의 가수로 그치지 않았을까.

이 노래와 함께 거뜬히 원기를 회복하면서 가요계 일각에서 젊었을 때보다 더 가창력이 좋아졌다는 호평을 받으면서 이후 20년 동안 지속적으로 상승곡선을 탔다. 특히 공연, 행사, 라디오프로 진행 등을 통해 젊은 층과 접점을 형성하면서 세대를 아우르는 가수로 거듭났다. 김수희와 최백호의 사례는 40대 이후 중년에 활동지수를 높이고자 할 때 반드시 젊은 세대와의 케미chemi가 전제되어야 한다는 점을 시사한다.

4. 갈수록 젊어진 인순이

젊은 래퍼 조피디의 2004년 곡 '친구여'에서 멜로디 파트를 맡아 부르며 40대 후반에 현재진행형 가수로 용트림한 인순이는 그 기록을 좀 더 끌어올렸다. 2007년 '거위의 꿈'이라는 모처럼의 발라드로 대박을 쳤을 때 그의 나이는 경이로운(?) 오십 살이었다. 이 노래가 차트와 시장에서 위력을 띠고 있던 시점에 신문과 방송은 고령, 노익장, 노장, 대선배와 같은 지금은 실상 폐어가 되다시피 한 어휘들을 동원해 그가 상당히 늙어서 성공을 거두었다는 점을 애써 강조했다.

인순이는 예나 지금이나 무대를 뛰어다니며 열정을 불사른다. 늙어 보이지를 않는다. 스스로도 그 말을 용납하지 않을 것이다. 언제나 강렬하고 팔팔한 이미지를 뿌려대기에 인순이는 그 나이대의 가수로선 드물게 영 제너레이션과의 소통에 성공했다. 늘 공연무대에서 강했지만 젊은이들마저 그의 존재를 확고히 인식하게 된 결정적 전환점은 상기한 것처럼 2004년 후배 뮤지션 조피디와 함께 만든 곡 '친구여'가 빅히트하면서부터였다.

이 곡을 계기로 젊은 세대는 비로소 인순이가 얼마나 비범한 가수인가를 새롭게 인식했다. 그들 또래의 여가수는 도저히 소화할 수 없는 독보적인 음 장악력과 가창의 호소력을 훌륭하게 구현한 인물! 우연히 '친구여' 무대를 본 20·30대 젊은이들 입에선 탄성이 터져 나왔다. "나이 오십 맞아?" 다시 강조하지만 그 무렵에 50살은 활동의 정리 수순에 들어가야 할 늙은 나이였다.

'친구여'의 작·편곡자 박근태는 말한다.

어느 날 조피디가 도움을 청하더라고요. 고민을 해보겠다고 한 게 인순이씨가 섭외가 되겠냐 해서 섭외가 되면 제가 한 번 해보겠다고 했어요. 인순이씨 말고는 파워풀한 가수는 없다는 판단이었고 서로에게 필요한 에너지를 섞으면 되겠다고 생각했습니다. 인순이씨는 그때까지만 해도 이미지가 젊지 않았는데, 그 이후로 젊어지셨죠.

5. 나이의 압박에서 벗어난 양희은

하긴 이해할 만한 것이 이전 대중음악계에서는 나이 서른이 벌써 기성세대 진입단계로 갇히는 젊지 않은 연배였다. 김광석의 '서른 즈음에'는 분명 성숙보다는 20대와의 작별이 주는 푸석푸석함의 정서에 가깝다. 어쩌면 음악은 20대 청춘의 전유물이라는 등식이 의식 저변에 깔려있는 것인지도 모른다.

작기만 한 내 기억 속에/무얼 채워 살고 있는지/점점 더 멀어져 간다/머물러 있는 청춘인 줄 알았는데/비어가는 내 가슴 속엔/더 아무 것도 찾을 수 없네…

  그러니 나이 마흔이 늙음의 시작인 초로初老로 인식되는 게 전혀 무리
가 아니었다. 1952년생 양희은은 1991년, 나이 40살을 앞두고 '내 나
이 마흔 살에는'이라는 노래를 취입했다.

  날아만 가는 세월이 야속해 붙잡고 싶었지/내 나이 마흔 살에는/다
시 서른이 된다면 정말 날개 달고 날고 싶어/그 빛나는 젊음은 다시 올수
가 없다는 것을/이제서야 알겠네…

  양희은은 나중 그때 마흔 살은 다시 청춘을 품어보는 게 불가능한, 굉
장히 많은 나이였다고 말했다.
  양희은은 이후 나이를 잊었다. 라디오프로그램 〈여성시대〉에 전념하
면서 그가 한때 톱가수였다는 것을 모르는 젊은이들이 많다는 것을 인
지한 후 더더욱 본령인 음악에 성실하게 임하고 있다. 저 옛날의 히트작
들에 의존하는 추억팔이를 멀리하며 신곡 발표에 악센트를 두고 후배와
의 콜라보레이션collaboration 즉, 공동작업을 지속적으로 펼치는 쪽으로 활
동행보를 굳혔다.

  특히 나이 예순둘이었던 2014년부터 시작한 디지털 싱글 프로젝트
'뜻밖의 만남' 시리즈는 노장에게 무대와 기회가 주어지지 않는다고 불평
할 게 아니라 시대에 탄력적으로 대응하는 융통성을 발휘해야 한다는 사
실을 일깨운다. 특히 '시청 앞 지하철역에서' '사랑하겠어' 등 1980-90년
대의 그룹 동물원 일련의 히트작을 써낸 김창기와의 네 번째 뜻밖의 만

남인 '엄마가 딸에게'와 '악동뮤지션'과 함께한 여덟 번째 '나무'는 지속적인 호응을 얻고 있다. 단발이 아닌 연타석 시그널을 날리는 양희은의 나이가 60대말로 향하고 있다는 점은 그 자체로 큰 울림이다.

6. 가왕 조용필의 '바운스' 회오리

60-70대의 활약이 빈번해진 이즈음에 40대라는 연령대는 아마도 키드kid쯤으로 수위를 내려야만 할 것이다. 가왕 조용필이 증명해준다. 1950년생 조용필은 53살인 2003년에 통산 18번 째 앨범인 〈오버 더 레인보우〉를 내놓았다. 그 무렵 철저히 젊음의 판이 된 가요계를 보고 조용필은 자신이 고령이며 잊혀

져가는 희미한 존재임을 의식했던 것 같다. 지금의 내가 되도록 밀어준 세대를 위로하는 의미에서 앨범을 만들었다고 털어놓은 바 있다.

그의 존재가 완전히 새로운 의미를 발휘하게 된 것은 그로부터 10년이 흐른 2013년이었다. 조용필은 이때 전작과 달리 자기 세대가 아닌 정반대의 젊은 세대 감성과의 어울림을 빚고자 했다. 내 안의 새로운 나, 다른 나를 찾고 싶었다는 기자회견에서의 토로처럼 그는 10대와 20대가 공감할 수 있는 록, 랩, 브릿팝 음악으로 선회했다. 결과는 '바운스'의 초대형 대박이었다. 이때 그의 나이 예순 셋. 사실상 준準 할배였다. 그럼에도 불구하고 그의 19집 앨범에 실린 신곡 '바운스'와 '헬로'는 음원차트 1위에 올랐다.

이는 그저 기록 정도가 아닌 신기록에 해당하는 대 기염이었다. 국

내 가요역사상 60대에 인기차트 상위권에 오른, 이른바 히트곡을 낸 사람은 '바운스'의 조용필 이전에는 없었다. 과거 1964년에 '미국의 할배'인 루이 암스트롱이 비틀스 열풍의 한복판에 '헬로 돌리Hello Dolly'라는 곡으로 빌보드 차트 정상에 등극한 것 역시 미국에서조차 희귀사례로 남아있다. 그의 나이 63세였다. 이후 50년 이상의 세월이 흘렀지만 루이 암스트롱 다음으로 60대가 빌보드 싱글차트 상위권에 오른 적은 없었다.

우선 가장 먼저 늙는다는 가수의 목소리와 관련, 50대 중반만 넘어도 노래하기 힘들다는 것이 음악계 정설이었다. 하지만 불가능할 것 같은 상황이 현실로 나타난 것이었다. 그때 한 가요관계자는 조용필 '바운스'는 고령화 사회의 단면을 보여주는 사례로 이와 같은 일은 앞으로도 간헐적이지만 지속적으로 등장할 것이라고 전망했다. 실제로 '바운스'는 고령화 시대와 장수시대의 흐름을 관통하는 가요계 트렌드를 만들어냈다.

만약 '영Young한 노장'의 활약이 추세가 됐다면 그것은 개개의 특질을 넘어 분명 사회적 분위기와 맞닿은 흐름의 반영이었을 것이다. '바운스'를 한 달 내내 들었다는 당시 1999년생 중2학년 여학생은 말한다. 인피니트, 비원에이포, 슈퍼주니어 등등 아이돌 댄스그룹의 노래들처럼 '바운스'는 조금도 늙게 들리지 않았어요. 우리 반 애들도 다 좋아하는데요. 물론 조용필 아저씨가 우리 아버지보다 나이가 많다는 것을 알죠.

하긴 IT 세대인 그들의 성원이 없었다면 조용필의 노래가 음원차트 1위를 차지했을 리 없다. 이른바 50대 이상의 조용필 세대는 실시간 재생인 스트리밍이나 다운로딩 같은 인터넷 서비스를 모르는 사람들이 많다. '바운스'가 미친 영향은 위 관계자 언급처럼 간헐적이지만 지속적으로 목격되고 있다.

7. IT 세대의 지원을 받으면 노장도 성공

당장 2013년 그해 노래의 신으로 불리곤 하는 이승철이 신보 〈마이 러브〉를 내놓아 호응을 얻었다. 그는 가요계에서 오랫동안 가창력과 보컬 감성에 관한 한 조용필 다음이라고 평가받아온 인물이다. 그때 1966년생 이승철의 나이 47세였다. 아이돌 인기가수가 보기에는 영감이라고 할 연령대였지만 그의 인기행보는 견고했다. 이승철은 고참 조용필의 열풍이 자신에게도 긍정적으로 나타나고 있음을 인정했다.

"좋게 작용하고 있다고 생각합니다. (내 앨범이) 지금 차트 상위권에 올라있는 건 용필이 형의 영향, 덕도 많이 받은 것 같아요. 뚜렷하게 히트 가수가 없는 무주공산에 길을 딱 깔아놨잖아요. 전 그 뒤에 딱 붙어서 가는 거죠.

'바운스' 열풍은 이승철뿐 아니라 1990년대를 화려히 장식한 대형 스타들에게 순기능으로 작동해 당대의 빅3로 불린 서태지, 신승훈, 김건모 등이 일제히 컴백해 존재감을 뽐냈다.

특급스타 아이유와 호흡을 고른 곡 '소격동'과 함께 돌아온 서태지는 전보다 파장이 덜했다는 평가를 받았지만 그래도 2014년의 스페셜 토픽이었다. 조용필의 여진을 넘어 고령화 사회의 영향은 '8090' 가수들보다 더 나아가 지금의 밀레니얼 세대에게는 이름조차 생소하고 기억에도 자리하지 않은 '70' 가수들의 부활을 견인하고 있다.

과거 같으면 일반인으로 묻혀 있을 왕년의 가수들이 활동 의지를 가다듬어 전선에 속속 복귀했다. 2014년 '님은 먼 곳에'의 원조 섹시 가수 김추자가 늦기 전에, 목소리가 더 망가지기 전에 돌아오기로 마음먹었다며 33년 만에 컴백했다. 2016년에는 '모닥불' '하얀 조가비'의 청순 포크 스타 박인희, '개여울' '휘파람을 부세요'의 정미조, '바야야' '그대여'의 이

정희가 수십 년의 공백을 깨고 그들을 기다리는 팬들 앞에 섰다.

정미조의 경우는 음악과 연을 끊고 화가로 전향, 24년 동안 재직했던 수원대학교 서양화과 교수로 정년퇴임한 후 37년 만에 가수로 돌아온 케이스.

그는 말한다.

"교수가 사실 정년퇴임하고 나면 앞으로 어떻게 살아야 할지 모르고 원래의 생활 리듬이 깨져버려서 건강이나 활기가 확 수그러진다고 하더라고요. 그런데 저는 반대로 학교를 퇴직하니까 마음이 홀가분했어요. 내 의무를 다하고 학생들 잘 가르치고 이제 또 새로운 세계가 펼쳐진 거잖아요. 너무 행복한 거예요. 노래도 새로운 삶의 활력을 찾아서 즐거운 내 기분, 내 목소리대로 노래를 불렀어요."

8. 올드 보이와 올드 걸 등장

되찾은 노래 유전자도 있겠지만 그보다는 나이가 들어도 수치가 떨어지지 않는 활력, 고령화시대에 스스로를 젊게 가꾸는 자세가 바로 그들을 활동전선으로 불러내는 원동력일 것이다. 90대 방송인 송해를 바라보며 원기를 재충전한 60-70대 인기가수는 얼마든지 나올 분위기다. 또한 나이 먹어도 적극적으로 움직이는 흐름에 맞춰 현재 활동하고 있는 주니어 가수들과 같이 노래하는 이른바 콜라보레이션도 활발해졌다. 김창완은 아이유와 만났고, 주현미가 소녀시대 서현과 호흡을 맞추었다.

대중음악에서 시니어 가수들은 어디까지나 전성기의 위용을 먹고 사는 게 거의 전부였다. 그들에게 신작 히트송은 나오기도 힘들지만 그렇다고 필요하지도 않았다. 대중들은 향수를 부르는 저 옛날의 히트곡으로 충분하다. 하지만 양상은 '과거 리즈 시절로 산다!'에서 '지금을 전성기로 만든다!'로 변했다. 올드 보이와 올드 걸의 강림이다.

기본적으로 대중음악은 젊다. 젊은 혈기와 영 스피릿의 추세 속에 고령자들도 그 대열에 동참해 그들만의 원숙함과 멋을 판에 불어넣고 있다. 이러한 흐름은 크게 문화다양성에 기여하는 것으로 전문가들은 판단한다. 지금의 20대 가수들도 30-40대에 활동을 마감하는 게 아니라 60대 조용필처럼 히트작을 수확하는 선배가수로 롱런하는 꿈을 품는다. 언젠가는 신구의 구분도 희미해져 애들이, 애들이 아니고 노인이 따로 없는 단계에 도달할 것이다. 좋은 음악에 나이는 있을 리 없다.

올드 보이와 올드 걸은 베이비붐세대와 필수적으로 관련하는 개념이다. 서구에서는 2차 세계대전 이후 세대, 우리는 1955년에서 1964년까지의 출생자를 가리키는 베이비붐세대는 바로 앞 전쟁 세대와는 비교할 수 없는 학력신장과 의료기술의 혜택으로 은퇴를 시작한 나이지만 여전히 정신적, 신체적으로 에너지 넘치는 사람들이다. 나이에 대한 관념이 헝클어지고 있는 이유가 바로 이 베이비붐세대 때문이다.

9. 베이비붐세대의 예술 감성

사회적으로뿐만 아니라 음악적으로도 베이비붐세대는 강자의 위치에 있다. 우선 음악 청취의 외연이 지금의 청춘세대와 비교할 수 없을 정도로 넓다. 전문가들은 이전 세대와 다르게 그들 가운데 나이 들어도 활동하는 가수가 많은 이유를 여기서 찾는다. 젊은 세대 감성과 비교해보자. 그들은 상당수가 청소년기에 K팝으로 표현되는 아이돌 댄스음악을 접하다가 대학에 들어가게 되면 "내가 성인이 됐는데 키드 음악은 들을 수 없지!"하며 갑자기 그 음악과 절연하고 인디 음악을 비롯한 비주류 소외음악을 찾아듣는 수순을 보인다. 기본적으로 사실상 정서가 굳어진다는 청소년기에 들었던 음악의 범위가 넓지 않음의 반증이다.

이에 반해 그들의 부모세대인 이른바 베이비붐세대는 청년기에 애호가든 문외한이든 상상 이상으로 다양한 음악들 속에서 살았다. 우선 그들은 대중문화예술이 지금처럼 폭넓은 환경이 아니었기 때문에 대부분 라디오와 TV를 통해 음악을 듣는 게 전부였다. 그래서 자연스레 음악만은 상당한 청취력을 지닌 세대 특성을 드러낸다. 남진, 나훈아, 패티 김, 최희준을 통해 트로트, 스탠더드 발라드음악을 아는 것은 당연했고 중고교 시절에는 김민기 송창식 양희은 김정호 이장희의 포크음악을 끼고 살았다.

그러면서도 영미의 팝송에도 밝았다. 엘비스 프레슬리, 비틀스, 롤링 스톤스 등등 서구 팝스타에 열광한 그들을 역사는 가요 아닌 '팝 세대'로 규정한다. 딥 퍼플, 레드 제플린과 같은 강렬한 헤비메탈 팬들도 많았다. 놀라움은 여기부터다. 영미 팝만이 아니라 프랑스의 샹송, 이탈리아의 나폴리 민요와 칸초네, 포르투갈의 파두, 그리고 라틴음악을 방송하는 프로들이 있어서 이쪽의 음악들도 미국과 영국 팝송만큼이나 정서에 막대한 영향을 미쳤다.

에디트 피아프의 '장밋빛 인생La vie en rose', 자크 브렐의 '떠나지 마세요Ne me quitte pas', 나나 무스쿠리의 '사랑의 기쁨Plasir d'amour' 그리고 '오 나의 태양O sole mio', '돌아오라 소렌토로Torna a surriento', 아말리아 로드리게스의 '검은 돛배Barco negro'와 같은 노래들이 익숙하다. 이용복의 '마음은 집시', 박인희의 '방랑자'와 같은 곡은 모두 칸초네를 번안한 노래들이다. 그렇다고 임방울 명창의 판소리, 이은관의 배뱅이굿, 설과 추석이면 어김

없이 출연했던 판소리꾼 조상현의 소리를 모르지 않는다. 조상현의 판소리와 레드 제플린의 '천국으로 가는 계단Stairway to heaven'을 동시에 안다는 것은 경이롭다.

미8군을 통해 서구음악이 무차별로 유입된 결과일 테지만 이렇듯 놀라운 정도로 '장르의 팔레트'가 형성된 나라는 전 세계에서 일본과 한국 정도라고 한다. 이 점에서 한국의 베이비붐세대는 장르 다양성의 정점을 찍은 사람들이라는 평가를 받는다. 아이돌 댄스와 인디에 국한된 젊은이들과는 달라도 한참이 다르다. 이러한 폭넓은 감성을 지녔기에 그들의 활발한 활동은 장르다양성 구현에도 도움이 될 것으로 평가 받는다. 그들의 지금 세대의 호흡과 스타일을 적극적으로 받아들일 경우 엄청난 폭발력을 발휘하리라는 것이다.

10. 젊은 세대의 감수성과 만나야

물론 문제는 이런 광대한 장르의 음악이 가슴 속에 내재, 저장된 중년들이 굴곡진 세파에 시달리면서 예술 감성이 퇴색해버렸다는 점에 있다. 어마어마하게 음악을 접했지만 20대 이후 생활전선으로 나오면서 그 음악들과 인연을 이어가지 못한 것이다. 이것은 문화적 손실이 아닐 수 없다. 임방울의 명창과 핑크 플로이드의 프로그레시브 록을, 배호와 김광석을, 비틀스와 조용필을 동시에 아는 문화적 풍성함이 전혀 빛을 발하지 못하고 있고 후대로 계승되지도 못했다.

상기했듯 우리나라 중년의 그 넓고 깊은 음악 감성을 회복하게 되면 다양성 부재에 시달리는 현재 대중음악이 갖가지 스타일을 구현하는 방향으로 나아가는데 기여할 것으로 보인다. 중년 문화의 부활을 꾀하는 여러 형태의 프로그램 개발이 필요하다. 우연한 계기로 한국문화예술교육진흥원이 주최한 '추억이 울리는 음악다방' 프로에 참여하면서 놀라웠던 사실은 여기 참여한 중년들이 LP로 듣는 저 옛날의 음악에, 송창식의 '밤눈'이었든 비지스Bee Gees의 로빈 깁이 부른 '세이브드 바이 더 벨Saved by the bell'이었든 너무 반가워하고 즐거워했다는 것이다.

그 다채로운 예술 감성이 깊이 숨어있을 뿐이지 죽지는 않았다고 할까. 1956년생인 한 참여자는 스스로도 놀랐는지 작은 목소리로 "내가 아직 살아있네!"를 연발했다. 서둘러 이 보석과도 같은 기성세대의 음악 감수성을 끄집어내서 현재의 감성과 결합하는 사회분위기를 만들어야 한다. 단순히 추억과 향수를 제공하는 것보다는 젊은이들의 문화에 기를 펴지 못하는 그들로 하여금 소외된 대상, 객체에서 벗어나 다시금 적극적 문화생활을 향유할 수 있는 방향으로 끌어가는 게 바람직하다.

그렇게 되면 우리 시대의 아킬레스 건으로 불리는 세대 단절의 폐습에서 벗어나 젊은 세대와의 소통이 원활해지리라 본다. 자신들을 대중문화세대라고 여기는 지금의 젊음은 음악을 전혀 모르는(혹은 모르는 것 같은) 부모 특히 아버지들에게 답답함을 호소한다. "아버지와 이야기가 안 통합니다!" 그런 어른들을 젊은이들은 꼰대라고 칭하고 거리를 둔다. 하지만 기술했듯 실은 전혀 그렇지 않다. 예술 감성을 깊숙한 곳에 처박아 두었거나 아니면 그것을 표류, 방치하고 있어서이지 실제로 우리의 베이비붐세대는 강하다.

옛날 것만 고집하지 않고 지금의 문화를 주시하고 섭취하는 열린 사고만 더해진다면 모든 것이 달라질 것이다. 이제는 그것을 스스로 일깨우도록 노력해야 한다. 음악을, 저 옛날의 레전드들을 말하고 동시에 새로운 세대의 힙합과 전자댄스음악에도 귀를 여는 아버지를 아들은 자랑스러워 할 것이다. 세대 접점을 기하기 위해서라도 노년으로 향하는 젊은 베이비붐세대는 예술적으로 깨어나야 한다.

제2장

팝음악으로
시니어를 살피다

임진모

1. 비틀즈의 추억

2015년 5월 2일 폴 매카트니Paul McCartney의 내한공연이 6만 명의 팬이 운집한 가운데 서울 잠실 주경기장에서 개최되었다. 주지하다시피 폴 매카트니는 1980년에 사망한 존 레논과 함께 '20세기의 문화유산'이라는 비틀스Beatles의 경이로운 음악을 일궈낸 위인이다. 그는 역사상 가장 위대한 그룹 비틀스가 뛰던 당시뿐 아니라 해산한 이후 개인 활동으로도 발군의 음악 퍼레이드를 펼쳐, 비틀스 아닌 폴 매카트니라는 이름만으로도 막강한 전설의 위상을 누린다.

하지만 공연장을 가득 메울 만큼 수많은 관객들이 몰려든 이유는 폴 매카트니의 솔로 궤적보다는 비틀스의 음악을 라이브로 듣기 위함이었을 것이다. 많은 사람들이 그가 살아있을 때 비틀스의 '리더 격 존재'가 들려주는 비틀스 노래를 생생하게 접할 수 있는 어쩌면 마지막 기회라고 여

겼을지도 모른다.

실제로 그는 '헤이 주드Hey Jude', '렛 잇 비Let it be', '엘리너 리그비El-eanor Rigby', '오블라디 오블라다Obladi oblada', '예스터데이Yesterday' 등 상당수 비틀스의 골든 레퍼토리를 관객들에게 선사했다. 흥분한 관객들은 비가 내리는데도 전혀 아랑곳없이 열띤 성원을 보냈다.

2, 신神의 공연을 펼친 70대 폴 매카트니

이날 공연을 본 사람들은 라이브의 열기와 즐거움을 만끽한 동시에 공연 내내 놀라움을 금치 못했다. 공연장에 오기 전에 솔직히 폴 매카트니(1942년생)가 우리 나이로 74세의 할배라는 점을 전제해 공연의 질을 떠나 그냥 폴 매카트니를 본다는 것만으로 만족한다는 입장을 밝힌 사람들이 적지 않았다. 학창시절 비틀스의 팬이었던 50대 후반의 한 친구는 "나이가 그런데 라이브가 잘 되겠어? 늙은 사람이 힘들게 노래하는 것을 보는 게 부담스럽다! 그냥 옛 추억으로 간직하려 한다."며 콘서트 행을 사양하기도 했다.

그런데 믿기지 않은 상황이 펼쳐졌다. 폴 매카트니는 2시간이 넘는 시간에 무려 39곡을 줄기차게 불렀고 중간에 물도 한 모금 마시지 않았다. 쉬는 시간조차 없었다. 후반부로 갈수록 오히려 힘은 더 나는 듯했다. 충격은 그 나이에 한 키Key 혹은 반半 키 내려불러도 관객들이 충분히 양해할 수 있었을 텐데 모든 곡을 원래의 키로 노래했다는 사실이었다. 나이가 들면 목청이 약해지고 호흡이 딸린다는 속설은 온데간데없었다.

현장의 관객들은 물론 음악인과 음악관계자들도 아연실색했다. 송골

매 출신 배철수는 "놀랍다!"를 연발하면서 열한 살이 적은 자신(1953년생)은 앞으로 나이가 들었다는 말을 하지 않아야겠다고 말했다. 관객 모두가 "얼마나 철저히 관리하기에 저렇게 노래할 수 있는 거지?"하며 음악가로서 그의 성심성의와 프로정신에 연신 감탄을 표했다. 공연장을 나오면서 한 관객은 "신神의 공연을 보았다!"며 감격해 했다.

이 공연은 두고두고 음악관계자들 사이에 많은 이야깃거리와 논란을 낳았다. 그렇게 노래한 것이 과연 '타고난 목청'에 의한 것일까 아니면 철저한 관리 덕분일까. 대부분 두 가지 다일 것이라는 답을 내놓았지만 전문가들은 그가 어릴 적부터 노래해서 74세라는 결코 만만치 않은 나이에 이르기까지 지속적으로 노래해왔다는 사실을 강조했다. 음악 자체가 고령의 한계를 극복하는 비결이라는 것이다. 실제로 꾸준히 젊은 음악을 듣고 흥얼거리고 노래하면 치매예방은 물론 건강유지에도 도움이 된다는 의학 보고도 나와 있지 않은가.

3. 88세에 인기차트 1위에 오른 토니 베넷

이 점을 증명해주는 인물이 1926년생으로 92세의 어르신이면서 현재도 정력적으로 활동하는 가수 토니 베넷Tony Bennett이다. 국내 TV광고 배경음악으로 쓰인 '샌프란시스코에 내 마음을 남기고 I left my heart in San Fran-cisco'란 명곡이 바로 그의 대표곡이다. 이미 세상을 떠난 '마이 웨이' 프랭크 시내트라와 동시대에 활약하면서 주로 재즈 성향의 스탠더드 팝을 구사했다. 그는 88세가 된 2014년에 젊은 여가수 레이디가가Lady Gaga와 함께 자신이 좋아하고 자신에게 스타덤을 안겨준 골든 스탠더드 팝으로 엮은 앨범 〈Cheek To Cheek〉으로 빌보드 앨범차트 정상에 올랐다. 말할 것도 없이 앨범차트 1위에 오른 아티스트 가운데 최고령의 신기록!

이듬해에도 토니 베넷은 또 신보를 내놓아 빌보드 재즈앨범 차트 넘버원에 등극했다. 그는 이렇듯 노익장을 과시하는데 대해 "이제 고전古傳이나 다름없는 콜 포터, 조지 거슈인, 어빙 벌린 등 위대한 작곡가가 쓴 훌륭한 노래들을 부르기 때문"이며 자신이 좋아하는 음악에 애정을 쏟는 일이야말로 에너지를 지킬 수 있는 바탕이라고 설명한 바 있다. 지금도 노래하기 때문에 건강하다는 것이다.

한 살 아래인 1927년 태생의 우리 송해 역시 왕성한 입담을 과시하며 지금도 〈전국노래자랑〉의 진행자로 맹활약할 수 있는 것은 매주 거르지 않고 출연자들의 꽤 많은 노래를 접하면서 따라 부르는 음악적 환경에 힘입은 바 크다. 이 부분은 본인도 동의한다. 정확하게 나이 90살이 된 2016년 8월, 토니 베넷이 '샌프란시스코에 내 마음을 남기고'를 처음 노래한 곳인 샌프란시스코 소재 페어먼트 호텔 앞에는 8피트 높이인 그의 동상이 건립되었다.

4. 영국의 롤링 스톤스와 미국의 시카고

성차별주의와 인종차별주의에는 긴장하면서도 아직도 크게 인식하지 않는 연령차별주의Ageism에 대항하는 대중음악의 으뜸 사례로 롤링 스톤스Rolling Stones와 시카고Chicago를 꼽아야 할 것이다. 각각 록의 최강국인 영국과 미국을 대표하는 사실상의 국가대표 밴드인 두 팀은 주요 멤버들이 2018년 현재, 70대 중후반의 고령이 됐다. 1962년부터 활동에 들어간 롤링 스톤스는 자그마치 56년의 이력을 쌓았으며 1967년에 결성한 밴드 시카고도 50년을 넘겼으니 그럴 수밖에 없다.

1943년 동갑내기로 비틀스의 존 레논과 폴 매카트니 콤비처럼 막강 호흡을 자랑하며 밴드에게 공식적으로 '세상에서 가장 위대한 록 밴드The greatest rock and roll band in the world'라는 타이틀을 부여한 롤링 스톤스의 두 리더 믹 재거와 키스 리처드는 '그 나이는 그럴 것'이라는 통념을 철저히 부숴버린다. 60대와 70대가 됐어도 밴드는 공연에 나서기만 하면 50년 전인 20대에 그랬듯 변함없이 활활 타오르는 가공할 청춘 에너지를 내뿜는다.

2002년 미국 라스베이거스 공연을 관람했을 때 그들은 마치 폭주기관차와 같았다. 도무지 60대에 들어선 사람들이 아니었다. 그때는 아직 고령화 사회라는 말이 회자되지 않고 있던 때라서 그들 무대의 강철 파워는 쇼크였다. 믹 재거는 그 공연에 앞선 인터뷰에서 우리는 로큰롤을 기본적으로 소란스러운 파워를 기본전제로 하는 장르로 이해하고 있다며 폭발적인 힘이 없으면 우리는 해산할 것이라고 했다.

이 말을 하고나서 16년이 흐른 지금도 그들은 전 세계를 돌며 순회공연을 계속하고 있다. 비단 공연만이 아니라 2016년에도 블루스 고전을 그들 식으로 해석한 앨범 〈블루 앤 론섬Blue And Lonesome〉을 발표했고 이듬

해에도 저 옛날 방송 출연 분을 편집한 〈온 에어On Air〉를 내놓으면서 앨범 측면에서도 식지 않는 열정을 과시하고 있다. 키스 리처드는 자신을 70대로 여기는 것이 가장 큰 재앙이라고 말하곤 한다.

시카고의 경우도 초기 멤버인 리 러프넌(1946년생), 제임스 팬코우(1947년생), 월터 패러자이더(1945년생), 로버트 램(1944년생)은 오랜 역사에서 불가피한 라인업 변화에도 불구하고 여전히 자리를 굳건히 지키고 있다. 일렉트릭 기타, 베이스, 드럼이라는 록 편성에 트럼펫, 트롬본, 색스폰 등 브라스 악기연주를 혼합한 탓에 록 정통이 아니라는 비판을 받으면서 오랫동안 '로큰롤 명예전당'에 입적되지 못하다가 2016년이 되어서야 묵은 한恨을 털어냈다.

70대에 된 노병들에게 영예가 주어지는 것을 보고 '늘 마음은 신인'이라는 캐치프레이즈로 살아온 그들에게 늦깎이 포상이 오히려 어울리는 느낌(신인이니까 이제 상을 주는 것!!?)이었다. 한때 설문조사에서 미국인들이 가장 자랑스러워하는 가수로 시카고가 뽑힐 만큼 미국 팝음악계에서 그들의 장수는 거의 국가적 자부심이다.

5. 바브라 스트라이샌드도 70대에 넘버원 등극

영화와 뮤지컬 배우 그리고 가수로 금자탑을 쌓아올린 바브라 스트라이샌드Barbra Streisand도 또한 장수시대를 주도하고 있는 인물이다. 영화 〈화니 걸Funny Girl〉, 〈추억The Way We Were〉, 〈스타탄생A Star Is Born〉 등을 통해 선사한 탁월한 연기와 고급스런 노래는 전 세계 팬들의 추억에 고이 저장되어 있다. 무수한 그래미상, 오스카상, 골든 글로브 상을 수상하며 미국 연예계의 진정한 레전드로 숭배되고 '멀티테이너 본좌'라는 찬사를 받는다. 어느덧 1942년 태생인 그의 나이도 70대 후반으로 향하고 있다.

바브라 스트라이샌드는 72세인 2014년 앨범 〈Partners〉와 74세인 2016년에는 함께 출연한 배우들과 브로드웨이 뮤지컬의 명작을 다시 노래한 앨범 〈Encore: Movie Partners Sing Broadway〉로 거푸 빌보드 앨범차트 정상에 등극했다. 믿을 수 없는 이러한 인기 퍼레이드에 한 언론은 "바브라 스트라이샌드의 전성기가 다시 도래했다. 이것은 진정한 앙코르!"라고 찬사를 보냈다. 젊었을 때도 최강이었지만 그 높이가 나이 듦에도 떨어지지 않는 것은 팬들이 얼마나 그의 노래를 사랑하는가를 반증한다.

새삼 그의 1977년 히트곡으로 전미차트 1위에 오른 영화 〈스타탄생〉의 러브 테마송 '에버그린Evergreen'이 떠오른다. 바브라 스트라이샌드가 이 곡을 작곡하고 불렀을 때 나이가 서른넷이었다. 아마도 그는 40년이 흐른 뒤에도 이 노래 제목처럼 자신이 늘 푸르게 살아갈 것이라고 상상하지 못했을지 모른다.

사랑, 편안한 의자처럼 부드럽고/사랑, 아침의 대기처럼 신선하고/둘이 함께 하는 하나의 사랑/당신에게서 그것을 찾았지요/…우리가 함께 하기를 배운 시간/시간은 하나의 사랑이 갖는 의미를 변화시키지 못해요/나이 들지 않으며, 늘 푸른ageless and evergreen 사랑의 의미를…

6. 뮤지컬 〈킹키 부츠〉와 신디 로퍼

신디 로퍼Cyndi Lauper는 분명 1980년대 초중반 팝 슈퍼스타였다. 근래 흥행을 주도하는 인기 뮤지컬 〈킹키부츠〉 관객들 가운데 40대 중반 이상의 기성세대라면 웃고 울고 흥얼거리면서 잠시나마 신디 로퍼가 있던 그 시절에 대한 회상에 젖었을 것이다. 그때 만해도 우리와는 잘 결부되지 않았던 '여자'와 '재미'를 묶어 여성권리에 눈뜨게 했던 노래 'Girl just want to have fun'을 어찌 잊을 수 있겠는가.

이 곡이 빌보드차트 2위의 스매시 히트를 기록한 뒤 이어서 'Time after time', 'She bop', 'All through the night' 등 잊을 수 없는 신디 로퍼의 네 노래가 1984년 한해 줄줄이 전미차트 상위권을 누볐다. 2011년 우리의 복고 영화 〈써니〉의 마지막 엔드 크레딧에 흐르는 곡이(비록 신디 로퍼의 목소리는 아니었지만) 'Time after time'이었으며 훨씬 전인 2000년에 여가수 왁스의 빅 히트 곡 '오빠'는 'She bob'을 원곡으로 다시 만든 노래였다. 그만큼 당대에 신디 로퍼의 울림이 컸으며 그 후로도 오랫동안 음악인구의 가슴을 파고들었다는 것을 증거하는 예들이다. 'She bop'은 '니 밥 니 밥은 내 밥/내 밥 내 밥은 내 밥/니 밥 니 밥은 쉰 밥/내 밥 내 밥은 찬 밥…'으로 장난스럽게 '노가바'하며 즐겼던 걸 기억하는지. 돌이켜보면 그해 1984년에 비슷한 시기에 데뷔한 라이벌 마돈나는 한참 뒤처져있었다. 사람들은 신디 로퍼만을 얘기했다.

특유의 컬러풀한 헤어와 메이크업, 장난기 넘치는 파안미소, 프로레슬러 헐크 호간과의 제휴(결과적으로 프로레슬링을 엔터테인먼트 쇼로 부흥시키는 데 기여했다) 등 당대 연예 토픽은 그의 것이었다. 하지만 이듬해 가공할 기세로 슈퍼스타로 등극한 마돈나와는 제1의 자리를 놓고 불가피하게 한판 붙어야 했다. 1986년 신디 로퍼가 앨범 〈True Colors〉를, 마돈나는 앨범 〈True Blue〉를 출시해 '트루True 전쟁'이 벌어졌다. 신디 로퍼의 타이틀이 1위를 차지하는 등 부진한 것은 아니었지만 전체적으로 인기파장이 컸던 마돈나의 압승이었다.

7. 35년 만에 뮤지컬 작곡으로 회생回生

이때부터 하향세를 보이던 신디 로퍼는 1989년 빌보드 6위의 'I drove all night'를 끝으로 인기차트에서 사라졌다. 마돈나가 1990년대는 물론 2000년대, 2010년대에도 펄펄 나는 동안 신디 로퍼의 신곡, 새 음반을 말하는 사람들은 거의 없었다. 그가 숨 쉬는 시제는 오로지 '과거'였다. 그걸로 끝인가 했지만 신디 로퍼는 끝내 다시 돌아왔다. 뮤지컬 〈킹키 부츠〉는 너무나 극적이고 화려한 귀환이었다. 이 작품을 발표했을 때 그의 나이는 환갑을 목전에 둔 59살이었다.

따지고 보면 신디 로퍼와 〈킹키부츠〉의 연관은 숙명일 수밖에 없다. 'Girl just wanna have fun'을 부른 주인공답게 그는 오랫동안 성性 평등 이데올로기를 실천해온 인물이다. 1997년에 만든 곡 'Ballad of Cleo and Joe'는 드랙 퀸의 이중생활을 다뤘다. 성적 소수자들LGBT의 권리를 주장하면서 지금도 전 세계를 돌며 자선활동과 게이 프라이드 이벤트 참여에 여념이 없다. 그가 동성애자 해방운동에 뛰어든 이유는 친언니 엘렌이 레즈비언이고 자신은 열성적 평등주의자이기 때문이라고 한다.

2013년 브로드웨이 초연에서 〈킹키부츠〉는 경쟁 작품인 〈마틸다 더 뮤지컬〉에 비해 조금 밀렸지만 개막 1개월이 채 안 돼 모든 상황을 갈아엎으며 흥행을 리드했고 토니상에서 작품상, 음악상, 남우주연상 등 6개 부문을 휩쓰는 기염을 토했다. 짧은 시간에 가장 핫한 뮤지컬로 등극한 것이다. 실화에 바탕을 둔 드라마, 편견과 차별에서 인정과 소통으로라는 힙한 주제가 이러한 대도약을 견인한 게 사실이지만 아마도 으뜸 승인勝因은 신디 로퍼의 빼어난 음악일 것이다. 그는 여성 작곡가로서는 토니 역사상 최초로 음악상부문을 수상했다. 게다가 그에게 〈킹키부츠〉는 뮤지컬 첫 작품이다.

하나의 스토리틀 내에서 곡을 만들어내야 하는 뮤지컬의 영역은 팝 작곡가의 그것과는 다르다는 점에서, 게다가 그가 처음 손댄 뮤지컬 음악이라는 점에서 토니대첩은 기적에 가깝다. 그래서 신디 로퍼가 이 뮤지컬의 음악을 썼다고 믿기 어렵다는 사람들도 많았다. 그는 1985년 그래미 최우수신인상을 탔고 1995년에는 〈Mad About You〉라는 드라마 특별조연으로 에미상을 수상해서 오스카를 포함한 영예의 'EGOT에미, 그래미, 오스카, 토니'에 하나만을 남겨두고 있다.

큰 그림을 염두하고 썼다는 팝과 소울 스타일의 16곡은 신나는 리듬과 템포로 흥과 동격인 뮤지컬 음악의 정수를 구현한다. 유쾌하고 전개 또한 빠르고 유려해 첫 도전이 아닌 뮤지컬 도사가 쓴 느낌이다. 예술분야에서 대체로 한번 퇴장한 사람은 나이의 한계 때문에도 되돌아오는 사례가 거의 없다.

신디 로퍼의 자이언트 컴백은 아마도 나이에 좌지우지되지 않는 근래 사회의 분위기가 작용하면서 다시 한 차례 그에게 기회가 주어진 것 아닐까. 어쨌든 그는 다시 오지 않을 수도 있는 그 기회를 잡아 인생 대역전을 꾀했다. 근래 신디 로퍼만큼 아낌없는 박수갈채를 받는 음악가도 없다. 그러는 사이 마돈나에 대한 관심은 상대적으로 줄어들었다. 어쩌면 마돈나와 신디 로퍼는 60대에 다시 한 번 라이벌전을 벌일지도 모른다. 알 수 없는 게 인생이다.

8. 신구화합 트렌드도 노장의 분발을 가져와

과거에는 가수가 나이 50대와 60대가 되면 히트곡을 내지 못한다는 게 정설로 굳어져있었다. 젊었을 때 거둔 인기곡으로 나중 그 노래들로 공연하면서 산다는 것이다. 재즈의 전설 루이 암스트롱이 영국 비틀스가 전숲 미국을 벌집 쑤신 듯 뒤집어놓는 광풍의 한복판에 1위 곡 '헬로 달리Hello Dolly'를 발표했을 때, 그의 나이 만 63살이라는 것에 당시 미국 언론은 앞으로 가능하지 않을 업적이라고 호들갑을 피웠다.

하긴 나이 마흔 살만 되어도 신곡 히트곡을 내지 못하던 때에 60대가 그랬으니 놀랄 만도 했다. 하지만 고령화시대, 장수시대인 지금에 63살은 뉴스조차 되지 않는다. 상기한 폴 매카트니는 2015년, 그의 나이 73살에 젊은 가수 리한나와 카니예 웨스트가 함께한 '포파이브세컨즈Fourfiveseconds'란 곡으로 빌보드 3위의 빅 히트를 쳤다. 루이 암스트롱보다 10살이 늘어난 셈이다.

소울의 여왕이라는 영예로운 칭호의 아레사 프랭클린Aretha Franklin을 얘기하지 않을 수 없다. 그는 바브라 스트라이샌드와 같은 1942년생으로 올해 75살이다. 2010년대 들어와 계약된 공연을 잇달아 취소하면서 사망률이 높은 췌장암에 걸렸다는 소문이 파다했다. 심지어 그래미상 시상식은 2013년, 병세가 심각하다고 판단하고 쾌유를 기원하는 내용의 특집을 편성했다. 아레사 프랭클린은 그러나 얼마 지나지 않아 성공적인 투병으로 기적적으로 회복했다는 소식을 전했고 2014년 여름에는 미국 대도시 순회공연을 강행하기도 했다. 그의 활동커리어는 당분간 중단이 없을 것으로 보인다.

아레사 프랭클린이 대표적 사례이겠지만 노장의 활약이 보편화되는 데는 대중음악의 역사가 쌓이면서 후배 아티스트들이 아득히 먼 선배에게 경배하고 헌정하는 신구화합의 분위기가 정착된 것도 일부분 작용한다. 어릴 적 그 음악을 듣고 자신에게 막대한 영향을 미친 전설의 선배음악가를 나중에 성공해서 경배하는 방식으로 그와 합작, 요즘 말로 '콜라보'하는 사례는 이제 꽤 흔해졌다.

근래 잘나가는 프랑스출신의 전자음악 듀오 다프트 펑크Daft Punk는 2013년 그래미상 올해의 레코드 부문을 수상한 곡 '겟 럭키Get lucky'로 월드 슈퍼스타로 점프한 팀이다. 그런데 '겟 럭키'는 1970년대 생인 다프트 펑크 두 멤버가 평소 존경하던, 스무 살도 더 많은 대선배 나일 로저스(Nile Rodgers, 1952년생)와 함께 썼고 나일 로저스는 이 곡에서 기타를 연주하기도 했다. 다프트 펑크는 상 받는 자리든 공연에서든 기회가 날 때마다 나일 로저스에 대한 감사의 변을 잊지 않았다. 과거 디스코 그룹 쉭Chic의 리더였던 나일 로저스는 65세의 나이에도 불구하고 음악계 전 방위를 뛰는 현재진행형이다.

그의 가공할 에너지는 요즘의 젊은 음악가들 못지않아 70-80대에도 너끈히 활동하리라는 느낌을 준다. 2017년 3월 나일 로저스는 미국 텍사스 오스틴 공연을 앞두고 한 특강에서 "너의 음악은 어디에서나 들려야 한다. 그러니 가리지 말고 모든 것을 하라. 할 수 있는 한 어떠한 음악이든 하라."고 충고했다. 나이가 들면서 일의 가치를 따지고 괜찮은 것만 하려는 태도는 금물이라는 것이다.

그보다 두 살 많은 1950년생으로 소울의 전설로 숭앙되는 스티비 원더Stevie Wonder도 유사한 노선을 취한다. 마틴 루서 킹 목사의 생일을 공휴일로 제정하는데 크게 기여한 그는 2008년 오바마 대통령 당선을 위해서도 헌신적으로 노력했다. 시각장애를 딛고 일어선 그는 그의 음악을 원하는 어떠한 자리에도, 어떠한 요구에도 응하는 긍정과 성실의 자세를 보이고 있다.

9. 청력상실과 이명에도 음악 하는 에릭 클랩튼

음악가들은 결론적으로 자신들의 표현영역인 음악에 매진함으로써 나른한 노년의 습기를 걷어내고 장수시대를 개척하고 있다. 대부분의 노익장 아티스트들이 음악이야말로 자신과 대중을 향한 최적화된 치유법임을 인정한다. '음악인이 음악밖에 할 게 뭐 있겠는가' 하며 퉁명스럽게 대하는 사람들도 있겠지만 많은 뮤지션들이 늘 해오던 음악이 나이 들어갈수록 자신에게 또 다른 새로운 가치를 전하고 있음을 발견한다.

블루스의 전설이자 기타의 신으로 경배되는 에릭 클랩튼은 국내에서도 인기가 높은 뮤지션이다. 내한공연을 1996년, 2006년, 2011년 세 차례나 가졌다. 늘 공연에 매진하며 '노장이 해야 할 음악은 무엇인가?'를 두고 끊임없이 고민하는 그가 2018년 신년 벽두 끔찍한 소식을 전했다. 말년의 베토벤처럼 현재 청력을 잃어가고 이명耳鳴에 시달리고 있다는 것이다. 70살이 넘도록 계속 세계 순회공연을 하면서 생긴 질병 중의 하나라는 설명을 달았다.

사실 그전에 이미 '이제 더 이상 그는 기타를 칠 수 없다!'는 말이 나돌 정도로 몸이 성하지 않다는 얘기가 나돌았다. 관계자들은 그가 젊었던 시절, 만취해서 무대에 올랐을 정도의 무지막지한 알코올중독과 바람 잘 날 없는 여난女難이 마침내 영향을 미치는 게 아니냐고 분석하기도 한다. 하지만 에릭 클랩튼은 자신에게는 여전히 음악이 남아있다는 의

지를 불사른다. 2016년에는 〈나는 아직도 한다I Still Do〉라는 의미심장한 제목의 앨범을 내놓았다.

지금으로 봐서 에릭 클랩튼은 음악과 함께 행복한 결말을 준비하는 것 같다. 그는 이렇게 말했다. "귀가 멀고 이명을 느끼지만 그래도 내 손은 단지 음악작업을 할 뿐이다. 나는 호기심 때문이 아니라 그것보다는 더한 이유로 사람들이 나를 만나러 오기를 바라고 있다. 내가 아직도 여기에 있다는 것은 나를 놀라게 하고 있다." 그에게 음악은 구원이다. 2017년 개봉해 음악팬들의 관심을 모은 에릭 클랩튼 다큐멘터리 영화 〈12마디(블루스)의 삶〉은 음악은 듣는 사람들보다 하는 사람 즉 음악가를 먼저 구원하는 예술임을 우리에게 일깨운다.

10. 결국 음악인에게는 음악이 해결책

주디 콜린스Judy Collins하면 우리에게 1960년대 말과 1970년대 중반에 걸쳐 '보스 사이즈 나우Both sides now'와 '어메이징 그레이스Amazing grace'로 유명한 청아한 목소리의 주인공이다. 미국 포크계의 원로로 나이 80살(1939년생)을 눈앞에 둔 그는 1992년 뜻밖에 아들의 자살이란 비극을 맞았다.

이후 우울증과 자살충동에 시달린 그는 〈정신력과 은총: 자살, 생존과 용기의 여행〉이란 회고록을 발간한 이래 정신 건강의 교사로 거듭났다. 2017년에도 무병장수와 행복을 향한 건강한 식습관에 대한 저서 〈난 어떻게 음식을 정복했는가〉를 냈다. 그에게 이러한 새로운 방향을 도모해준 것은 말할 필요도 없이 늘 해오던 음악이다. 주디 콜린스는 빌보드지와의 인터뷰에서 이렇게 말했다.

우리 모두는 육체적이든 감정적이든 영혼으로든 정신질환에 시달린다. 이 대목에서 음악은 정말로 최고의 힐링을 제공해준다. 사람들이 내 음악을 아직도 사랑하는 것은 거기에 치유의 요소가 있기 때문이라고 생각한다. 현실을 살아가기란 어렵고 그래서 우리 강해져야 하는데 여기서 음악이 우리에게 도움을 주는 것이다.

하기야 우리에게 찬송가 '나 같은 죄인 살리신'으로 번안된 '어메이징 그레이스'는 콜린스의 목소리로 듣는 순간, 경건하고도 엄숙한 영적 치유를 경험하게 된다. 그는 동시대에 활약한 전설의 음악가 스테판 스틸스Stephen Stills와 곧 순회공연에 나서며 2018년 여름에는 합작 앨범도 출시할 예정이라고 밝혔다. 음악으로 성공했지만 그 음악으로 다시금 가슴 벅찬 후반부 생을 꾸려가고 있는 셈이다. 음악은 오래된 미래라는 말이 여기서 빚어진다.

흔히 음악은 젊은 사람의 전유물로 치부되어왔다. 1960년대 이래 청춘성이 강한 로큰롤이 득세하면서 더욱 중장년은 뒤로 밀려나게 된 게 사실이다. 이제 모든 게 달라졌다. 나이 든 뮤지션이 젊은이들의 판인 음악계에서 추억을 파는 존재가 아닌 창의적인 신곡으로 청춘스타와 경쟁하고 있다. 신구세대의 콜라보도 이러한 변화의 일단일 것이다. 고령화, 노령화, 장수시대에서 음악은 관록의 노령, 뛰는 고령, 환영받는 장수를 견인하는 가치 있는 예술분야로 굳건한 자리를 지키고 있다.

제1장

2014년, '특별에서 일상'이 된 한국시니어 영화

이재광

다양성 영화에서 대박 · 쪽박 영화까지 … 2014년은 한국 시니어 영화의 분기점이 될 수 있을까

몇 년 뒤. 어쩌면 영화계는 2014년을 가리켜 한국 시니어 영화사에 한 획을 그은 중요한 해로 얘기할지 모른다. 그렇게 말할 수 있는 근거? 여러 가지다. 2014년 영화계는 시니어 영화로 시작해 시니어 영화로 끝났다. 그것도 대박 영화다. 중간 중간 대중의 관심을 끄는 시니어 영화나 행사도 끊이지 않았다. 2014년은, 이전의 다른 해와 달리, 1년 내내 시니어 영화가 지속적으로 힘을 쓴 한 해였던 것이다. 그래서 이런 질문을 던질 수 있을 것 같다. 2014년 시니어 영화의 흐름은, 추후 한국 시니어 영화에 발전의 모멘텀momentum, 즉 발전 동력動力을 제공했다고 봐도 되는 것일까? 그럼으로써 2014년은 한국 시니어 영화의 중대한 분기점이었다고 말할 수 있을까? 이 질문에 대한 답은 예스Yes일 가능성이 높다고 본다.

2018년 2월 초. 막 새해달력 첫 장을 떼어내며 나도 모르게 자연스럽게 흘러나오는 말이 있다. 2018년에도 시니어 영화는 계속된다! 간헐적으로 등장해 예외적인 영화 취급을 받으며 간신히 명맥만 유지하던 때와 비교하면 차원이 확 다르다는 게 느껴진다. 이제 한국 시니어 영화는 더 이상 한국 영화의 변방이 아닌 듯 보인다. 한 장르로서의 자격을 갖기 위해 굳히기에 들어선 듯 보이고, 그 굳히는 힘은 날로 강해지는 것 같다. 계속된다는 단어 안에는 이런 의미가 내포돼 있다.

이 같은 추정에 근거가 있느냐고? 당연히 있다. 무엇보다 양적 진화를 거론할 수 있을 것이다. 2018년 새해 첫 한 달 만에 시니어 영화가 두 편이나 개봉되지 않았나. 지난 수년 사이 국내 시니어 영화가 다양한 관점에서 지속적으로 만들어져 왔다는 점을 감안한다면 이는 단순한 우연의 결과로 보기 어렵다. 게다가 3월이면 노老 배우 이순재가 노No 개런티로 출연해 유명해진 다양성 영화 〈덕구〉도 개봉될 예정에 있다. 2018년 첫 석 달은, 확실히, 시니어 영화의 양적 측면에서 풍성한 수확의 시기로 얘기할 수 있을 것이다.

하지만 영화의 질적 변화 역시 생각해볼 문제다. 이제 시니어 영화는 그냥 제작되고 개봉됐고 괜찮게 만들어졌다는 데에서만 의미를 찾기는 어렵다. 지난 수년 동안 화제의 중심에 서고 관객을 끌어 모으고 대중이나 평론가, 또는 둘 모두에게 사랑받은 시니어 영화가 적지 않다. 2018년 들어 개봉된 영화 두 편, 〈비밥바룰라〉와 〈천화遷化〉도 신중한 접근이 필요하다. 그저 그런 시니어 영화로 취급하기에는 나름 개성이 강하다. 개봉 직후 여러 이유에서 화제를 모으고 관심을 끈다. 본론으로 들어가기 전에 이 두 편의 영화를 간단히 짚어보고 가자.

1. 2018년 초 시니어 영화 강세

우선 〈비밥바룰라〉. 친구인 노인 4명이 죽기 전에 각자가 하고 싶은 일 하나씩을 하도록 도와주자며 일심동체가 된다. 이들은 새 집을 지어 함께 살며 첫 사랑을 찾아가 뒤늦은 사랑 고백을 하는 친구나 잃어버린 가족을 되찾으려는 친구를 돕는다. 주제는 외관상 로브 라이너Rob Reiner 감독의 2007년 작 〈버킷 리스트Bucket List〉와 비슷해 보인다. 하지만 버킷 리스트의 내용이나 그것을 달성하는 방식은 영화 〈버킷 리스트〉와 확연히 다르다. 영화 〈버킷 리스트〉의 리스트가 평범한 사람이 실천하기에는 지나치게 스펙터클한 반면 영화 〈비밥바룰라〉의 리스트는 일상적이고 소소하다. 이 같은 차이에서 우리는 〈비밥바룰라〉를 왜 라이프 코미디로 부르는지 알게 된다.

영화는 겉으로 보기에도 범상치 않다. 출연진의 이름만으로도 이를 바로 알 수 있다. 박인환, 신구, 임현식, 윤덕용. 출연진 전원이, 말 그대로 노인이다. 잘 나가는 스타급 젊은 배우는 찾아보기 어렵다. 연배도 만만치가 않다. 같은 시니어라 해도 60대와 80대는 확연히 다르다. 그런데 보자. 1936년생 신구는 82세, 1942년생인 윤덕용은 76세, 1945년생 동갑내기인 박인환과 임현식은 73세다. 영화 속 평균 연령은 71세지만 실제 평균 나이는 76세. 다섯 살이나 차이가 난다.

이들 노인을 주인공으로 내세우는 영화가 쉽지 않은 이유는, 노인이란, 아무리 고령화 사회라 해도, 사회의 주류가 아닌 탓이다. 흥행을 염두에 둔다면 〈국제시장〉처럼 노인의 젊은 시절을 많이 담거나, 〈헬머니〉

처럼 신新과 구舊의 조화를 모색하거나, 〈은교〉나 〈야관문〉이나 〈죽어도 좋아〉처럼 자극적인 주제로 접근하거나, 〈님아 그 강을 건너지 마오〉처럼 삶이 주는 깊은 감동을 품고 있어야 한다. 최불암, 오지명, 노주현 등 3명의 시니어가 주연을 맡은 2004년 코미디물 〈까불지 마〉가 흥행에 참패한 점을 감안한다면 노인 네 명이 등장하는 새로운 코미디 영화는 기획 자체가 모험일 수 있다.

또 한 편의 시니어 영화 〈천화遷化〉도 보자. 이 영화는 제목부터 품격이 다르다. 한자 '옮길 천遷'의 구체적인 뜻을 보면 필자가 왜 이 영화에서 제목의 품격을 찾는지 알 수 있다. 보통 옮기다, 움직이다, 변하다, 오르다, 떠나다 등의 의미를 갖는 이 한자는 '쉬엄쉬엄 가다'의 의미를 갖는 글자 '책받침辶=辵'과 '하늘에 오르다'의 의미를 갖는 글자 '䙴선·천'으로 구성돼 있다. 직역하면 '쉬엄쉬엄 하늘에 오르다'는 뜻을 갖는다. 불교에서는 보통 이승의 교화敎化를 마치고 다른 세상의 교화로 옮긴다는 뜻으로 쓰며, 이는 곧 고승高僧의 죽음을 가리키는 말로 쓰인다. 철학적으로 심오한 의미를 갖는 제목이다.

영화 〈버킷 리스트〉
스카이다이빙, 피라미드 관광, 히말라야 체험…
영화 〈버킷 리스트〉에서 시도하는 '버킷 리스트'는 스펙터클하다.
로브 라이너 감독, 잭 니콜슨 · 모건 프리먼 주연

버킷 리스트와 영화 〈버킷 리스트〉

영어에 '킥 더 버킷'이라는 표현이 있다. 우리말로 '양동이를 걷어차다' 라는 뜻이다. 그런데 이 표현은 '죽다'라는 동사의 의미를 갖기도 한다. 예로부터 자살 방식으로 흔히 양동이 위에 올라가 목을 매고는 받침대 역할을 하는 양동이를 걷어찼기 때문이다.

'버킷 리스트bucket list'라는 표현도 여기서 나왔다. 표현대로라면 죽기 전에 이런 저런 일은 꼭 해야 하지 않겠느냐고 양동이에 적어 놓은 리스트를 의미한다. 한강 다리 난간에 자살 예방용으로 쓰인 '다시 한 번 생각해 보세요' '가족을 생각하세요' 라는 글귀와 비슷한 역할을 하는 셈이다.

2007년 이후 이 '버킷 리스트'라는 말이 유행어처럼 퍼졌다. 그해 미국에서 롭 라이너 감독이 연출하고 잭 니콜슨Jack Nicholson과 모건 프리먼Morgan Freeman이 주연한 영화 〈버킷 리스트〉가 상영된 탓이다. 영화는, 우연히 같은 병실을 쓰게 된 두 주인공이 죽음을 앞두고 남은 시간 동안 하고 싶은 일을 하자며 리스트를 만들어 이를 하나씩 실천하는 이야기를 담고 있다.

영화를 통해 우리는 삶과 죽음의 의미를 되짚어 보고 언젠가는 모두가 죽는다는 사실, 그리고 죽기 전에 해야할 일이 있을 것이며 그 일을 하는 것이 바람직하다는 사실을 깨닫게 된다. 영화 〈버킷 리스트〉로 인해 한때 젊은 층에서도 버킷 리스트 작성이 유행했는데 이는 곧 버킷 리스트의 작성과 실천이 반드시 죽음을 앞둔 노인만의 할 일은 아니라는 사실을 의미하는 것이다.

이 영화의 주인공 역시 노인이다. 하지만 영화 〈비밥바룰라〉의 코믹한 노인들과는 전혀 다르다. 영화 속 노인 문호는 치매 환자로 삶과 죽음의 경계에 서 있다. 그리고 영화는 이 노인을 중심으로 아내 수현

(이혜정), 그의 삶을 지켜주던 요양사 윤정(이일화), 윤정에 대한 연정을 품은 청년 종규(양동근) 등의 관계를 통해 각자 갖고 있는 내면의 삶을 그린다. 그 핵심에 인간이 천형天刑처럼 짊어지고 살아야 하는 죄와 그로부터의 해방의 문제를 다루고 있다. 그러니 이 영화는 간단할 수도 단순할 수도 없다.

치매로 고통 받는 노인 역을 맡은 배우가 바로 배우 겸 패션디자이너 하용수다. 그 역시, 〈비밥바룰라〉의 주인공들보다는 젊지만, 노인으로 불릴 만하다. 68세. 곧 칠순을 바라본다. 1969년 TBC 공채 탤런트로 출발해 1972년 한국전쟁을 배경으로 한 영화 〈혈류〉를 통해 영화계에도 얼굴을 내밀었다. 하지만 수년 후 그는 배우나 탤런트가 아닌, 그와는 전혀 다른 길을 걷게 된다. 패션 디자이너가 된 것이다. 1974년 이장호 감독의 〈별들의 고향〉 이후 출연한 영화는 단 한 편, 바로 영화 〈천화〉다. 그가 시사회에서 몇 십 년 공백이 있어 배우라는 걸 자각하지 못했다고 말한 것도 이 때문이다. 〈불새〉나 〈박대박〉 등 지난 20여 년 간 그가 참여했던 영화 등에서 그의 역할은 배우가 아닌 패션디자이너였다.

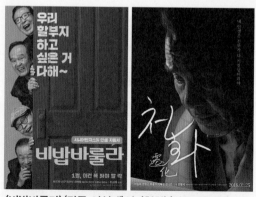

〈비밥바룰라〉(감독 이성재)와 〈천화〉(감독 민병국)
2018년 벽두인 1월 개봉된 두 편의 시니어 영화.

시니어 영화는 이처럼 2018년 벽초부터 영화계 관심을 끈다. 하지만 갑자기 없던 분야가 뜬금없이 나타난 것은 아니다. 하나만 더 생각해 보자. 2017년 말 영화계를 뜨겁게 달궜던 영화 한 편을 떠올려 보라. 사람마다 다를 수 있겠으나 적지 않은 사람이 꼽는 영화 중 하나가 〈아이 캔 스피크i can speak〉일 것이다. 2017년 9월 상연됐으니 연말 쯤이면 감동도 사라졌을 법 하다. 하지만 실상은 그렇지가 않았다. 영화는, 그 열기가 한참 식었을 무렵 다시 한 번 세간의 중심에 선다.

〈아이 캔 스피크〉의 참여진이 연말 영화계 상을 대거 휩쓸었기 때문이다. 김현석 감독은 청룡영화상과 대한민국 대학영화제에서 올해의 감독상을, 유승희 작가는 한국영화제작가협회상 각본상을, 배우 이제훈은 국제엠네스티언론 특별상을 수상했다. 하지만 수상의 화제는 역시 여주인공 나문희에게 쏠려 있다. 그는 청룡영화상과 한국영화평론가협회상, 더 서울어워즈 영화부문 여우주연상, 디렉터스컷 시상식 올해의 여자연기자상, 올해의 영화상, 올해의 여성영화인상 등 이루 나열하기 어려울 정도로 많은 상을 휩쓸었다.

다 아시는 대로 여주인공 나문희 역시 시니어 배우다. 1941년생이니 영화를 찍고 상영하고 상을 휩쓸었던 2017년에 그는 76세였다. 그는 연극인 출신이다. 1960년 연극 무대에서 배우의 삶을 시작했다. 하지만 그는 삶의 방향을 한 번 튼다. 1961년 MBC 공채 1기 성우로 출발, 본격적인 연예인의 삶을 산다. 하지만 그는 삶의 방향을 한 번 더 튼다. 다시 배우로, 원상복귀를 시도했던 것이다. 연극배우 출신이었던 그가 목소리 연기 하나에 의존하는 성우로 만족할 수는 없었을 것이다.

성우에서 연기자로 직업을 다시 바꾼 그는 진짜 가고 싶은 길을 가게 된다. 축적된 에너지가 많았던 탓이었을 것이다. 그는 단역이고 엑

스트라고 마다 않고 배역만 주어지면 달려들었다. 하지만 수십 년 무명의 설움을 겪어야 했다. 그가 진정한 연기자로 인정받기 시작한 것은 늦다. 50이 넘어서였다. 1995년 KBS1 TV의 드라마 〈바람은 불어도〉에서 북한 출신 할머니 역을 맡아 KBS 연기대상을 받으면서부터다. 그때부터 그는 본격적으로 자신의 이름을 세상에 알리기 시작했다.

그는 확실히 늦게 피는 꽃이다. 보통은 은퇴를 생각했을 법한 50대 중반의 나이에 처음으로 큰 상을 받아 능력을 인정받았고 보통은 은퇴 후 자연으로 돌아가 편한 여생을 생각할 법한 70대 중반의 나이에 〈아이 캔 스피크〉로 온갖 상을 휩쓸었다. 그가 대부분의 상에서 최고령 수상자였음은 물론이다. 늦게 출발한 연기자의 삶이 70대 중반 만개滿開했던 것이다. 아니 어쩌면 아직 만개했다고 하기에는 이른지 모른다. 5년 후 10년 후 그가 어떤 모습으로 변해 있을지는 아직 알 수 없기 때문이다.

이처럼 2017년 말에서 2018년 연초 2~3개월만 봐도 한국 영화계에서 시니어 영화는 더 이상 낯선 주제가 아니다. 몇 년 전만 해도 60대 또는 70대 이상의 고령자가 영화계 주인공을 맡는다는 것은 그 자체가 매우 예외적인 것으로 받아들여졌다. 하지만 이제 그렇지 않다. 노인을 주제로 한, 상업적으로 엄청난 성공을 거둔 영화도 나왔다. 천만 관객을 넘은 〈국제시장〉이 좋은 예다. 이 영화가, 비록 주인공이 노인으로 분장한 중장년층이었다 해도, 노인을 주제로 한 노인에 대한 영화였고, 상당수 관객도 중장년층이었다는 점에 비춰보면 놀라운 일이 아닐 수 없다.

이제 한국 사회에서 시니어 영화는 하나의 장르로 볼 수도 있겠다는 생각이 든다. 한편으로는 당연한 일이다. 사회가 급속하게 고령화되고 있기 때문이다. 지난 2000년 전체 인구 중 65세 이상 인구가 7%를 넘어 고령화 사회Aging Society에 접어든 우리나라는 지난해 65세 이상 인구가 14%

를 넘어서는 고령사회Aged Society로 접어들었다. 향후 한국의 인구고령화는 베이비붐세대(1955~63년 출생)의 고령화로 더욱 속도가 빨라진다. 2026년에는 65세 이상 인구가 20%에 들어서는 초고령사회Super-Aged Society에 들어설 전망이다.

인구 구조가 바뀌면 사회가 바뀌고 산업 환경도 바뀐다. 다른 대부분의 산업과 마찬가지로, 영화산업 역시 증가일로의 시니어 인구를 영화관으로 끌어들여야 한다. 그렇지 않고서는 영화계의 밝은 미래를 담보하지 못한다. 시니어층은 늘고 이전의 주 고객층이었던 청년층의 수는 점점 줄어들고 있다. 어떻게 해야 노년층을 영화관으로 불러들일 수 있을까? 어렵다면 어려운 문제지만 단순하게 생각할 수도 있다. 노인을 주인공으로, 노인의 얘기를 풀어나가야 한다.

이 같은 시니어 영화의 가장 큰 강점은, 당연한 얘기지만, 예전에는 고객층으로 보기 어려웠던 노년층을 새롭게 극장으로 불러들일 수 있다는 점일 것이다. 극장처럼, 돈 만 원으로 몇 시간을 즐겁게 보낼 수 있는 곳도 흔하지 않다. 하지만 시니어 영화의 강점은 그것에 국한되지 않는다. 시니어를 주제로 내세운 시니어 영화는 젊은층에게도 감동을 줄 수 있다. 온 가족이 함께 극장을 찾을 수 있는 가족영화라는 강점도 있으며 이는 다른 한편 시니어 영화를 초대박 상품으로 만들 수 있는 근거가 되기도 한다. 〈국제시장〉은 이 같은 시니어 영화의 강점을 살린 대표적인 사례가 될 것이다.

지금까지 설명한 것처럼 지난 수년 사이 국내 시니어 영화는 양적으로나 질적으로나 눈에 띠게 성장해 왔다. 그래서 의문이 생긴다. 대부분의 발전에는 특별한 시기, 특별한 모멘텀이 있기 마련이다. 한국 시니어 영화도 마찬가지일 것이다. 과거에는, 노인을 주인공으로 내세운, 또는 노인이 주제인 시니어 영화란 좀처럼 찾아보기 어려웠다. 그러다 언제부터인가 간헐적으로 등장하다 어느 시기에 본격화되며 자신의 자리를 차지한다.

역사의 한 변곡점이 된다는 의미에서 이 시기의 문제는 매우 중요하다. 그리고 이에 대해서는 보는 이마다 이견異見이 있을 수 있다. 동일한 시기에 대해 '최초'라는 시각, '간헐적 흐름'의 하나였을 뿐이라는 시각, 그리고 '모멘텀을 준 분기점'이었다는 시각이 공존할 수 있다. 이견은 다툼을 잉태하고 비난을 낳을 수 있다. 하지만 이견과 다툼이 두렵다고 시기의 규정 자체를 포기할 필요는 없을 것이다.

2. 2014년은 시니어 영화로 시작과 끝 장식

그렇다면 과연 이 시기는 언제일까? 이제 본격적으로 그 시기에 대해 얘기해 보자.

우선 생각해볼 일. 노인을 주인공으로 한 영화의 역사는 길다. 노인이 주인공? 바로 떠오르는 영화 한 편이 있다. 강대진 감독의 1961년 작 〈마부〉다. 한국 영화사에 길이 남을 명작이며 노인이 주인공으로 등장하는 노인에 대한 영화 맞다. 하지만 이 영화를 국내 시니어 영화의 기원이라 말할 수 있을까? 보는 이마다 시각이 다를 수 있다. 하지만 필자는 최소한 그렇지 않다고 생각한다. 이 글에서 의미하는 시니어 영화는 인구구조상 고령자가 증가일로에 있는 고령사회의 흐름을 담고 있어야 하기 때문이다.

따라서 이 글에서 말하는 시니어 영화란 동시대라는 의미를 담고 있어야 한다. 아마도 이를 시기적으로 소급하려면 고령사회에 대한 논의가 시작된 1990년대 이후가 돼야할 것이다. 이런 시각에서라면 우리나라의 첫 시니어 영화는 뭐라 단정 짓기 어렵다. 또한 간간히 고령자에 대한 영화가 등장하는 간헐적 시기를 시니어 영화에 모멘텀을 준 시기로 단정 짓기도 어려울 것이다. '나오다 말다한 기간' 중에 나오는 시니어 영화는 언제 그 맥脈이 끊어질지 알 수 없기 때문이다.

그러므로 국내 시니어 영화에 모멘텀을 주며 시니어 영화사에 한 분기점이 된 시점은 ①시니어 영화가 본격적으로 등장하고 ②지속적으로 관심을 유도하며 ③상업적으로 성공한 다수의 시니어 영화가 있는 시점을 의미하는 것으로 봐야 할 것이다. 여기에 중간 중간 적당한 수준으로 세간의 관심을 끄는 이벤트도 있어야 한다. 결국 시니어 영화에 모멘텀을 제공함으로써 시니어 영화사에 분기점이 된 해는 다양한 영화와 행사 등으로 1년 내내 시니어 영화에 대한 관심이 끊이지 않고 상업적 성공에 대해 확신을 준 한 해가 될 것이다. 그 정도는 돼야 한국 영화사에 한 획을 긋는 역사의 변곡점으로 부를 수 있지 않을까?

그렇다면 이 시기는 언제로 보아야 할까? 그리고 그 근거는 무엇일까? 이런 관점에서 필자는 2014년을 강조한다. 그해 국내 영화계에는, 매우 주목할 만한 그러나 별로 주목받지 못했던, 특이한 현상 하나를 찾을 수 있기 때문이다. 이전과는 달리 국내 시니어 영화는 그 한 해 1년 내내 세간의 관심을 끌었다는 사실이다. 거기에 엄청난 상업적 성공을 거둔 영화까지 나온다. 2014년의 다양한 시니어 영화는 국내 시니어 영화 발전의 적잖은 자극제가 됐음이 분명해 보인다. 이를 구체적으로 얘기하기 전에 우선 2014년 있었던 시니어 영화 관련 일들을 간략에게 정리해 보자.

가장 먼저 2014년 국내 영화계는 성공한 시니어 영화로 시작해 성공한 시니어 영화로 끝났다는 점을 지적하고 싶다. 2014년 1월 새해 시작과 거의 동시에 개방해 영화계를 달궜던 〈수상한 그녀〉(황동혁), 그리고 한 해를 마감하며 화제를 몰고 온 〈국제시장〉(윤제균)을 보라. 두 영화 모두 1960, 1970년대 맹활약했던 우리 사회의 할아버지·할머니들 이야기다. 이 두 영화가 흥행에 성공했다는 점 또한 중요하다. 한 해의 시작과 끝을 모두 성공한 시니어 영화로 맞고 보냈다는 사실은 그만큼 시니어 영화에 대한 관심이 높아졌고 한 해 내내 그 관심을 상기시킬 수 있었다는 점에서 그 의의를 찾을 수 있을 것이다.

둘째, 물론 이 두 편의 영화만으로 2014년을 시니어 영화의 분기점으로 규정짓기에는 모자람이 있다. 하지만 또 다른 이유에서 2014년은 국내 시니어 영화와 관련해 중요한 한 해라 할 수 있다. 국내 다큐멘터리 영화로, 예술성은 물론 흥행 측면에서도 역대 최고 성적표를 낸 기념비적 작품 〈님아, 그 강을 건너지 마오〉(감독 진모영)가 개봉된 해도 바로 2014년인 것이다. 상업적 성공은 물론 재미와 감동 면에서도 관심을 끌었던 두 편의 극영화와, 한국 영화사에 길이 남을 기념비적인 다큐 영화의 개봉만으로도 국내 시니어 영화계에 2014년은 매우 중요한 한 해로 기억될 수 있을 것이다.

셋째, 하지만 그 외에도 몇 가지 거론할 게 더 있다. 우선 강제규 감독의 〈장수상회〉가 크랭크인되며, 여러 가지 이유에서, 세간의 화제를 불러일으켰다는 점이다. 노인의 사랑을 정면에서 다룬 영화 〈장수상회〉는 강 감독이 만드는 첫 가족 드라마라는 이유 하나만으로도 화제가 될 법했다. 거기에 출연진이 박근형, 윤여정, 조진웅, 한지민, 그리고 엑소의 멤버 찬열 등 초호화 게스트들로 정해졌다. 이래저래 영화 개봉 전부터 세간의 관심을 끌 만했다.

넷째, 2014년의 시니어 영화 흐름에 해외 영화도 가세했다는 점에서 또 다른 의미를 찾을 수 있을 것이다. 100세 노인의 기상천외한 활약상을 담은 영화 〈창문 넘어 도망친 100세 노인〉(플렉스 할그렌)이 그것으로 이 영화 역시 적지 않은 화제를 몰고 왔다. 2014년 6월에 개봉된 이 영화는 다양성 영화임에도 블록버스트 영화에 전혀 밀리지 않았고, 스웨덴 작가 요나스 요나슨Jonas Jonasson의 원작 소설과 시너지 효과를 발휘해 책과 영화 모두에 좋은 효과를 이끌어 냈다.

다섯째, 국내 시니어 영화를 대표하는 서울노인영화제가 그 해에 7회째를 맞아 일본 영화를 초청하는 등 국제 영화제로 발 돋음 하려는 변화를 시도했다는 점도 중요하다. 2008년 시작된 이 영화제는 2013년 제6회까지는 ①60세 이상이 만든 영화와 ②60세 미만이 만든 노인 주제의 영화 등을 중심으로 한 국내 창작 영화만의 한 장場이었을 뿐이다. 2017년 열 번째 잔치를 대대적으로 벌인 이 영화제가 향후 유명 국제영화제가 된다면 2014년은 그 첫걸음을 내디딘 중요한 해로 얘기될 수 있을 것이다.

마지막으로 하나 더 지적하고 싶은 게 있다. 비록 흥행에는 실패했지만 설경구, 박해일 두 배우의 걸출한 연기력을 볼 수 있었던 〈나의 독재자〉(이해준) 역시 2014년 빛을 봤다는 점이다. 1970년대 초를 배경으로 당시 남북의 최고 권력자였던 박정희와 김일성의 남북 정상회담을 앞두고 김일성의 대역을 맡은 무명배우와 그 아들의 이야기를 그린 〈나의 독재자〉는 2014년을 시니어 영화의 분수령으로 볼 수 있는, 작지만 의미 있는 영화로 얘기할 수 있을 것이다.

결론적으로 시니어 영화와 관련해 2014년은 다음처럼 정리될 수 있을 것 같다. 즉, ①극영화에서 다큐에 이르기까지 고령자를 주인공으

로 하는 시니어 영화가 양적 · 질적 차원에서 발전했으며 ②거대한 상업
적 성공까지 일궈냈고 ③중간 중간 세간의 관심을 끌 수 있는 시니어 영
화와 ④해외 영화까지 가세한데다가 ⑤시니어 영화와 관련된 특정 이벤
트가 한 단계 도약하는 계기를 마련하는 등 ⑥1년 내내 시니어 영화의 붐
을 조성했다는 것이다. 이런 정황에 비춰 보면 2014년은 확실히 국내 시
니어 영화의 모멘텀을 제공한 시기로 기록될 수 있지 않을까?

자, 이제 앞서 정리한 내용을 보다 구체적으로 살펴보며 2014년 한 해 동
안 관심을 끌었던 시니어 영화계 일기日記를 연대기적으로 써보자.

영화 〈수상한 그녀〉
2014년 시니어 영화의 포문을 연 〈수상한 그녀〉는 860만 명의 관객을 동원,
역대 순위 15위에 오르는 등 기염을 토했다. 감독 : 황동혁 출연 : 심은경, 나문희

가장 먼저 영화 〈수상한 그녀〉를 거론해야 할 것이다. 2014년 1월 22

일 개봉한 이 영화는 시작부터 화제에 올랐다. 2011년 사회 문제작 〈도가니〉로 세상의 이목을 집중시켰던 황동혁 감독의 세 번째 연출작이었다는 것 자체가 화제 거리였다. 하지만 이 보다 더 관심을 끈 것이 있었으니 바로 흥행이었다. 대목인 설 연휴를 맞아 전국 각지에서 동시 다발적으로 펼쳐진 관객 빼앗기 전투에서 이 영화가 승리하며 설날 박스오피스 정상을 차지한 것이다. 영화 〈수상한 그녀〉는 설 당일 관객 수 54만 명에, 누적 관객 수 271만 명으로, 2014년 초 새로운 대박의 기대주로 급부상했다.

대부분의 언론은 설날 대전_{大戰}에서의 승리에 단순한 승리 이상의 의미를 부여했다. 이날 패자_{敗者}는 〈수상한 그녀〉가 상대하기 버거웠던 강자, 그것도 하나가 아닌 둘이나 됐던 탓이다. 〈수상한 그녀〉가 맞붙었던 첫 번째 강자는 헐리우드가 세계시장을 겨냥해 만든 대작 애니메이션 〈겨울왕국〉(크리스 벅, 제니퍼 리)이었으며 두 번째 강자는 2013년 말에 개봉돼 이미 국내 영화계 또 하나의 천만 관객의 신화를 쓴 〈변호인〉(양우석)이었다.

2014년 설은 확실히 〈수상한 그녀〉의 날이었다. 눈의 세계 '공주'도 세상 부조리와 싸우는 '변호사'도 〈수상한 그녀〉의 앞길을 막지는 못했다. 세 영화가 보여 준 설날 관객 수를 보면 흥미롭다. 〈겨울왕국〉은 당일 관객 45만 명으로 누적 관객 481만 명을, 〈변호인〉은 각각 9만 명과 1096만 명을 기록했다. 두 영화 모두 설 당일 〈수상한 그녀〉가 기록한 54만과는 적잖은 수치 차이가 있다. 거기서 끝이 아니다. 설 연휴는 끝났어도 〈수상한 그녀〉의 흥행 행진은 끝나지 않았다. 총관객수는 860만 명. 천만을 돌파하지 못해 아쉬움이 남기는 했어도 역대 흥행기록 15위를 차지하며 또 하나의 흥행작으로 자리매김됐다.

영화계는 이 같은 성공의 배경에 심은경이라는 걸출한 젊은 배우의 연기력이 있음을 강조한다. 1994년생인 심은경은 아역 출신 배우다. 2003년 MBC 드라마 〈대장금〉으로 데뷔했고 다음해인 2004년 드라마 〈결혼하고 싶은 여자〉에서 명세빈의 아역을 맡았다. 10대 후반에는 〈써니〉, 〈광해, 왕이 된 남자〉 등에서 깊은 인상을 심어주며 나이에 어울리지 않는 연기력을 인정받았다. 〈수상한 그녀〉는 그가 성인이 된 첫 출연 작품이었다는 점에도 의미를 부여할 수 있을 것이다.

영화 〈수상한 그녀〉에서 심은경은 중요한 과제를 안고 있었다. 어떻게 노배우 나문희의 처녀 시절을, 나문희답게 표현하느냐가 그것이었다. 그리고 대부분의 전문가들은 그가 이 대목에서 높은 점수를 받을 만한 연기력을 보여 줬다고 말한다. 이 같은 말은 단순히 말에서 그치지 않았다. 그해 연말 그는 부일영화상, 춘사영화상, 백상예술대상 등에서 여우주연상 또는 여자 최우수 연기상을 수상했다. 성인 여배우로서 화려한 출발을 대내외에 알렸던 셈이다.

영화는 주인공 오두리가 양로원에 가야할 신세가 되자 죽음을 준비하자는 마음으로 영정사진을 찍기 위해 사진관을 방문하는 데에서 시작된다. 그런데 주인공은 이 사진관에서 놀라운 일을 겪는다. 설명할 수 없는 이유로 갑자기 젊은 시절, 그것도 20대로 돌아간 것이다. 20대로 돌아간 70대. 나이든 시니어라면 누구라도 한 번쯤은 생각해 보는 대목이 아닐 수 없다. 어떻게 살까? 무엇을 할까? 영화 〈수상한 그녀〉는 이 같은 시니어들의 환상 욕구를 충족시켜준다. 끊임없이 울려 퍼지는 7080세대의 음악이 특히 심금을 울리는 이유도 여기에 있을 것이다.

영화 〈수상한 그녀〉에 대한 평가는 나문희라는 시니어 배우보다 심은경이라는 젊은 배우에 방점이 더 찍혀 있다. 그럼에도 이 영화는 시니어 영화로 분류될 수 있을 것이다. 스토리 전개상 주인공은 70대의 극중 '오두리'이기 때문이다. 나문희와 심은경 두 배우가 번갈아 가며 맡은 이 배역은 젊은 시절 독일광부로 간 남편을 잃고 아들 하나, 딸 하나를 키우기 위해 모진 세월을 보낸 여인이다. 영화에서는 시장판에서 안 해본 일 없는 억척 여인으로 그려진다. 1970년대, 80년대 우리 주변에서 흔히 볼 수 있는 캐릭터다.

3. 베스트셀러와 쌍끌이 〈창문 넘어 도망친 100세 노인〉

2014년 상반기의 시니어 영화는 〈수상한 그녀〉 한편으로 끝나지 않는다. 〈수상한 그녀〉의 열기가 시들해질 무렵 또 한 편의 시니어 영화가 관객의 눈길을 끌었다. 〈창문 넘어 도망친 100세 노인〉. 2014년 6월 개봉된 이 영화는 우리에게는 낯선 스웨덴 감독과 스웨덴 배우들이 만들었다. 스웨덴의 언론인 출신 작가 요나스 요나슨의 동명 소설이 원작이다. 요나슨의 데뷔작이기도 한 이 소설은 영화개봉 이전 전 세계에서 600만 부 이상 팔리는 등 엄청난 돌풍을 일으킨 것으로 작가는 이미 유명세를 탔던 인물이다.

영화는 책의 내용을 충실히 따랐다. 그것만으로도 성공작이란 평가를 받는다. 원작의 구성이 워낙 탄탄하고 스토리가 재미있다는 평가를 받던 터여서 책의 내용만 잘 담아도 크게 흠잡을 데가 없었을 것이다. 영화의 주인공 알란(로버트 구스타프슨)은 그냥 노인이 아니다. 우리의 상상을 뛰어 넘는 100세 노인이다. 그래도 정정하다. 100세 생일 기념일에 양로원을 빠져 나와 목적 없는 도망 길에 오를 정도다. 이 과정에서 벌어지는, 그리고 젊은 시절 그가 겪었던 포복절도할 일들이 영화 전체를 이끈다.

영화 〈창문넘어 도망친 100세 노인〉
우리에게는 낯선 스웨덴 감독의 저예산 영화.
요양원을 탈출한 100세 노인의 포복절도할 젊은 시절을 담고 있다.
감독 : 플렉스 할그렌 출연 : 로버트 구스타프슨, 이와 위클란더

특히 알란의 젊은 시절을 보여주는 장면 하나 하나가 관객의 시선을 끈다. 구 소련의 독재자 스탈린과 스페인의 독재자 프랑코의 목숨을 구하고 개혁·개방정책으로 사회주의 붕괴에 앞장섰던 구 소련의 고르바초프를 만나 소련 붕괴에 한 몫을 담당한다. 별 볼 일 없어 보이는 100세 노인이 실상은 범상치 않은 인물임을 알게 해 준다. 이 같은 특별한 스토리는 평범해 보이는 다른 노인에게도 적용될 수 있을 것이다. 늙고 힘없어 보이는 노인이라고 함부로 대할 수 없다는 메시지로 해석될 수 있는 대목이다.

총관객수는 보잘 것 없다. 24만 명. 천만 영화가 심심치 않게 나오는 상황이니 흥행 참패라는 딱지를 붙일지도 모른다. 하지만 그렇게만 생각한

다면 오산이다. 영화 〈창문 넘어 도망친 100세 노인〉은 저예산 영화, 그 것도 우리에게는 낯선 스웨덴 영화다. 감독도 출연자들도 국내 관객들에 게는 모두 생소하다. 한 마디로 적은 예산으로 낯선 나라에서 낯선 사람 들이 만든 다양성 영화였던 것이다.

그래서 흥행에 대한 평가는 정반대인 경우가 많다. 다양성 영화가 24 만이 넘는 관객을 동원한다는 것 자체가 쉽지 않다는 게 영화계 일반적 인 평이다. 그래서 오히려 이 영화는 흥행에서도 성공했다는 평가가 주 류를 이룬다. 개봉 이후 2주 이상 이 부문 선두를 유지했으며, 〈트랜스 포머: 사라진 시대〉나 〈엣지 오브 투모로우〉 등 할리우드 블록버스터 작 품들과의 경쟁에서도 밀리지 않는 강건함을 보여줬다. 영화계의 여름방 학 시장에서 다양성 영화로는 유일하게 전체 박스오피스 TOP5의 자리 를 유지했던 영화다.

〈창문 넘어 도망친 100세 노인〉의 개봉을 전후해 또 한 편의 극영화 가 화제를 불러일으키고 있었다. 강제규 감독의 〈장수상회〉는 흥행의 귀 재나 흥행의 마법사 등의 별칭을 갖고 있는 강 감독이 만드는 사랑 이야 기라는 점에서 큰 관심을 끌었다. 강 감독이 누구인가. 〈은행나무 침대〉 나 〈쉬리〉, 〈태극기 휘날리며〉를 통해 대한민국 최고의 흥행감독으로 알 려져 있는 사람이다. 그런 그가 이전 작품과는 다른 실버 로맨스를 다룬 다니 그 자체만으로도 관심거리가 아닐 수 없었다.

영화는 캐스팅 과정에서도 사전 마케팅에 성공한 것으로 보인다. 2014 년 4월 무렵 이미 엑소의 멤버 찬열이 출연한다 안 한다 등의 얘기로 사 람들의 입에 오르내리기 시작했다. 이후 계속되는 캐스팅 작업이 간간 히 언론을 타더니 마침내 그해 8월 캐스팅 작업이 완료됐음을 밝히자 영 화는 다시 한 번 세상의 이목을 집중시켰다. 박근형, 윤여정, 조진웅, 한

지민 등 한마디로 초호화 멤버로 구성됐기 때문이다. 감독과 배우의 명성에 힘입어 언론이나 대중은 또 하나의 천만 관객 영화를 기대하고 있었다.

하지만 2015년 4월 개봉한 이 영화는 아쉽게도 흥행에 실패했다. 동원 관객 수는 120만 명. 일반적 관점에서는 참패의 딱지를 붙이기 어렵겠지만 감독의 위상과 출연진의 면모를 본다면 아쉬운 성적표가 아닐 수 없었다. 그럼에도 평은 나쁘지 않았다. 무엇보다 고령사회를 살아가는 현대인들의 고령자에 대한 인식과 태도, 그리고 문제점들을 잘 드러내고 있다는 얘기에 주목하게 된다. 영화의 핵심에 주인공 성칠(박근형)의 치매 문제가 있었던 것이다. 이를 근거로 한다면, 어쩌면 이 영화는 실버 로맨스가 아닌 사회영화로 취급해야 할지도 모르겠다.

자 이제 가을로 넘어가 보자. 〈수상한 그녀〉나 〈창문 넘어 도망친 100세 노인〉의 열기가 시들해지고 〈장수상회〉의 캐스팅에 대한 관심도 사그라질 무렵이었던 9월이었다. 이때 시니어 영화에 새로운 불씨를 지피는 이벤트가 하나 기다리고 있었으니 바로 '서울노인영화제'였다. 2008년 시작해 2014년 7회째를 맞았으니 어쩌면 새로울 것이 없는 행사로 생각될 수도 있다. 하지만 실상은 그렇지 않았다. 서울노인영화제는 2014년 그해 몇 가지 점에서 변신을 시도하며 새롭게 주목을 끌던 것이다.

가장 먼저 눈길이 가는 것이 상영 영화 편수다. 단편 경쟁작 38편, 초청작 19편 등 총 57편이 상영됐다. 양적으로 엄청 늘었다. 2013년 6회 영화제 때 상영 편수 36편에 비해 무려 56%가 증가한 수치다. 영화계는 또한 일본영화 〈동경가족〉(야마다 요지)을 상영하고 일본에서 활동 중인 고령 감독을 발굴하고 초청함으로써 향후 아시아를 중심으로 하는 국제 영화제로의 가능성도 타진했다.

'마스터클래스 부문'을 신설했다는 것도 새롭다. 이 새로운 부문을 통해 그동안 고령자에게만 지원됐던 예산을 50대까지로 확장할 수 있었으며, 이로써 시니어 이외의 연령층을 영화제에 참여시켜 그 폭을 넓혔다. 이점 역시 제7회 노인영화제가 갖는 의의일 것이다. 마스터클래스로 선정된 영화를 서울노인복지센터 1층에 위치한 탑골미술관에서 상영, '극장 밖 극장' 개념을 도입한 것도 신선하다는 평가를 이끌어 냈다.

이 같은 몇 가지 근거를 들어 적지 않은 영화인들이 서울노인영화제에 특별한 관심을 기울인다. 잘 하면 독특한 테마의 국제영화제의 출현을 기대할 수 있으며, 이는 한국 영화계가 갖는 또 다른 성과일 수 있다는 것이다. 2017년엔 10회째를 맞아 더욱 풍성해진 메뉴로 시니어 및 일반 관객을 불러 들였던 서울노인영화제는, 많은 사람들의 기대처럼 국제영화제로 발 돋음 할 수 있을 것으로 보인다. 그렇다면 훗날 영화계는 2014년을 영화제 도약의 첫 해로 잡을지도 모른다.

2014년 한국 시니어 영화는 하반기, 그것도 마지막 4/4분기에 집중적으로 폭발을 시작했다. 그 첫 포문을 연 것이 바로 영화 〈나의 독재자〉(이해준)다. 10월에 개봉됐던 이 영화는 설경구, 박해일 등 두 연기파 배우의 열연으로 세간의 관심을 집중시켰다. 정지우 감독의 2012년 작 〈은교〉에서는 70대 노인으로 분장, 열연을 펼쳤던 박해일은 이 영화에서는 거꾸로 70대 노인으로 분장한 설경구의 아들 역을 맡아 관객에서 신선한 재미를 선사하기도 했다.

〈나의 독재자〉는 이미 늙어버린 한 무명배우의 이야기를 담고 있다. 젊은 시절 연극배우였던 성근(설경구)은 단역만 전전하는 무명 중 무명. 홀어머니와 아들을 모시고 사는 그는 당연히 빈한하다. 주연 배우를 꿰찰 수 있는 기회가 왔지만 긴장한 나머지 그는 이마저 놓치고 시름에 빠진다. 새로운 배역 제안이 온 것은 이때였다. 그는 새 오디션에 참석해 최선을 다했고 마침내 새 배역을 따낸다.

영화 〈나의 독재자〉
〈나의 독재자〉는 비록 흥행에 성공하지는 못했지만
배우 설경구가 최고의 연기력을 발휘한 영화로 평가받았다.
감독 : 이해준 출연 : 설경구, 박해일

문제는 그가 따낸 배역 그 자체였다. 영화나 연극을 위한 것이 아니라 실제 상황에 대비하기 위한 배역이었던 것이다. 당시 박정희 정권은 남북공동성명 발표 이후 남북정상회담을 추진하고 있었다. 이 과정에 정권은 회담의 리허설을 위한 배역이 필요했고, 영화 속 주인공은 바로 이 정상회담을 위한 김일성의 대역을 맡게 됐던 것이다. 그럼에도 그는 열심히 자기의 본분을 다했다. 김일성이라는 인물의 배역에 지나치게 심취한 나머지 그는 가끔씩 자신이 진짜 김일성이라는 착각에 빠지기도 한다.

주인공으로서는 생애 첫 번째 주연이었다. 그리고 열심히 했다. 하지만 오래가지 않는다. 정상회담이 무산됐기 때문이다. 정상회담 계획이 없어지자 김일성 배역도 사라지고 이와 함께 영화 속 주인공의 꿈도 사라지고 만다. 그럼에도 주인공은 그 꿈에서 깨어나지 못한다. 그는 결국 평생을 '김일성 주석'으로 살아가고 성장한 아들 태식(박해일)은 어쩔 수 없이 이런 아버지와 살아가야 한다.

산업이 돼버린 영화는 흥행이라는 수치로 많은 것이 재단된다. 그런 시각에서 보면 〈나의 독재자〉는 분명 실패일 것이다. 동원 관객은 40만 명이 채 되지 않는다. 설경구, 박해일 등 당대 최고의 배우가 출현한 영화임에도 개봉 20일이 안 돼 간판을 내렸다. 감독에게도 배우에게도 수모로 여겨졌을 것이다. 하지만 출연 배우들의 연기만큼은 높이 사야 한다는 평가가 대세다. 특히 김일성 역을 맡아 평생을 김일성으로 살아 온 설경구의 연기는 어떤 출연작보다 훌륭했다는 찬사를 받는다.

4. 2014년 시니어 영화의 대미는 천만 관객 〈국제시장〉

어쨌거나 〈나의 독재자〉의 개봉으로 2014년 시니어 영화는 그 정점을 향해 치닫고 있었다. 그리고 2014년 시니어 영화의 대미大尾는 마지막 두 달 동안 장식됐다. 두 달 사이 두 편의 시니어 영화가 꼬리를 물 듯 개봉됐고 이들은 2014년 최고의 흥행작은 물론 한국 영화사에 길이 남을 기념비적 작품으로 불릴 만했다. 11월 개봉된 다큐멘터리 영화 〈님아 그 강을 건너지 마오〉(진모영) 그리고 12월 한 해 마지막을 장식하며 흥행대작의 반열에 오른 〈국제시장〉이 그들이다. 시니어 영화의 전형으로 볼 수 있는 이 두 편의 영화는 시니어 영화의 가능성을 한껏 치켜 올렸다.

영화 〈님아 그 강을 건너지 마오〉
10대 감성으로 사랑을 나누던 89세, 98세의 노부부 이야기.
큰 감동과 함께 흥행 돌풍을 일으키며 '워낭소리'의 기록을 깼다.
감독 : 진모영 출연 : 조병만, 강계열

〈님아 그 강을 건너지 마오〉는 76년을 함께한 노부부의 사랑과 죽음에 대한 이야기다. 89세의 소녀 감성을 지닌 강계열 할머니, 그리고 98세의 로맨티스트 조병만 할아버지가 주인공이다. 다큐영화이니 이 둘은 실재 인물이며 이 둘의 사랑은 실제 벌어진 사랑이다. 다큐의 힘은 바로 이 사실성에 있다. 100세 가까운 나이에 10대의 감성으로 커플룩을

입고 서로를 사랑하는 두 주인공의 일상과 헤어짐이라는 스토리가 픽션이 아닌 실제라는 사실은, 크리스마스 벨처럼 관객의 영혼을 울리고 있었다.

영화의 감동은 입소문을 타고 흥행 돌풍을 일으켰다. 153개에 불과했던 상영관이 개봉 한 달 만에 800개 가까이로 늘었다. 다큐 영화로는 믿기 어려운 일이었다. 당연히 흥행 면에서도 대 성공. 2014년 12월 29일 현재 총 관객 수는 355만 명으로, 독립영화로는 그야말로 대박을 쳤다. 2009년 개봉해 온갖 화제를 몰고 오며 관객 293만 명을 동원한 워낭소리의 기록도 이로써 깨졌다. 무명이었던 비정규직 PD 출신의 진모영 감독도 이 영화 하나로 단번에 스타가 됐다. 최종 누적 관객 수는 총 480만 명. 다큐의 진수가 무엇인지를 보여준 영화다.

〈님아 그 강을 건너지 마오〉는 어떻게 이런 대 성공을 거둘 수 있었을까? 일반적으로 영화의 성공 요인으로 꼽히는 것은 다양하다. 때로는 캐스팅이, 때로는 플롯이, 때로는 반전이 흥행을 북돋는다. 이 영화에 대한 성공 요인은 크게 두세 가지로 나뉜다. 진정한 사랑에 목마른 현대인의 감수성을 파고들었다는 것이 첫째요, 복고 붐을 탔다는 것이 둘째다. 그리고 영화 자체에 대한 평가는 아니지만, 배급사의 공격적 마케팅이나 마땅한 경쟁작이 없었다는 등의 영화 외적 요인도 거론됐다.

하지만 정작 이 영화가 갖는 의미는, 흥행이 아닌, 다른 곳에서 찾아야 할지도 모른다. 〈님아, 그 강을 건너지 마오〉의 성공이 갖는 사회적 의미다. 사회 고령화는 세대 간 화합 없이 안착되기 힘들다. 그리고 화합의 핵심은 공감대 형성에 있다. 이 영화는 이런 측면에서도 접근이 가능하다. 즉, 젊은층은 이 영화를 통해 노인들의 삶과 사랑, 그리고 자신들의 미래를 이해할 수 있게 된다는 것이다. 현대 젊은층은 어쩔 수 없이 노인과 함께 이 고령화사회를 살아가야 한다. 세대 간 갈등의 원인이 되는 노인에 대한 젊은층의 부정적인 이미지는 이 같은 대중문화를 통해 희석될 수 있을 것이다.

어느 사회나 고령자에 대한 부정적 인식이 있다. 하지만 이 같은 인식에서 비롯되는 세대 간 갈등은 젊은층이나 고령층 모두에 도움이 되지 않는다. 그동안 국내 시니어 영화는 세대 간 통합을 일구는 측면이 부족했던 것이 사실이다. 노인의 성적인 문제를 다룸으로써 관객의 말초적인 감성을 자극하거나, 손자 또는 동물과의 사랑을 다룬 것들이 주류를 이뤘다. 〈죽어도 좋아〉에서 시작된 고령자의 성 관련 영화는 〈은교〉와 〈야관문〉, 〈죽지 않아〉로까지 이어졌다. 손자나 동물과의 사랑 얘기는 〈집으로〉, 〈워낭소리〉 등이 대표적일 것이다.

이런 시각에서 봤을 때 〈님아, 그 강을 건너지 마오〉는, 예전에 없었던 전혀 새로운 주제다. 70년 넘게 이어져 온 사랑과 헤어짐이 주는 아픔은 인간이라면 누구나 공감할 수 있다. 이로써 〈님아, 그 강을 건너지 마오〉는 노인에 대한 부정적 인식 대신 우리의 평범한 할아버지, 할머니, 아버지, 어머니들과의 유대감을 형성할 수 있는 효과를 준다. 지난 2014년은 연금을 둘러싼 세대 간 갈등이 심각했었던 한 해였다. 그 해에 이 같은 영화가 나왔다는 것에 큰 의미를 부여할 수 있을 것이다. 결론, 〈님아, 그 강을 건너지 마오〉는 사회 갈등 해소라는 사회적 기능을 충실히 수행하는 시니어 영화로 평가될 수도 있음을 알아야 한다.

그리고 2014년 12월 마지막 달, 그해 보여준 그 어떤 시니어 영화나 이벤트보다 강력한 영화가 세상을 강타한다. 영화계의 대어大魚 〈국제시장〉이 흥행의 포문을 열어 재낀 것이다. 한국전쟁 말미에 북한을 탈출해 남쪽으로 이주한 한 가족의 이야기는 〈님아, 그 강을 건너지 마오〉와는 전혀 다른 측면에서 우리 사회 1세대 고령층의 삶을 이해하는 데 큰 도움을 준다. 이 영화를 통해 우리는 지금의 한국경제, 풍요로운 국가 건설은 바로 그들의 희생 위에 존재한다는 사실을 알게 된다.

영화 〈국제시장〉
가족을 위해 모든 것을 희생한 우리 사회 1세대들의 애환을 그린 〈국제시장〉.
2014년을 사는 한국 젊은층의 공감을 사기 충분했다.
감독 : 윤제균 출연 : 황정민, 김윤진, 오달수

스토리는 눈물겹다. 1950년 12월 한국전쟁 당시 함경남도 흥남에는 북한을 떠나 남으로 이주하려는 수만의 사람이 흥남부두에 집결해 있었다. 자식을 잃고 부모를 잃고 형제자매를 잃는 일이 비일비재했다. 〈국제시장〉의 스토리는 여기서 시작된다. 부모, 그리고 여동생과 함께 떠나려 했던 덕수(황정민)는 그만 여동생을 잃어버리고 아버지는 그 여동생을 찾기 위해 배를 떠난다. 덕수와 덕수 어머니는 여동생, 아버지, 딸, 남편과 생이별하는 비참한 경험을 하게 된다.

아버지 없이 남쪽으로 건너온 주인공 덕수의 삶은 처절하다. 아버지 대신 가장의 역할을 떠맡았고 가족을 위해 온갖 허드렛일을 마다하지 않는다. 자신의 꿈과 희망을 챙긴다는 것은 상상할 수 없는 일이다. 그토록 가고 싶어 했던 대학도 가지 못한다. 심지어 가족의 생계를 책임지기 위해 때로는 목숨까지 건다. 가족이 가장 우선이었던 그에게 이런 삶의 방식은 일시적인 것이 아니었다. 가족에게 평생 자신의 삶을 바친다.

영화는 한국경제를 견인한 두 개 사건이 주요 배경으로 등장한다. 독일 광부 및 간호사 파견과 월남전 참전이다. 이 두 사건 모두에 참여한 사람은 얼마나 될까? 독일 광부나 간호사로 갔다가 월남전까지 참전한 사람은 극소수일 것이다. 하지만 영화 〈국제시장〉의 주인공 덕수는 그렇다. 그는 가족을 부양하기 위해 목숨을 건 우리 1세대를 대표하는 상징적 인물이 될 것이다. 이런 측면에서 이 영화 또한 젊은 층의 공감대를 이끌어 내는 데에 큰 무리가 없어 보인다. 이 영화가 천만 관객을 동원한 데에는 이 같은 뒷심이 작동하고 있을 것이다.

영화와 관련된 재미있는 에피소드 하나. 이 영화는 전혀 뜻하지 않게 우리나라 보혁 세력의 정치 논쟁으로 비화됐다. 국기에 대한 경례 장면과 영화 전반이 갖는 국가관의 해석 때문이다. 하지만 이 영화 역시 정치적 성향을 따지기 전에 영화가 갖는 사회적 성격을 먼저 따져야 할 것이다. 앞서 얘기한 대로 고령화는 피할 수 없다. 세대 간 화합이 무엇보다 중요하다. 이 같은 시대에 젊은이들이 고령 1세대의 삶을 공유한다는 것 필수불가결이다. 이념보다는 그 사실이 더욱 중요할 것이다.

어쨌거나 2014년 한국영화계는 〈국제시장〉이라는 대박 시니어 영화로 마감된다. 다시 말하지만, 이로써 2014년은 대박 시니어 영화로 시작해 대박 시니어 영화로 마치게 되는 것이다. 그리고 중간 중간 국내외 다양한 형식의 시니어 영화가 선을 보였고 시니어 관련 영화제도 새로운 모습으로 진화했다. 1년 내내 시니어 영화에 대한 관심은 끊이지 않았고 한국 시니어 영화 발전에 거대한 동력을 줬다고 할 수 있을 것이다. 그럼으로써, 이 글에서 보는 것처럼, 2014년은 '한국 시니어 영화에 모멘텀을 준 해' 또는 '한국 시니어 영화의 변곡점' 또는 '분수령'이 될 수 있다는 해석도 어느 정도 설득력을 갖는다고 할 수 있지 않을까?

2014년 이후 한국 영화계는 많고 다양하고 의미 있는 시니어 영화를 선보였다. 그리고 2018년 새해를 맞았다. 앞서 얘기했던 대로 2018년 역시 시니어 영화로 그 해 막幕을 올렸다. 그것도 두 편의 영화로. 2018년의 중·하반기에도 이 같은 판도가 계속 이어질지는 알 수 없다. 하지만 분명한 것은 있다. 우리 사회가 고령화되고 있으며 영화계는 그들의 발길을 극장으로 인도해야 한다는 것이다. 그러니 예측은 오히려 쉽다. 시니어 영화는 앞으로도 계속된다는 것이다.

배우, 세월에 적응하다
… 이순재, 신성일, 그리고 한국의 시니어 배우들

원로배우 이순재. 1956년 유진 G. 오닐Eugene Gladstone O'Neill의 연극 〈지평선 너머〉로 무대 첫인사를 했던 그는 1961년 KBS 개국 드라마 〈나도 인간이 되련다〉로 TV를 통해 대중 앞에 본격적으로 자신의 모습을 드러냈다. 이후 그는, 너무나 잘 알려진 대로, 수십 년 동안 TV는 물론 연극과 영화 등 매체를 넘나들며 종횡무진 활약을 펼쳤다. 2013년에는 tvN의 예능프로그램 〈꽃보다 할배〉에 출연, 예능 분야에서도 탁월한 재능이 있음을 세상에 알렸다.

지난 2017년은 그에게 매우 의미있는 한 해였음이 분명하다. 그해 9월 YTN-Star는, 존경할 만한 인물을 심층적으로 조망하자는 취지의 기획 프로그램 리스펙트 프로젝트Respect Project의 첫 번째 인물로 그를 선정, 그의 연기생활 61년을 기념하는 화려한 잔치를 벌여줬던 것이다. 이 프로그램을 통해 이준익 감독이나 나영석 PD 등 제작진들 외에 정보석, 배종옥, 이서진, 김명민, 신세경 등 유명 배우들이 나와 그의 연기생활을 축하해 줬다.

61년의 연기생활 동안 배우 이순재가 갖게 된 각종 기록은 한마디로 대단하다. 1964년 TBC가 제작해 국내 첫 일일 드라마로 기록된 〈눈은 나리는데〉의 주인공을 맡았고, 1982년 그가 주연했던 KBS2의 일일 드라마 〈보통 사람들〉은 국내 최장수 일일 드라마로 기록됐다. 일일 드라마 최고 시청률도 그가 차지했는데, 1998년 그가 주인공을 맡았던 MBC의 일일 드라마 〈보고 또 보고〉가 찍은 시청률 57.3%가 바로 그것이다.

한국을 대표하는 '80대 현역' 시니어 스타들
이순재(영화 〈덕구〉), 오현경(연극 〈베니스의 상인〉), 신구(MN 예능 〈윤식당〉),
엄앵란(MBN 토크쇼 〈동치미〉), 신성일(영화 〈야관문〉), 김영옥(영화 〈눈길〉).

하지만 몇 년 전부터 그의 이름 앞에는 전혀 새로운 수식어가 달린다. 국내 최고령 배우라는 수식어가 그것이다. 1934년생인 그는 2018년 현재 84세. 1927년생으로 2018년 현재 90대 현역을 자랑하는 가수이자 방송인 송해에는 미치지 못하지만 대중문화계를 통틀어 80대 현역이 드문 만큼 그에게 고령 2인자라 불러도 무방할 것 같다. 당연히 연기자 중에서는 최고령이다. 흐르는 세월에 적응한 그는 이제 청춘 스타에서 시니어 스타로 거듭났다.

확실히 고령사회인 게 맞다. 예전 같으면 뒷방 늙은이 소리나 들으며 죽을 날만 기다렸음직한 나이 80이 넘어서도 왕성한 활동력을 보여주는, 청춘 스타에서 시니어 스타로 변신한 배우는 이순재 외에도 여럿 있다. 오현경(1936년), 신구(1936년), 엄앵란(1936년), 신성일(1937년), 김영옥(1937년) 등은 2018년 현재 80대 현역으로 꼽을 수 있는 연기자들이다. 하지만 이들 모두 이순재보다 서 너 살 아래인 아우들이다.

이순재의 나이는 그 밖의 다른 고령 연기자들과 비교하면 더욱 도드라진다. 원로 배우로서 여전히 카리스마를 내뿜는 송재호(1939년), 최불암(1940년), 박근형(1940년), 전무송(1941년), 나문희(1941년생), 변희봉(1942년) 등은 꽤 어린 아우뻘이고, 백일섭(1944년)이나 손숙(1944년), 박인환(1945년), 노주현(1946년), 윤여정(1947년) 등 노배우와는 열 살 이상 차이로 조카뻘이다. 예전 같으며 술심부름이나 담배 심부름을 시킬 수도 있는 나이다.

그럼에도 이순재는 2018년 80대 중반의 나이에도 왕성한 활동을 벌이며 퇴역이 아닌 현역임을 입증하고 있다. 지난 해 한해의 막바지였던 11월 그는 제주도에서 손숙과 함께 노부부의 애틋한 감정을 살린 연극 〈사랑별곡〉에서 주인공 박 서방 역할로 열연하는 한편 청춘의 일과 꿈이라는 주제로 제주의 젊은이들과 호흡을 함께하는 토크 콘서트까지 출연했다.

그뿐 아니다. 2018년에는 2월 현재 자신이 주연한 저예산 영화 〈덕구〉도 개봉을 앞두고 있다 해서 세간의 관심을 끈다. 할아버지가 집 나간 외국인 며느리를 찾아다닌다는 주제의 영화 〈덕구〉는 손자 덕구와 할아버지의 이야기로 꾸며진 가족영화. 이순재는 덕구의 할아버지로 등장한다. 노인이 주인공인 또 한편의 고령영화라는 점, 제작비 5억 원의 저예산 영화라는 점, 감독 방수인이 이준익 감독의 연출팀 출신의 기대주라는 점 등이 이 영화가 관심을 끌게 하는 다양한 측면이다.

2018년 초, 시니어 배우 이순재는 80의 나이를 넘어서도 여전히 건재하며, 어쩌면 제2의 전성기를 보내는 것처럼 보이기도 한다. 80의 나이에 영화와 연극은 물론 예능프로그램에서조차 주인공이라는 것 아닌가. 예전 같으면 상상도 할 수 없는 일이었을 것이다. 이 대목만 봐도 확실히 이순재라는 탁월한 연기자의 힘을 느낄 수 있다.

하지만 80대의 고령에 특정 영화의 주인공을 맡는다는 것은, 아무리 그가 탁월한 연기자라 해도, 배우 개인의 능력만으로 설명되기는 쉽지 않다. 그 능력을 발휘할 수 있도록 도와주는 환경이 있었기에 가능한 것이다. 지난 2000년 전체 인구에서 65세 이상 고령인구가 차지하는 비중이 7% 이상인 고령화사회Aging Society였던 한국은 겨우 17년 만인 2017년 고령인구 14%가 넘는 고령사회Aged Society로, 또 10년 뒤인 2026년에는 20%가 넘는 초고령사회Super-Aged Society가 된다. 21세기 대한민국은 인류 역사상 가장 빨리 늙는 나라가 된 것이다.

이처럼 빨리 늙는 나라에서는 노인과 함께 울고 웃고 떠드는 것을 운명처럼 여기고 살아야 한다. 그래야 살아질 수 있다. 영화도 마찬가지다. 10년 내로 천만이 될 700만 노인을 극장으로 불러들여야 하는 엄청난 과제를 안고 있다. 게다가 모든 노인의 삶에는 희로애락이라는 스토리가 담겨 있다. 젊은 층에게도 어필할 거리가 있는 것이다. 고령자가 주인공인 시니어 영화가 많아지고, 심지어 80대 중반의 연기자에게까지 주인공으로의 기회가 생기는 것도 바로 이 때문이다. 시니어 영화의 전성기가 점점 더 가까워지는 것인지도 모른다.

2017년 말에서 2018년 초 사이 있었던 국내 영화계 주요 뉴스 중 빼놓기 어려운 것이 원로 배우 신성일의 폐암 관련 소식이었을 것이다. 1960년 영화 〈로맨스 빠빠〉로 데뷔한 이래 무려 수백 편의 영화를 찍은 스타 중의 스타였던 그다. 1937년생이니 2017년이면 그가 꼭 80이 됐던 해이다. 그가 폐암에 걸렸다거나 생명이 위독하다거나 하는 소식이 있어도 별로 이상할 게 없었을 법했다. 하지만 그의 폐암 소식은 많은 언론의 관심을 끌었고 신 씨는 더 이상 말 할 게 없다며 손사래를 치기까지 했다.

국내 언론이 집요하리만치 신 씨를 쫓아다닌 것은 신 씨가 한국 영화계에서 차지하고 있는 비중이 그만큼 크다는 사실을 의미할 것이다. 하지만 신성일에 대한 세간의 관심은 비단 여기에 그치지 않는다. 그는 80의 나이가 무색할 정도로 왕성하게 활동하며 화제의 주인공의 자리에 앉아 있었던 것이다. 그는 심지어 결혼 후 사랑한 것과 외도한 사실을 그 대상까지 실명으로 거론, 많은 이의 관심을 끌기도 했다.

2017년 하반기에도 그에 대한 관심은 계속됐다. 폐암 3기여서 수술도 할 수 없는 상태였다는 소식이 많은 팬을 안타깝게 했는데 이후 그의 건강이 극적으로 호전됐다는 소식에 적이 안심이 됐다. 그의 건강 상태를 감안했었던 것인지는 알 수 없으나 그해 10월 개막된 부산영화제에서는 그에 대한 회고전을 열기도 했다. 레드카펫을 밟던 그날 신성일은 아리따운 미모의 젊은 처자와 함께 등장, 다시 한 번 세간의 이목을 끌기도 했다.

80의 나이에도 왕성한 활동을 펼치는 배우를 만나기는 쉽지 않다. 나아가 젊은 여성과의 사랑이나 성적인 측면을 엿보게 해주는 배우는 더욱 찾아보기 어렵다. 하지만 신성일만은 예외인 듯하다. 그에게 따라다니는 여성 또는 성의 이미지는 그의 마지막 영화에서도 작동했다. 〈야관문〉이 그것으로 아내와 자식을 잃고 자신마저 시한부 생명 판정을 받은 고령의 주인공이 아름다운 간병인을 맞아 새로운 자신과 삶을 깨닫는다는 내용이다. 간병인 역을 맡았던 배우 배슬기와 베드신이 화제를 모았는데 아마도 젊은 여배우와 베드신을 가진 최고령 배우가 아닐까 싶다.

제2장

주목할 만한 국내외 시니어 영화들

(2015~2018)

전찬일

한국 시니어 영화의 성숙 · 심화 : 〈장수상회〉부터 〈덕구〉까지 그리고 주목할 만한 외국 영화

이재광은 몇 가지 근거들을 들어 2014년이 고령자를 주인공으로 하는 시니어 영화의 분수령일 수 있다고 진단했다. 동의 여부를 떠나, 주목하지 않을 수 없는 진단이다. 단도직입적으로 물어보자. 그 파도는 2018년 현재, 어떤 처지에 놓여 있을까? 여전히 건재할까?

안타깝게도, 아니다. 대중적 호응 즉 흥행 측면에서 그 파고는 거의 사그라졌다, 해도 과언이 아니다. 2018년 4월 5일 개봉돼 30만 선을 돌파한 〈덕구〉(방수인) 같은 예외도 있긴 하나 〈죽여주는 여자〉(이재용), 〈그랜드 파더〉(이서), 〈길〉(정인봉), 〈비밥바룰라〉(이성재) 등 일련의 국산 시니어 영화들의 경우 대박은커녕 10만 선을 넘기는데 숨 가빴거나, 그 선에 근접조차 못했다.[1] 그럼에도 고령 영화로서 그들의 속내는 단연 빛을 발했던 것 또한 사실이다. 주목할 만한이나 기념비적이란 수식이 과장이 아닐 정도로. 자 그 영화들 속으로 들어가 보자.

1. 2015년

2015년에는 광의의 의미에서 시니어 영화라 일컬을 수 있을, 몇 편의 영화들이 선보였다. 앤 해서웨이, 로버트 드 니로 주연 낸시 마이어스 감독의 〈인턴〉을 비롯해 임권택 감독의 102번째 장편 연출 나들이 〈화장〉, 〈화장〉의 안성기와 마찬가지로 어느덧 60대 중반에 접어든 김수미의 활약상이 돋보인 〈헬머니〉(신한솔) 등이 언급할 만한 그 예들이다. 이 세 영화는 360여만 명, 14만여 명, 52만여 명에 이르는, 나름 유의미한, 크고 작은 흥행 성적을 일궈냈다. 하지만 엄밀히, 협의의 의미에서 이들을 고령 영화로 규정짓기엔 주저되는 게 사실이다. 그 어느 영화도 고령의 삶 자체가 메인플롯을 추동하지는 않기 때문이다. 그보다는 젊음을 향한 노스탤지어, 결핍, 욕망이나 고령과 젊음 간의 (대립적이거나 조화로운) 관계 등을 중심으로 영화들이 전개된다. 더욱이 〈헬머니〉처럼 비평적으로 별 다른 구미를 당기지 않는 경우도 없지 않다. 그래서다, 이들에 대해 별도로 상술하지 않는 것은.

고령의 삶 자체가 메인플롯을 추동하지 않기는 2014년 한국 영화계를 열고 닫으며 고령 영화의 분수령으로 읽힐 수 있다는 〈수상한 그녀〉나 〈국제시장〉에도 고스란히 해당된다. 사실상 그들은 절반만 고령 영화라 할 수 있다. 그 영화들에서 주된 사건들을 끌고 가는 중심인물들은 시니어 영화의 기본 전제인 고령자들이 아니라, 젊은 시절의 그들 아니던가. 고령의 주인공들의 현재가 아니라 과거를 중심으로 드라마가 펼쳐지지 않는가. 고령의 삶 자체가 메인플롯을 추동한다는 견지에서, 2015년을 빛낸 독보적 고령 영화가 다름 아닌 〈장수상회〉다.

① 장수상회 Salut D'Amour

판단컨대 국산 시니어 영화의 기념비적 텍스트는 추창민 감독(광해, 왕이 된 남자)의 〈그대를 사랑합니다〉일 듯. 160만이 넘는, 기대 이상의 성공을 일궈내면서 한국 고령 영화의 어떤 잠재력을 입증한 문제적 수작이다. 노인들이 주인공인 강풀 원작의 만화를 영화화했다. 이순재, 송재호, 윤소정, 김수미 등 제작 당시 70대 중반에서 50대 말에 이르는, 이 땅의 대표적 시니어 배우들을 기용해, 사랑은 결코 젊은이들만의 전유

영화 〈장수상회〉
4월 9일 개봉, 112분,
12세이상 관람가.

물이 아니라는, 당연하지만 종종 잊히곤 하는 명제를 유머 머금은 감동으로 증거 했다. 그 이전의 기념비적 고령 영화라 할, 박진표 감독의 다큐드라마 〈죽어도 좋아〉나 정지우 감독의 〈은교〉 등과는 판이하게 다른, 다분히 온순하며 건전한(?) 시선 및 스타일로.

〈장수상회〉는 〈그대를 사랑합니다〉의 연장선상에 위치하는, 100% 국산 고령 영화의 또 다른 터닝포인트다. 〈장수상회〉의 주인공들은 70대 전후의 고령자들인 (김)성칠과 (임)금님이다. 다른 젊은 캐릭터들

은, 설사 보도자료 상에 주연으로 소개될지라도 예외 없이 보조적·주변적 역할을 수행할 따름이다. 50대에 접어들기만 해도 심심치 않게 노땅 취급 받곤 하는 조로의 한국 영화판에서 이 얼마나 멋진, 흔치 않은 파격인가. 성칠과 금님을 2015년 촬영 당시 70대 중반과 60대 말이었던, 박근형과 윤여정이 실감 넘치게 연기했다. 이 두 노장은 2016년을 빛낼 두 고령 영화 〈그랜드 파더〉와 〈죽여주는 여자〉에서 명실상부한 원톱으로 영화를 시종 이끌어나간다.

〈장수상회〉는 100% 고령 영화답게, 상기 두 노년 캐릭터들의 삶(과 죽음)을 축으로 흘러간다. 성칠은 시도 때도 없이 버럭 대는, 까칠할 때로 까칠한 노신사. 해병대로서 자부심을 품고, 장수상회를 지켜온 모범 직원이기도 하다. 허나 여느 인간적 배려심이나 다정함 따위완 담을 쌓고 살고 있다. 그런 그 앞에 고운 외모의 금님이 나타난다. 딸 민정(한지민)과 함께 성칠의 건너편 집으로 이사를 오는 것. 헌데 금님은 여느 여인들과는 달라도 퍽 다르다. 늘 그래왔듯 성칠이 한없이 퉁명스럽게 대하건만 늘 환한 미소로 응대하는 것 아닌가. 10대 소녀 같은 금님의 살가운 태도에 까칠남 성칠은 당혹스러워하고, 어느 날 금님은 저녁 데이트를 제안한다.

노년에 찾아온 러브 스토리일까, 〈장수상회〉는? 두 노년 사이의 사랑은 과연 꽃 피울 수 있을까? 만약 그렇게 될 거라면, 그 과정에서 그 둘 사이에서는 어떤 사건들이 펼쳐질까? 이런 단선적 호기심으로 지켜봐도 영화는 제법 아기자기한 재미를 선사한다. 장수마트 사장 장수(조진웅)는 비밀리에 성칠에게 첫 데이트를 성공시키기 위한 노하우를 전수시키고, 성칠과 금님의 만남은 마을 주민들은 물론 그 만남이 못마땅하기 짝이 없는 금님의 딸 민정에게까지 영향을 미친다. 첫 데이트를 무사히 마친 성칠은, 민정의 반대에도 아랑곳 않고 만남을 계속한다. 그러던 어느 날, 성칠이 금님과의 중요한 약속을 잊어버리는 사건이 발생하고, 뒤늦게 약속 장소에서 금님을 애타게 찾던 성칠은 자신만 몰랐던 그녀의 비밀을 알게 된다…….

문득 밀려드는 의문. 대체 왜 금님은 성칠에게 그렇게도 일방적으로 곰살맞게 구는 걸까. 왜 민정은 무턱대고 두 사람의 만남을 못 내켜 하는 걸까. 혹 두 노인네 사이에 말하기 곤란한 어떤 사연·비밀이라도 있는 걸까. 도식적으로 비칠 수도 있을 사건들을 넘어, 그 사연·비밀에 이르는 여정이 영화 〈장수상회〉가 전하려는 우선적인 그 무엇이다. 역시 한국을 대표하는 시니어 배우들인 박근형, 윤여정을 필두로 조진웅, 한지민, 김정태, 황우슬혜, 이준혁 등 좋은 연기자들 덕에 그 여정이 여간 흥미진진하질 않다. 때론 예상치 못한 감동까지 맛볼 수 있다. 그 여정에서 수반되는 반전들도 예상을 뛰어넘는 극적 임팩트를 안겨준다. 가히 반전의 묘미랄까.

문제는 그런 임팩트나 반전의 맛들이 전적으로 창작에 의한 성취들이 아니라는 사실이다. 크레디트에는 분명히, 이상현 각본에 강제규·방은진 각색으로 나와 있다. 그건 〈장수상회〉가 창작 시나리오를 바탕으로 영화화됐다는 걸 뜻한다. 나도 그런 줄로만 알았다. 하지만 이 원고를 준비하면서, 그렇지 않다는 걸 알게 됐다. 2008년 터론토국제영화제에서 월드 프리미어 된 후 몇몇 영화제들을 돌다 우리나라에서는 2010년 12월 23일 선보인 미국 영화 〈러블리, 스틸〉(니콜라스 패클러)의 자유로운 리메이크라는 것을. 영화는 1만6천 명이 채 되지 않는, 하지만 다양성 영화로는 결코 무시할 수 없는 유의미한 흥행 성적을 올렸다.

이 자리에서 〈장수상회〉와 〈러블리, 스틸〉 간의 차이점 및 유사점에 대해 상론하진 않으련다. 국내 영화팬들에게도 낯익을 마틴 랜도, 엘렌 버스틴 두 노배우가 박근형보다 12년, 윤여정보다 15년가량 연상이라 〈러블리, 스틸〉에서의 로맨스가 다소는 더 절실하게 다가선다는 것, 아파트 단지 재개발 등을 둘러싼 일련의 서브플롯들을 통해 〈장수상회〉가 상대적으로 더 복합적인 드라마를 구현했으며 개인사를 넘어 정치사회적 함의를 부여하려 하는 등 크고 작은 차이를 보이긴 하나, 큰 줄기에서는 대체적으로 유사한 내러티브를 취하며, 특히 반전의 묘미에서는 거의 흡사하다는 점 정도만 말하고 넘어가자. 헌데 왜 그런 기본적 팩트를 밝히지 않은 걸까? 하긴 언제부터인가 이 나라 영화계에서는, 돈 주고 판권을 구입했다는 이유에서인지, 그런 경우들이 왕왕 벌어지고 있긴 하다. 심히, 유감스럽게도.

〈장수상회〉와 연관해 가장 흥미로운 사실은 그러나, 감독이 다름 아닌 강제규라는 것이다. 장편 데뷔작 〈은행나무침대〉부터 〈쉬리〉, 〈태극기, 휘날리며〉, 〈마이 웨이〉에 이르기까지, 소품적 시니어 영화와는 거리가 멀어도 한참 먼, 대한민국을 대표하는 대작 감독! 평론가 오동진의 말이 아니더라도, 그가 만들어 온 (시나리오 저작과 제작한 작품 모두를 포함해서) 영화는 늘 분기점을 만들고 거대한 분수령을 만들어왔지 않은가. 그런 감독이 시니어 영화인 〈장수상회〉를 5번째 장편 영화로 만들어냈다? 흥미롭지 않은가. 아니, 특이 하지 않은가.

2012년 부산국제영화제 한국영화담당 프로그래머로 '마이 웨이'를 초청하기 위해 사무실로 찾아갔을 때, 그는 내게 말했었다. 50을 넘으니, 인생의 의미가 40대 적과는 적잖이 다르게 다가선다고. 그래 누군가가 자신을 필요해 찾으면, 예전에는 무시하곤 했는데 이제는 가능하면 가려고 한다고. 그 누군가가 자신보다 아래 연배일 때는 특히나 더. 그 진솔한 속내를 듣고 어찌나 반가웠던지! 그때 나는 생각했다. 〈마이 웨이〉의 상대적 실패가 실의를 넘어 감독은 물론 인간으로서 강제규를 한층 더 성숙시켰다고. 앞만 보고 질주하던 그가, 이젠 잠깐이나마 멈춰서 자신의 주변을 돌아보는구나, 라고. 그래 한 살 차이의 동년배로서, 그와 그 이전보다 훨씬 더 가까워짐을 느낄 수 있었다. 〈장수상회〉도 그렇거니와, 그 시니어 영화를 예고했던 28분짜리 단편 〈민우씨 오는 날〉도 결국은 위 성숙의 산물인 셈이다.

강제규 감독은 오동진과 나눈 대화에서 이렇게 말했다.2) 〈민우씨 오는 날〉은 "감기에 걸려 고생고생하면서 쓴 시나리오다. 비몽사몽을 오가면서 내가 제대로 쓰고 있나, 그걸 떠나 내가 지금 이 단편 작업을 하는 게 맞나 싶은 생각이 문득문득 들곤 했다. 그런데 결과적으로 잘한 일이라고 생각한다. 다시 시작하고 싶으니까. 그동안의 인생은 조금 공중에 떠있던 시기였던 것 같다. 〈은행나무 침대〉를 만들었을 때는 한국에 새로운 판타지장르 영화가 나왔다고 칭찬을 들었다. 〈쉬리〉를 했을 때는 산업적으로 중요한 장章을 열었다는 평가를 받았고…그러다가 〈태극기 휘날리며〉를 만들어서 천만 관객을 넘겼다. 그러다가 〈마이 웨이〉를 만들었다. 갑자기 별로 할 말이 없네?(웃음) 이번 영화의 이야기는 오래 전부터 생각해 왔던 것이다. 실제 얘기이기도 하고."

〈마이 웨이〉 이후 강제규 그는 (긍정적 의미에서) 확연히 달라졌다. 다시 말하건대 그만큼 더 성숙해졌다고 할까. "그래서 그 짐을 이제 내려놓기로 했다. 시나리오작가로 시작해 감독과 제작자로 지난 20여 년을 살아왔다. 사람들은 잘 모르지만 〈누가 용의 발톱을 보았는가〉 같은 작품도 내가 시나리오를 쓴 작품이다. 사람들은 다 까먹었지만(웃음), 또 한편의 위대한(?) 실패작 〈단적비연수〉는 내가 제작과 배급을 맡았던 영화였다. 이런저런 일에 쫓겨 다니느라 정작 내 연출작이 적게 돼 버렸다. 이제 올곧이 연출에 전념해야 할 때이고, 이번 단편이 나에게 그 같은 결심을 더 강하게 만들어 준 셈이다." 이것이 일찍이 십여 년 전 모 방송국에서 강우석, 강제규 '투-강'을 비교해 평해달라는 요청을 받고 했던 내 발언의 요지였다. 여타 사업적 판단이나 업무는 다른 이에게 맡기고 연출에 집중하라는 것. 〈장수상회〉가 못내 감동적이라면, 감독의 이런 진심이 그대로 전해져서이기도 했다.

2. 2016년

2016년은 비평적 측면에서 시니어 영화가 단연 주목할 성취를 일궈낸 역사적 한해였다. 일련의 문제적 고령 영화들이 선보인 것. 2016년 칸 황금종려상 등에 빛나는 〈나, 다니엘 블레이크〉(켄 로치)를 비롯해 앞서 언급했던 〈죽여주는 여자〉와 〈그랜드 파더〉 등이 그 주인공들이다. 영화(미학·예술)적 수준에서는 크고 작은 차이를 드러내긴 하나, 이들은 모두 고령의 삶 자체가 영화를 추동하는 으뜸 동력이란 점에서 100% 고령 영화로 손색없다.

① 나, 다니엘 블레이크 I, Daniel Blake

성실한 목수로 살던 다니엘(데이브 존스)은 지병인 심장병이 악화돼 더 이상 일을 계속할 수 없는 처지에 처하게 된다. 그는 실업급여를 받기 위해 관련 관공서를 찾아가나, 관료적일 대로 관료적인 복잡한 절차 탓에 번번이 발걸음을 돌려야만 한다. 그러던 어느 날 그는 두 아이와 함

영화 〈나, 다니엘블레이크〉
12월 8일 개봉. 100분.
12세이상 관람가.

께 런던에서 이주해온 싱글맘 카티(헤일리 스
콰이어즈)가 곤경에 처해 있는 것을 목격하고
는 거들면서 가까워지게 되고, 그의 삶은 한
층 더 고단해진다.

이렇듯 〈나, 다니엘 블레이크〉는 초로의 주
인공 다니엘을 축으로 펼쳐지는 100% 시니
어 영화다. 다니엘이 복지 혜택을 받기 위
해 거쳐야만 하는 복잡다단한 과정을 추적하
면서, 영국 복지제도 및 관료주의 등을 통렬
하게 비판한다. 감독이 칸 시상식장에서 영
국의 '위험한 긴축 프로젝트The dangerous project of austerity'를 향해 내뱉은 일
성은 그저 립서비스만은 아니었던 것: "우리는 희망의 메시지를 제시해
야 하며, 또 다른 세상이 가능하다고 말하지 않으면 안 된다. 우리가 사
는 세상은 바로 지금 위험한 지점에 놓여있다. 우리는 우리를 거의 파
국 속으로 몰아넣은 소위 신자유주의 사상에 의해 추동되는 위험한 긴
축 프로젝트의 손아귀에 놓여있다."

기회 있을 때마다 피력했듯 〈나, 다니엘 블레이크〉는 그런 유의 사
회 고발성 영화들이 치닫기 쉬운 이분법적 선전선동으로 흐르지 않고, 걸
작 휴먼 드라마로 비상한다. 다니엘이나 카티는 우리네 밑바닥 인생들
의 가슴 아린 초상화며, 하층민일지언정 우리들이 추구·지향해야 할 삶
은 다니엘의 그것이어야 하지 않느냐고, 영화는 강변한다. 개인사를 통
해 그 개인이 속해 있는 더 큰 사회로 나아가고, 사회적 문맥 하에서 살
아있는 개인들을 형상화하는 걸 잊지 않는 것이다. 봉준호 감독의 〈살인
의 추억〉이나, 드니 빌뇌브의 〈그을린 사랑〉 같은 다른 걸작 휴먼 드라마

들이 그랬듯. 단언컨대 스스로가 극단적 상황에 처해 있는 시민 다니엘이, 자기보다 훨씬 더 열악한 처지에 놓인 싱글맘 카티와 그 자녀들을 최후의 순간까지 도우면서 함께 난국을 헤쳐 나가다가 끝내 저 세상 사람이 되는 극적 과정이 말로 형용키 힘들 정서적 감동과 깊은 지적 울림, 강렬한 교훈적 메시지를 두루 안겨준다.

이쯤해서 감독에 대해 소개해보면 어떨까. 일찍이 네이버 등을 참고해 작성했던 일종의 미니 감독론[3]을 빌리자면, 켄 로치는 영화에 투신한 1960년대 초 이래 줄곧, 1950년대 후반부터 1960년대 초반까지 영국영화의 혁신을 주도했던 영화운동 '프리 시네마'의 연장선상에서 활동해왔다. 프리 시네마는 영국 특유의 사회파 감독들에게 지대한 영향을 끼쳤는바, 초기 프리 시네마 형식을 이어받았던 감독들은 더 이상 프리 시네마의 자유로운 형식적 시도를 계승하진 않고 있지만 그 주제의식만은 지금껏 공유하고 있다. 영국과 북아일랜드, 스코틀랜드 등의 갈등이나 대처정부의 반反노동자 정책 등 역사적 사실을 다룬 영화, 영국 노동자계급의 문제, 소외된 청년의 문제 등을 다룬 드라마장르의 영화들은 지금도 영국영화를 대표하고 있다.

켄 로치는 다름 아닌 그들 사회파 영화의 대표 감독이다. 텔레비전용 영화를 만들던 켄 로치의 존재감을 알린 연출작은 〈불쌍한 암소〉(1967). 이때부터 그는 영국 노동계급을 위한 영화를 전격적으로 만들기 시작했다. 이후 무기력한 영국의 광산촌 노동자들을 그린 〈케스〉(1969)에서 〈나, 다니엘 블레이크〉에 이르기까지 한결같이 영국을 포함한 전 세계의 다양한 사회문제에 대한 관심을 끊임없이 환기시켜왔을 뿐 아니라 자신의 좌파적 역사관 및 이념 등을 꾸준히 설파해왔다.

북아일랜드를 무대로 모종의 살인을 둘러싸고 펼쳐지는 1990년 칸 심사위원상 수상작 〈숨겨진 계략〉을 위시해, 동료들과 버려진 집에서 지내는 일용직 노동자를 축으로 벌어지는 코믹 드라마 〈하층민들〉(1991), 두 중년 실업자의 페이소스 가득한 해프닝을 그린 〈레이닝 스톤〉(1993), 사회사업가들에게 아이들을 빼앗긴 한 어머니의 이야기 〈레이드 버드, 레이드 버드〉(1994), 〈누구를 위하여 좋은 울리나〉 이후 스페인 내전을 다룬 작품인 동시에 켄 로치 감독 자신이 영국 바깥으로 시선을 돌린 최초의 작품이기도 한 〈랜드 앤 프리덤〉(1995), 1920년 아일랜드를 배경으로 자유를 향해 청춘을 바친 두 형제의 엇갈린 선택을 그려 감독에게 첫 번째 칸 황금종려상을 안긴 〈보리밭을 흔드는 바람〉(2006), 그리고 대공황으로 혼란에 빠진 뉴욕을 떠나 10년 만에 고향 아일랜드로 돌아온 지미를 축으로 전개되는 걸작 휴먼 드라마 〈지미스 홀〉(2014) 등이 그 몇몇 예다. 이만하면 감독이 왜 살아있는 좌파영화의 전설로 일컬어지는지 그 이유를 알 수 있지 않을까.

②죽여주는 여자 The Bacchus Lady

삶이 고달프기는 입에 풀칠이라도 하기 위해 종로 일대에서 노인들을 상대하며 근근이 살아가는 65세의 박카스 할머니 소영(윤여정) 역시, 다니엘 못잖다. 소영은 적잖은 노인들 사이에서 죽여주게 잘 하는 여자로 박카스들 중 가장 높은 인기를 구가한다. 더욱이 그녀는 여장남성 트랜스젠더인 집주인 티나(안아주)와, 가난할 뿐 아니라 무릎 아래 한 다리가 잘려나간 장애인인 성인 피규어 작가 도훈(윤계상), 성병 치료차 들른 병원에서 곤경에 처한 것을 보고 무작정 데려온 코피노 소년 민호(최현준) 등과 함께 가족처럼 근근이, 하지만 나름 평화로운 나날을 보낸다. 그러던 어느 날 그녀는 한때 각별하게 지냈던 노인 재우(전무송)를 만나고, 그로부터 자신의 단골손님이기도 했던 세비로송(박규채)이 입원 중이라는 말을 듣고는 문병을 간다. 그곳에서 몸도 움직이지 못하고 말도 제대로 하지 못하는 식물인간 송 노인에게서 뜻밖의 부탁을 받는데, 사는 게 너무 구차하니 자신을 죽여 달라는 것. 처음에는 화들짝 놀라 갈등하던 그녀는, 결국 연민에서 송씨를 죽여준다. 그 일을 계기로 사는 게 힘들어 죽고 싶은 노인들의 부탁이 이어지고, 그들의 부탁을 외면할 수 없었던 그녀는 급기야 재우의 자살에, 공범으로 함께한다…….

이재용 감독은 묻는다. 인간 수명 100세 시대, 이것은 과연 우리에게 축복일까 재앙일까라고. 다음은 그 질문에 대한 감독의 답변이자 연출의 변이다. "한국의 독거노인 빈곤율과 노인 자살율은 OECD 국가 중 가장 높다. 한때 한국 경제 발전의 주역이었던 이 노년 세대는 사회가 떠안아야 할 부담으로 혹은 복지의 사각지대에 놓인 투명인간으로 전락해 버리고 말았다. 이 영화는 앞으로 10년 안에 노인 인구가 20%를 넘는 초고령사회로 접어드는 한국에서 외롭고 아프고 가난한 노인들이 맞닥뜨릴 냉엄한 현실과 그들에게 다가올 죽음에 대한 이야기다. 오래된 구도심과 신시가지가 공존하고 있는 거대도시 서울. 구도심은 경제가 약진하는 속도에 맞춰 빠르게 사라져 가고 있는 중이다. 곧 없어질 낡은 서울의 상징 같은 오래 된 공원, 가난과 소외 속에 곧 죽어갈 운명인 노인들을 닮은 그 공원에서 70살이 가깝도록 몸을 팔며 살아가는 가난한 여자를 통해 우리 모두에게 닥쳐올 노년과 죽음에 대해서 진지하게 생각해 보고자 한다. 그리고 이제 곧 없어질 낡은 서울과 그 안에서 부유하듯 살아가는 소수자들의 모습을 타임캡슐처럼 기록하고자 했다. 또한 사회가 개인을 책임지지 못할 때, 연민과 공감으로 행하는 '조력자살'이 부도덕하기만 한 것인지에 대한 고민 또한 던져보고자 한다." 이러니 어찌 이 영화를, 기념비적 고령 영화라 평하지 않을 수 있겠는가.

영화 〈죽여주는 여자〉
10월 6일 개봉. 111분.
청소년관람불가.

〈죽여주는 여자〉의 소영은, 그 외연이나 내포에서 여타 여성 영화들의 '죽여주는(Knocking sb. dead)' 여자들과는 달라도 한참 다르다.[4] 내포적 의미에서 죽여주는 것을 넘어, 실제로 외연적 차원에서 몇 남자를 '죽여준다'(Kill). 그것도 대가를 전혀 바라지 않고, 얼떨결이거나 순수한 선의에서! 이처럼 '죽여주는 여자'의 한글 제목과 플롯은 외연적 층위와 내포적 층위를 동시에 함축하는바, 영어 제목은 내포에 머물고 있어 영화의 맛을 절반밖에 전달하지 못한다는 한계를 지니고 있다. 이 영화는 이렇듯, 일반적으로는 외연 내지 기표에서 내포 혹은 기의로 심화되는 여느 영화들과는 달리 내포에서 출발해 외연으로 나아간다는 점에서 전복적이면서도 매혹적인 저예산 소품이다.

소영의 본명은 양미숙. 메인플롯 와중에 서브플롯으로 펼쳐지는 소영에 관한 다큐멘터리 촬영을 통해 소영의 또 다른 삶이 드러난다. 그녀가 왜 미숙 아닌 소영으로 살아왔는지, 소영이 왜, 어떻게 박카스 레이디가 됐는지 등등이. 그리고 죽여주는 대가로 투옥돼 청주여자교도소에서 지내다 무연고로 저 세상 사람이 되면서, 드디어 본명을 되찾는다. 한국전쟁 발발 정확히 일주일 전인 1950년 6월 17일 생, 2017년 10월 5일 사망. 소영/미숙은 우리에게는 아직 도래하지 않은 미래에 죽음을 맞이한다. 그로써 영화는 소영/미숙의 삶이 죽음으로 마무리된 것이 아니라, 우리네 관객들의 삶으로 이어지고 있다는 메시지를 슬쩍 던진다. 지금 이 순간, 죽기 전 두 차례에 걸쳐 포착·묘사된, 활기라곤 도저히 찾아보기 불가능할 뿐 아니라 그 새 부쩍 늙어버린 그녀의 무표정한 표정을 떨쳐내기 쉽지 않다.

〈죽여주는 여자〉는 노인들의 성생활을 비롯해 성매매, 안락사, 젠더, 장애, 다문화, 입양 등 현대 사회의 숱한 핫 이슈를 두루 건드린다. 허나 그 이슈들의 무게에 주눅 들지 않는다. 때론 경쾌하면서도 속도감 있게 비극적이나 예정된 결말을 향해 나아간다. 그런 육중한 제재를 짚으면서 단 한 순간도 감상적으로 흐르지 않으며 흔들림 없이 시종 내닫는 감독의 정서적·지적 거리감에 감탄하지 않긴 힘들다. 소영 캐릭터와, 소영을 연기하는 윤여정의 연기는 또 어떤가. 가히 생애의 캐릭터요 연기라 할 만하다. 〈죽여주는 여자〉는 100% 시니어 영화답게, 노녀 캐릭터인 소영과 윤여정으로 수렴된다. 단적으로 소영/윤여정'의', 소영/윤여정에 '의한', 소영/윤여정을 '위한' 드라마인 셈이다. 그 점에서 이 영화는 2016년의 시니어 영화는 물론 2016년의 여성 영화로서도 자격 충분하다. 2016년을 기해 연기 데뷔 50주년을 맞이한 위대한 여우 윤여정에게, 여성영화인축제를 주관하는 사단법인 여성영화인모임(대표 채윤희)이 '올해의 여성영화인상' 대상을 안긴 것도 시의적절했다.

영화 〈죽여주는 여자〉에서 가장 감동적인 덕목은 정작 다른데서 찾고 싶다면 어떨까. 우리의 주인공 소영만이 아니라, 송 노인의 가족을 제외한 영화의 거의 모든 인물들에게는 우리네 현실에서는 좀처럼 찾아보기 힘든 염치가 있다는 것이다. 위에서 말했듯 소영은 한 푼이 아쉬워 몸을 팔면서도, 정작 죽여주는 대가를 바라지 않는다. 한 노인에게 얼떨결에 받은 봉투에 들어 있는 5만 원 권 다발 중 겨우 10만 원만 빼고는 함께 들어 있던 금반지와 더불어 시주함에 넣는다. 더욱이 그 돈은 티나, 도훈, 민호와 함께 한 끼 식사와 반주를 곁들이는데 지불한다. 그 얼마나 위대한 염치고, 노블레스 오블리제던가!

　감독의 연출 의도에서, 최상의 의미에서의 정치적 함의가 읽혀지는 건 그래서다. 감독은 언뜻 정치(적) 영화와는 무관한 듯한 한 노년의 죽여주는 여자 이야기를 통해, 박근혜─최순실 게이트로 대변되던 당시의 대한민국에 통쾌한 한방을 먹였던 셈이다. 염치 좀 갖고 살 수 없냐면서. 정치적이란 것은 무엇일까, 정치 영화란 어떤 것이어야 할까, 영화란 무엇일까, 영화를 통해 우리가 할 수 있는 것은 무엇일까, 등등 적잖은 질문들을 던지고 그 질문들에 대해 사유케 하면서…….

③그랜드 파더 Grand Father

영화 〈그랜드파더〉
8월 31일 개봉, 92분,
청소년 관람불가.

　소영/미숙이 '죽여주는 여자'라면, 〈그랜드 파더〉의 노인 기광(박근형)은 '죽여주는 남자'다. 손녀 보람(고보결)이 외치듯, 우선은 자식을 버림으로써 내포적 의미에서 아들을 죽인 것이나 다름없는 것. 나아가 그는 남은 생을 걸고서라도 지켜줘야 할 단 한 사람 손녀를 위해, 법이 아닌 자기만의 방식으로 목숨을 건 사투를 준비, 실행에 나섬으로써 외연적으로도 '죽여주는 남자'가 된다.

　기광은 〈장수상회〉의 성칠과 마찬가지로 베트남전 참전용사다. 하지만 두 역전의 용사들은 기질이나 삶과 세상을 대하는 태도 등에서 판이하게 다르다. 베트남전 참전이란 과거가 성칠에겐 그저 배경에 그치는 반면, 기광에겐 그 삶과 죽음에 직접 투영된다. 기광은 어느 공장에서 출퇴근 버스를 운전하며 살고 있다. 어느 날 저녁, 오랫동안 연락이 끊겼던 아들의 자살 소식을 듣게 되고, 장례식장을 찾은 그는 생전 처음으로 손녀를 만난다. 기광은 아들의 갑작스런 죽음이 석연치 않음을 직감하고, 차갑기만 한 손녀에게 아빠가 자살로 죽지 않았음을 밝혀주기 위해 안간힘을 쓴다. 결정적인 단서를 얻게 되는 기광. 그러나 진실에 다가갈수록 슬픔은 분노로 바뀐다…….

이 분노의 표출이 영화가 관객들은 물론 우리네 사회에 던지고 싶은 핵심적 문제의식이요 주제임은 두 말할 나위 없다. 인간 일반의 기본적 7정七情 중 하나로, 제2차 세계대전 당시 나치에 맞섰던 전직 레지스탕스 투사이자 외교관을 지낸바 있으며, 2010년 프랑스 원전 출간 시 93세 노장이었던 스테판 에셀이 베스트셀러『분노하라』[5]에서 프랑스 젊은이들에게 던지기도 했던 화두. 기광이 분노를 분출하는 대상은 불의에 무감한 현실 세계의 공권력과, 그 공권력에 기생해 호위호강하는 부류들이다. 영화는 역설한다. "내가 안 해도 다 해쳐 먹는다 말입니다."라고 강변하는 악역 양돈(정진영)이, 어쩌면 그 부류들이 다름 아닌 우리 자신의 모습일 수 있다고.

아니나 다를까 우리 주변에서 쉽게 목격할 수 있는 현실 범죄를 모티브 삼아 극화했다는〈그랜드 파더〉는 할아버지와 손녀 간의 소통이라는 휴먼드라마라는 틀을 빌려, 우리 사회의 민낯을 여지없이 까발려 드러낸다. 신자유주의적 자본주의체제 아래 돈이 만능이며, 먹고 살기 위해서라면 어지간한 죄쯤이야 죄랄 것도 없지 않냐며 반문하면서, 스스로에게 면죄부를 주는 우리들의 웃픈 자화상을. 그래서일까, 영화를 지켜보기가 여간 불편한 게 아니다. 때론 얼굴이 후끈거리고 뜨끔해지기도 한다. 양돈을 포함한 안타고니스트들을 동정할 수는 없어도, 그렇다고 그들을 우리와는 무관한 악의 무리들이라고 손가락질할 수만도 없다.

문제는 기광의 최종 선택이 사적 복수라는 사실이다. 영화의 단골 제재로 반복적으로 활용돼온 게 현실이긴 해도, 법적·제도적으로나 윤리적으로 정당화되기 힘든 범죄. 그럼에도 기광의 선택을 마냥 힐난할 수는 없다. 지강헌의 입을 빌리지 않더라도, 유전무죄 무전유죄 아니던가. 있는 것이라곤 낡을 대로 낡아버려 끝내는 폐차 처분을 하는 버스 한 대와, 아들의 죽음을 계기로 인지하게 된 손녀밖에 없는 70대 노인이 할 수 있는 또 다른 선택이 어떻게 가능하겠는가. 그는 한때 전쟁 베테랑이요 사냥꾼 아니었던가. 자살 아닌 공권력에 의한 것이긴 하나, 더욱이 그는 염치 있게도 죽음으로써 그 대가를 치르지 않는가. 손녀에게 새 삶의 가능성을 선사하면서.

 70대 후반임이 명백한 노인이 젊은이 못잖은 액션을 펼치며 사적 복수를 펼친다? 왠지 의구심이 생긴다. 헌데 그 배역을 기광과 동년배인 박근형이 연기한다면 사정은 달라진다. 과장이 아니다. 박근형 그는, 기광 그 자체다. 그는 몸도 기광의 이미지에 걸맞게 가꾸고, 대형 버스 운전도, 액션도 모두 대역 없이 100% 본인이 소화해냈단다. 이 영화의 박근형에게서, 걸작 〈그랜 토리노〉의 클린트 이스트우드와 그가 연기한 월트를 연상하는 것도 무리는 아니다. 10년 차이인 두 노장이 해당 영화에 출연했을 때 나이는 각 78세와 76세였다.

 단언컨대 박근형 아닌 기광은 상상조차 할 수 없다. 클린트 이스트우드 아닌 월트를 상상할 수 없는 것처럼. 대체 불가랄까. 기광 캐릭터와 박근형에 초점을 맞추면 〈그랜드 파더〉는 한국 영화사의 주목할 만한 성취로 기록되기 모자람 없다. 흥행적으로나 비평적으로나 압도적 성과를 일궈내진 못했어도 말이다. 우리 영화 역사에 기광처럼 정신적·육체적으로 강인한 노년 캐릭터가 존재했던 적이 있던가. 그런 캐릭터를 박근형만

큼 소화해낼 수 있는 연기자가 있었던가. 그 점에서 2016년 제20회 부천
국제판타스틱영화제에 신설된 '코리안 판타스틱 : 장편' 경쟁 부문에서 다
른 6편의 경쟁작들의 어린 연기자들을 제치고 노장이 남우주연상을 거
머쥔 것은 더 할 나위 없이 합당한 쾌거—1974년 〈이중섭〉으로 대종상에
서의 수상 이후 42년 만의—다. 노년의 박근형에게 생애의 대표작을 안겨
준, 잊지 못할 쾌거. 그러니 어찌 〈그랜드 파더〉를 기념비적 고령 영화
라 일컫지 않을 수 있겠는가. 그나저나 제2의, 제3의 〈그랜드 파더〉가 과
연 출현 가능할까? 아무리 생각해봐도 무릴 터. 그래서다, 지금 이 순
간 〈그랜드 파더〉가, 고령 영화의 기념비적 사례를 넘어, 한층 더 유의미
한 문제적 소품으로 다가서는 것은.

3. 2017년

2017년 또한 2015년이나 2016년과 마찬가지로 고령 영화의 기념
비적 한 해였다. 무엇보다 아래 3편의 주목할 만한 문제작들 덕분이었
다. 그 첫째가 50줄을 맞이하며 비로소 장편 데뷔작을 선보인 정인봉 감
독이 노년의 세 명품 연기자 김혜자, 송재호, 허진과 함께 만들어낸 저예
산 독립영화 〈길〉. 〈어폴로지The Apology〉도 기념비적이긴 〈길〉 못잖다. 제
재도 제재이거니와, 그 영화 미학 · 예술적 수준 등에서 각별한 눈길을 요
하는, 한국-중국-필리핀의 세 위안부 할머니들에 관한 다큐멘터리다. 그
리고 민원왕인 할머니를 통해 분노와 슬픔을 전제로 하는 일본군 위안
부 문제에 대한 접근 방식을 발랄하게 비틀어냈다는 호평을 받으며, CJ
문화재단이 주관하고 여성가족부가 후원한 일본군 위안부 피해자 시나
리오 기획안 공모전 당선된 뒤 기획에서 출발해 약 4년여 간 개발 과정

을 거쳐 완성된 프로젝트인 〈아이 캔 스피크〉는 여러 모로 한층 더 기념비적인, 화제의 성공작이다.

① 길The Way

영화 〈길〉
5월 11일 개봉, 87분,
12세 이상 관람가.

늦깎이 신예 정인봉 감독의 필모그래피는 별로 내 세울 게 없다. 2007년 손태영, 장근석 주연 류승진 감독의 〈기다리다 미쳐〉를 제작했고, 송재호를 주연으로 내세운 단편 〈상범씨의 첫사랑〉과 또 다른 단편 〈청춘〉 정도를 연출한 게 고작이다. 그런 그가 2016년, 대한민국 대표 연기자 중 한 명인 김혜자와 더불어 완성시킨 15분짜리 단편 〈순애 Her Secret Day〉로 2016년 제21회 부산국제영화제 와이드앵글 – 한국 단편 경쟁 부문에 초청받았다. 〈길〉은 그 순애의 드라마 〈순애의 하루는 바쁘다〉에, 그 못잖은 감흥을 선사하는 또 다른 두 노인 이야기, 〈아무리 생각해봐도 그것은 상범의 첫 사랑〉과 〈수미의 길〉을 덧붙여 장편으로 확장시킨 옴니버스 장편이다.

영화는 2017 제18회 전주영화제 코리아 시네마스케이프에서 첫선을 보였다. 13편의 장편과 6편의 단편이 선보인 바, 3편 이상의 작품을 연출한 감독의 신작이나 경쟁 부문에 포함되지 않은 영화 가운데 독특한 완성도를 갖춘 영화 중 하나로 선정된 것. 진부의 내음까지 물씬 풍기는 '길'이라는 제목은 순애-상범-수미(재미 삼아 밝히면 순애와 상범은 감독의 어머니와 아버지의 이름이란다)를 연결시켜주는 기본 장치6)다. '인생'이나 '삶'등의 제목으로 대체돼도 무방할 듯.

세 주인공들은 물론 특별한 인연들이다. 그 인연은 영화 도입부 노년의 상범의 사진첩에 나오는 한 장의 빛바랜 사진에 의해 설명된다. 순애와 상범은 학창 시절 풋사랑을 나눴고 순애와 수미는 자매 사이다. 영화적 재미로나 내적 논리상 그래야 할 법하건만 영화는 끝내 노년의 세 인물을 한데 불러 모으지는 않는다. 그럼으로써 장편으로서 영화의 연관성이 적잖이 약화된다. 세 단편이 유기적으로 결합되지 못했다느니, 주제의식의 확대보다는 왠지 허무해 보이는 세 노인의 사연들을 병렬식으로 늘어놓는데 그쳤다는 등의 비판이 영화에 가해지는 것은 그 때문일 터. 그러나 그 결과 옴니버스 영화로서 독립성이 한층 더 강화된 것도 사실이다. 전주영화제 김영진 수석 프로그래머도 진단했듯, 노인들의 삶에 과거 어떤 연결고리가 있었던 간에 현재 그들이 감당해야 하는 고독은 철저하게 개별적이기 때문이다. 그들은 지금 여기에서, 타자들과 공생할 수 있는 연결지점들을 찾으려 무던히 애쓴다. 다른 이들에게는 아무것도 아닐 수 있으나 그들에게는 절실한 접촉의 손길이랄까. 그래서일 터, 영화와 조우한지 상당한 시간이 흐른 지금도 여전히 크고 깊은 여운이 떠나지 않고 있는 까닭은.

　장담컨대 〈길〉은 위 세 인물의 사연들을 지켜보는 것만으로도 기대 이상의 감흥을 맛볼 수 있다. "하루에도 몇 명의 A/S기사가 찾아오는 순애의 집. 그녀의 고장 난 가전제품들에는 사연이 담겨 있다. 생일을 맞은 순애는 정성껏 음식을 준비해 A/S기사와 식사를 한다.7)" 아들과의 통화에서 드러나듯 순애에게는 어엿한 아들이 있다. 아들은 다음달 9월 22일이 엄마의 생일인지 따위엔 관심도 없다. 순애는 아들보다 더 어릴 법한 A/S기사에게 억지로 밥을 권해 먹이면서, 늙으면 쓸 데 없어지는 게 죽는 거보다 더 두렵다는 혼잣말을 내뱉는다. 그리고는 계속 가전제품 고장 내는 법을 인터넷에서 검색하고, 전화를 걸어 A/S를 신청하는 등 오늘도 바쁜 하루를 보낸다. 이 얼마나 기막힌 사연인가.

평생을 가족 부양에 바치다 이제는 홀로 손녀와 함께 살아가는 노신사의 사연은 어떤가. 어느 날 제과점을 열고, 개업 도우미로 찾아오는 젊은 여성 코디네이터를 통해 어릴 적의 사랑을 회고하며, 나아가 그 여성에게 우정을 넘어서는 희미한 사랑의 감정까지 느끼는 상범의 에피소드. 유복 아들을 정성껏 잘 키웠으나, 못난 어미를 만나고 돌아가는 길에 교통사고로 저 세상 사람이 되자 자살여행을 떠나는, 하지만 도중에 자기처럼 자살 길을 나선 아들 같은 청년과 그 동생을 만나면서 계속 살아가기로 결심하고 발길을 돌리는 수미의 사연은 또 어떤가.

위 사연들을 통해 영화는 우리 삶에서 관계가, 소통이 얼마나 소중한가를 역설한다. 웅변이 아니라 속삭임으로. 그 어떤 역경이 도사리고 있든지 간에 삶은 견뎌낼 가치가 있는 것이라는, 삶을 향한 예찬도 잊지 않는다. 이렇듯 영화 '길'에는 우리네 인생의 어떤 결정적 단면들이 배어 있다. 그래서일까 그 단면들이 유기적으로 결합돼 있지 않다는 등의 지적은, 트집 잡기 내지 말장난으로 비치기도 한다. 그들은 외연적으로는 따로 노는 듯이 보일지 몰라도 내포적으로는 긴밀히, 즉 유기적으로 연결돼 있기 때문이다. 삶과 죽음을 대하는 세 노년의 세 가지 선택과 방식이 말이다.

세 캐릭터의 극적 사연들보다 훨씬 더 유의미한 영화의 감흥은 그러나, 세 베테랑 배우들의 원숙할 대로 원숙한 열연에서 맛 볼 수 있다. 연기의 어떤 진수랄까. 가장 연장자인 송재호는 묵직한 연기로 영화의 무게중심을 유지한다. 분주한 순애 역의 김혜자는 다소 들뜬 듯한 연기로 영화의 흥미를 촉발시키기 모자람 없다. 한동안 우리의 관심권 밖에 머물러 있던 허진은, 재발견에 값하는 호연으로 허진이라는 연기자를 다시금 호명시키는 데 성공한다. 특히 김혜자는 압권 등의 찬사로도 부족하다.

김혜자가 국내 최고의 연기자라는 건 주지의 사실. 1980년부터 20여 년 간 MBC 방송을 탄 인기 장수 프로그램 〈전원일기〉를 비롯해 근자엔 봉준호 감독의 〈마더〉 등을 통해 이미 연기의 최고 경지를 구가해 왔기에, 더 이상의 연기를 기대하진 않았다. 헌데 웬걸, 김혜자 그는 자기 자신을 넘어서는 기적의 경지를 펼쳐 보이는 게 아닌가. 그것도 15분에 불과한 단편 영화를 통해. 그런 예는 살아있는 세계 영화계의 전설 클린트 이스트우드가 〈그랜 토리노〉를 통해 현실화시킨 정도밖에 기억하지 못하기에, 놀라지 않을 수 없었다. 단언컨대 이 경이감은 오랫동안 지속될 공산이 크다.

② 어폴로지 The Apology

영화 〈어폴로지〉
3월 16일 개봉, 106분,
12세 이상 관람가.

〈어폴로지〉는 우선 '발견의 다큐'로 손색없다. 제2차 세계대전 당시 일본에 의해 성노예로 납치돼 강제로 끌려간 20만 명이 넘는 위안부 중 한국의 길원옥 할머니, 중국의 차오 할머니, 필리핀의 아델라 할머니의 인생 여정을 그렸다. 영화는 2016년 제21회 부산국제영화제 와이드앵글 부문에서 〈나비의 눈물〉이란 제목으로 선보였다. 부산영화제가 제공한 정보에 따르면, 감독 티파니 슝은 캐나다 라이어슨 대학교를 졸업했으며 골든너겟프로덕션 소속 감독이다. 〈어폴로지〉 이전 연출작으로는 〈바인딩 보더스〉, 캐나다 CBC방송시리즈 〈베이징의 새로운 얼굴〉 등이 있다.

영화는 강변한다. "역사가 위안부라 낙인찍는다 해도, 우리에겐 그냥 할머니"일 뿐이라고. 그런 문제의식 때문일까 영화의 가슴 시린 속내에 비해 그 외양은 꽤 역동적이며 활기 넘친다. 때론 경쾌한 느낌마저 들어 당혹스럽기조차 하다. 이런 유의 다큐에서 기대되기 어려운 미학적·예술적 솜씨도 만끽할 수 있다. 그 수준이 단연 주목감이다. 아시아 출신 캐나다 감독으로서 동병상련적 공감과 일정한 거리감을 동시에 지니고 있기에 가능했을 덕목일 듯. 감독은 인터뷰이들에게 질문을 던지며 즉각적이고 꾸밈없는 방식으로 주제를 불러내는 시네마 베리테Cinéma Vérité적 개입을 수시로 하면서, 위안부 피해자를 넘어 보통의 할머니로서 세 여성을 형상화한다.

하지만 세 할머니들로선 위안부로서 어떤 낙인을 떨쳐내기란 거의 불가능하다. 그 세 분은 "이제 인생의 마지막 고개를 넘으며 쇠약해지는 건강으로 하루하루가 힘겹다. 오랫동안 자신의 과거를 숨기거나 침묵하며 살아온 이들은, 결코 잊어선 안 될 끔찍한 폭력의 목격자이자 증인으로 역사의 진실을 밝힐 시간이 얼마 남지 않았음을 잘 알고 있다. 길 할머니는 일본정부의 공식사과를 요구하며 적극적인 활동에 나서고, 카오 할머니는 사랑하는 가족들에게 자신의 비밀을 털어놓을 용기가 필요하다."[8] 반면 아델라 할머니는 남편이 살아있을 때 진실을 밝히지 못한 데 대한 죄책감에 가슴아파하며 용기를 내, 마침내 자식들에게 자신의 과거를 털어놓은 후, 이 세상과 작별한다. 감독도 미처 예상하지 못했을, "미리 예상된 서사 라인이나 소재 개념을 거부하는" 시네마 베리테의 속성이 잘 드러나는 지점이다. 결국 미래세대를 위한 화해와 치유, 그리고 정의를 실현하기 위한 마지막 기회를 놓치지 않기 위해, 할머니들의 신념과 의지는 여전히 확고한 것이다.

마침 영화가 선보인 뒤 몇 개월이 지난 7월 23일 정부에 등록된 위안부 피해자 239명 중 한 분이셨던 김군자 할머니께서 89세로 저 세상 사람이 됐다. "갖은 고초를 겪어온 할머니는 위안부 강제동원 실태를 세상에 알리고 일본의 사과와 배상을 요구하는 데에 누구보다 열심이었다… 김 할머니는 매주 수요 집회에 나가 위안부 실상을 알리는 데에도 앞장섰다. 2014년 8월 프란치스코 교황이 방한했을 때에는 명동성당 미사에 초대받아 교황을 만났다. 김 할머니는 2015년 말 한일 정부가 위안부 문제를 더 이상 거론하지 않겠다며 불가역적 합의를 했다고 발표하자, '피해자는 우리인데 정부가 함부로 합의를 해놨다, 우리는 인정할 수 없다'며 졸속협상에 항의했다… 지난해 8월에는 강일출, 길원옥 할머니 등 11명과 함께 한일 위안부 합의가 피해자들에게 정신적, 물질적인 손해를 입혔다면서 정부를 상대로 1억 원씩의 손해배상소송을 냈다." 뿐만 아니다. "할머니는 한국 정부로부터 받은 배상금 등을 모아 아름다운재단에 1억 원, 나눔의 집에 천만 원, 가톨릭 단체에 1억5천만 원 등을 기부했다. 일본 정부로부터 공식 사과와 배상을 받으면 그것 또한 기부할 생각이었다."9)

길원옥 할머니(90)는 2018년 7월 기준, 생존하고 계신 위안부 27명 중 한 분이다. 상기 김 할머니의 동료로, 일본군 위안부 문제 해결을 위한 수요집회 일천 회를 맞이한 2011년 12월 14일 한국정신대문제대책협의회(정대협)이 중심이 된 시민 모금으로 서울 종로구 일본대사관 앞에 설치한 이래 국내외에 30여 개가 있는 '평화의 소녀상' 평화비 표지석에 손

수 평화비 문구를 쓰시기도 한 주인공! 지난 5월 17일엔 할머니에 뜻에 따라, 16일 수상한 '제1회 이화기독여성평화상' 상금 100만 원을 바탕으로 '길원옥 여성평화상'이 제정됐고, 7월 25일 제1회 수상자로 구수정 한베평화재단 상임이사가 선정됐다. "구 이사는 베트남전 당시 한국군의 민간인 학살사건을 1999년 국내에 최초로 알린 이후 베트남전 진실 규명을 위한 활동을 해왔다. 베트남 현지의 피해자 지원, 위령비 건립, 의료봉사활동 등 활동으로 평화운동에 이바지한 공로를 인정받았다."[10] 그리고 길할머니는 2017년 8월 14일, 제5차 세계 일본군 위안부 기림일 나비문화제 '나비, 평화를 노래하다'에서 음반 '길원옥의 평화'를 정식 발표하며 어릴 적부터의 꿈인 가수로 데뷔하기도 했다. 음반에는 '대동강', '바위처럼', '남원의 봄 사건' 등 할머니의 애창곡 15곡이 담겨 있다……. 이렇듯 다큐의 발견이라 해도 과언이 아닐 〈어폴로지〉는 2017년의 고령 영화로서도 손색없다. 고령이 세 주인공들의 삶(과 죽음)이 메인플롯을 이룰 뿐 아니라, 그 어느 극영화의 사연들 이상으로 기구하면서 드라마틱한 것. 단언컨대 어느 모로 보나 이만한 수준의 고령 영화와 조우하기란 흔치 않다.

③ 아이 캔 스피크 i Can Speak

〈아이 캔 스피크〉는 우선 온 동네를 휘젓고 다니며 8천 건에 달하는 민원을 넣는 등 일명 '도깨비 할매'라고 불리는, 더 이상 튀기 힘들 노인 캐릭터인 옥분(나문희)과, 원칙에 충실한 9급 공무원 민재(이제훈) 간의 우정을 축으로 펼쳐진다. 그러다 영화는 친구 정심(손숙)의 죽음을 기점으로 옥분의 과거가 드러나면서 위안부라는 무거울 대로 무거운 현실적 이슈를 전격적으로 짚는 감동의 휴먼 드라마로 나아간다. 다채로운 캐릭터들이 등장하

영화 〈아이 캔 스피크〉
9월 21일 개봉. 119분.
12세 이상 관람가.

긴 해도, 2014년 1월 개봉된 〈수상한 그녀〉(황동혁)에서 조연 오말순 역으로 강렬한 임팩트를 선사한 바 있는 70대 후반의 나문희가 분한 옥분이 메인플롯을 추동하기에 고령 영화로 손색없다. '나, 다니엘 블레이크의 나문희 버전'이랄까.

옥분, 나문희가 일궈낸 성과는 그야말로 눈부시다. 2017년 제1회 더 서울어워즈 영화 부문 여우주연상과 제37회 영평상(한국영화평론가협회상) 여자연기상을 비롯해 제38회 청룡영화상, 제4회 한국영화제작가협회상, 한국영화기자협회가 주최·주관하는 2018 제9회 올해의 영화상 등에서 여우주연상을, 제18회 올해의 여성영화인상에서는 올해의 여성영화인상을, 제6회 대한민국 톱스타상 시상식에서는 톱스타상을 거머쥐었다. 연기 생활 56년 만의 늦은 나이에, 그녀는 일생일대의 전성기를 구가하는 파란의 주인공이 된 것이다. 나문희에게나 고령 영화로서 〈아이 캔 스피크〉에게나 그 얼마나 아름다운 성취인가.

위 수상 결과가 말해주듯, 나문희의 연기도 그렇고 옥분 캐릭터의 성격화도 그렇고 그 어떤 찬사도 사실상 부족하다. 립 서비스가 아니라 나문희 아닌 옥분은 상상조차 힘들다. 김혜자, 윤여정, 김수미 등 다른 연기자들이 옥분으로 분했다면 물론 나름의 인상적 캐릭터를 구현했겠지만, 나문희만큼의 기념비적 인정·성과들을 거뒀을지는 의문이다. 그 점은 감독 또한 필자와의 인터뷰[11]에서도 역설했다. 다른 분이 아닌 나문희 선생과 작품을 하게 된 이유를 묻는 질문에, 그는 이렇게 답했다. "처음에는 비밀을 감추고 살다가 과거가 드러나고 앞으로 꿋꿋이 직진하는 캐릭터가 등장하죠. 정말 친근한 할머니 같은 이미지가 나문희 선생님에겐 다른 분들에 비해 훨씬 크다고 생각합니다. 앞에서 더 많이 친근하게 다가올수록 나중에 더 큰 슬픔이 부각된다고 생각했습니다. 그래서 나문희 선생님을 모시게 됐고요. 다른 사람들에게서는 연기에서 벽이 느껴지는데, 나문희 선생님의 연기에는 그런 벽이 없어요." 나문희 선생이 "보통 사람, 가장 서민적인 느낌"이었던 걸까? "그렇죠. 하지만 서민적이라 하면 김영옥 선생님도 있어요. 나문희 선생님은 서민적이면서도 카리스마가 있어요… 나문희 선생님의 고유한 '쪼'랄까, 그런 게 있어요. 연기를, 스테레오타입한 사람들과 다르게, 아주 자유분방하게 하세요. 대본을 리딩할 때, 심재명 대표님이 말하길, 선생님께는 결례가 될 수 있지만 '송강호의 여자판이다!'라고 말했어요. 여배우 중에 그렇게 자유롭게 하는 경우를 못 봤으므로, 이렇게나마 표현하게 되네요…."

실제로는 거의 그렇게 됐으나 그럼에도 〈아이 캔 스피크〉의 주목할 만한 성취 및 미덕들이 오로지 옥분 캐릭터와 나문희로 한정돼서는 곤란할 듯. 영화는 청룡영화상과 2017년 12회 대한민국 대학영화제에서서 감독상을 안았다. 그리고 2017년에 선보인 각 수백 편의 한국영화와 외국영화를 대상으로 영화평론가를 비롯해 영화기자, 문학계 관계자 등 1백 명 가까운 문화계 종사자들에 의해 뽑힌 각 10편 중 영화는 최고의 한국영화로 선정되는 쾌거를 일궈냈다. 막판까지 경합을 벌였던 〈1987〉(장준환), 〈남한산성〉(황동혁), 〈택시운전사〉(장훈) 등 쟁쟁한 경쟁작들을 물리치고 말이다. 감독도 인정했듯 기술적 완성도나 연출적 측면에서는 〈1987〉이나 〈남한산성〉에 비해 덜 세련되고 덜 꼼꼼하긴 하나, "영화의 소재든 주제든 의미도 있고 나문희 선생님의 인생연기도 있고, 복합적으로 봐"준 호의로 결과된 유의미한 성과로 비친다.

아니나 다를까, 영화에는 나문희 선생의 생애의 연기 외에도 상찬을 받아 마땅한 크고 작은 미덕들이 즐비하다. 당장 39억이라는 상대적으로 적은 예산에도 한국영화로는 처음으로 미국 버지니아 주 리치먼드 의회 내부에서의 로케 촬영으로 미국 수도 워싱턴 D.C. 의회를 그럴 듯하게 구현하고, 현지 오디션으로 선발한 외국인 배우들로 의회 시퀀스를 빚어내는 등 드라마 전체의 진정성·현실성을 한층 더 제고시킨 연출력은 제 아무리 큰 칭찬을 하더라도 모자랄 만하다. 감독도 인터뷰에서 강변했듯 이제훈의 존재감도 단연 주목감이다. "이제훈 배우는 잔기술을 안 부리고 클래식하게 연기해요. '저게 대본이 아니고 애드리브였다고?' 같은 생활 연기를 잘하는 것도 좋은 연기지만, 요즘은 정통적인 연기가 사라지는 것 같다는 느낌이 드는데, 이제훈은 잔재주나 개인적 연기가 아니라 정통적 연기를 펼쳐요. 나문희 선생님의 자유로운 연기와 이제훈의 정통적인 연기가 충돌하는 케미가 생긴 거죠." 빈말이 아니라 이제훈 그는, 한국 영화사의 으뜸 졸작인 〈리얼〉(이사랑)의 김수현과는 대조적으로 〈탐정 홍길동:사라진 마을〉(2016, 조성희), 〈박열〉(2017, 이준익) 등으로 이어지는 인상적인 너무나도 인상적인 캐릭터들과 그 캐릭터들에 완벽히 부응하는 호연으로, 송강호 최민식 황정민 설경구 등에 이은, 또 하나의 대형 배우의 탄생을 예고·기대하게 하기 부족함 없다.

위안부라는 이슈를 바라보는 영화의 시선도 그렇거니와 그 육중한 이슈를 다루는 감독의 솜씨는 또 어떤가. 일찍이 다른 지면에서도 피력했듯, 영화는 그럴 법한데도 "소재의 무게에 주눅 들지 않는다. 경쾌한 극적 호흡을 잃는 법 없이 최루로 샐 법하건만 그러지 않고 페이소스 가득한 유머와 감동으로 시종 달린다. 그 점에서 영화는 〈귀향〉(2016, 조정래)과는 또 다른 의미에서, 역사적 위안부 드라마로 간주되기 충분하다." 평론가 강유정이 〈남한산성〉보다 〈아이 캔 스피크〉의 완성도를 더 높이 평하며, 2017년의 한국 영화상을 주고 싶을 정도며 그 같은 소재를 한국에서 한 번도 시도해보지 않은 방식으로 만들었다고 극찬을 한 바 있는데 과장이 아니다. "개인적으로는 위안부 이슈를 좀 더 세밀하게 캐릭터와 플롯에 배게 했어야 했다는 아쉬움이 없지는 않지만 말이다." 한 편의 고령 영화로 이런 대단한 성취를 일궈냈으니 어찌 기념비적이라 평하지 않을 수 있겠는가.

4. 2018년

이재광의 말마따나, 2018년에도 시니어 영화는 계속됐다. 적어도 2018년의 3분의1 시점인 4월 말까지는 그랬다. 이재광의 제시한 근거는 크게 세 편의 국산 영화다. 1월 하순에 선보인 〈비밥바룰라〉(이성재)와 〈천화遷化〉(민병국), 그리고 4월 초순에 선보인 〈덕구〉(방수인)가 그 주인공들이다. 직역하면 '쉬엄쉬엄 하늘에 오르다'는 뜻을 갖는다는 한자 '옮길 천遷'을 내걸어 제목부터 품격이 다르고 철학적으로 심오한 의미를 갖는다면서 이재광이 〈비밥바룰라〉와 마찬가지로 그저 그런 시니어 영화로 취급하기에는 나름 개성이 강하고 신중한 접근이 필요하다는 〈천화〉는 그러나, 100프로 고령 영화로 분류될 수는 없다. 세 주인공 중 한명인 초로의 캐릭터 문호(하용수)가 드라마의 계기로 작용하긴 하나 그 캐릭터가 중심이 돼 내러티브를 추동하진 않기 때문이다. 감독도 연출의 변에서 밝혔듯 영화는 한 치매노인의 인생을 바라보는 한 여인과 그녀의 곁에선 한 남자의 관계를 통해 삶과 죽음의 경계에 관한 이야기를 하고 있다. 따라서 영화의 진짜 중심인물은 노인 문호가 아니라, 제주의 한 요양원에서 백주대낮에 아랫도리에 손을 넣고 볼썽사나운 짓을 하는 문호를 보고 익숙한 듯 그에게 다가가 해사한 미소를 지으며 그를 어린 아이처럼 달래는 그 한 여인 윤정(이일화)과, 미스터리한 그녀의 모습에 매료돼 그 주변을 맴도는 그 한 남자 종규(양동근)인 것이다.

① 비밥바룰라

영화 〈비밥바룰라〉
1월 24일 개봉, 97분,
12세이상 관람가.

위키피디아를 빌려 줄거리를 옮겨보자. 영환(박인환)은 평생지기인 순호(신구), 현식(임현식)에게 어느 날 한 가지 제안을 한다. 살면서 이루지 못했던 것을 이뤄보자는 것. 자식을 위해 평생을 살아온 영환, 치매에 걸린 아내 미선(최선자)의 곁을 지키는 순호, 모태솔로 현식은 "그래, 해보자"는 마음으로 각자 버킷리스트에 도전하게 된다. 추억의 시간을 함께한 친구 덕기(윤덕용)를 찾고 나서 평균 연령 70세인 평생지기들은 각자 이루고 싶었던 꿈 찾기를 시작한다. 이재광이 말했듯 그 꿈은 일심동체가 돼 죽기 전에 각자가 하고 싶은 일 하나씩을 하도록 도와주자는 것인바, 첫 사랑을 찾아가 뒤늦은 사랑 고백을 하는 친구나 잃어버린 가족을 되찾으려는 친구를 도와주고, 낡을 대로 낡은 집을 공동 구매해 새 집으로 가꿔 함께 사는 것 등이다. 그 얼마나 소박하면서도 아름다운 꿈인가!

하지만 그 꿈의 드라마가 기대만큼의 강력한 흥미를 안겨주진 않는다. 무비스트 기자(박봄)도 진단했듯 "노년 삶을 우울하게 다루지 않은 건 좋지만, 네 주인공의 에피소드 자체가 매력적인 편은 아니다." 에피소드들의 흡인력도 상대적으로 약해, 대중 영화에 필수적인 극적 몰입이 크지 않다. 보도 자료에 따르면 "예상을 뛰어넘는 그들의 프로젝트에 온 동네가 발칵 뒤집히게 되는데…"라고 하나, 작의에 그칠 따름이지 결과물로 드러나지 않는다. 과한 감은 없지 않아도, 10점 만점에 4점을 부여한 한 평자의 통렬한 비판을 부인할 수만도 없다. "이 영화의 근본적인 가장 큰 문제는 주인공에 대한 비중을 제대로 두지 못한 각본에 있으며, 이로 인해 각 배역에 대한 비중을 남발하는 산만함을 불러온다. 여기에 카메라 흔들림 같은 미세한 움직임마저 완성본에 내보낼 정도로 영화의 편집 방식마저 엉망이다. 안타까운 것은 박인환, 신구 같은 관록의 배우들의 연기를 낭비했다는 점. 극의 흐름이 어색한 탓에 출연진의 연기마저 분위기와 어울리지 않을 정도로 공감할 수 없으며, 오버스러운 민망한 유머만 남발하고 있다."(최재필)

　필자는 위 최재필처럼 혹평을 하고 싶지는 않다. 산만하기 짝이 없는 전반부를 지나면서는 서서히 집중력을 확보하면서, 버킷리스트의 실현과 더불어 삶의 의미 등 영화의 주제로 나아가는 후반부에서는 예상치 못한 짠한 감동을 선사한다. 연기의 낭비라는 지적도 가혹한 감이 없지 않다. 그럼에도 박인환, 신구, 김현식 등 연기의 달인들이 펼치는 연기의 맛이 〈아이 캔 스피크〉의 나문희나, 〈길〉의 김혜자, 송재호 등만큼 강렬하지 않은 것은 사실이다. 그들 연기의 평균치를 맴돈다고 할까. 고령 영화로서 〈비밥바룰라〉의 최강 마케팅 포인트가 노년 연기자들의 연기일 수밖에 없으리라는 점을 감안하면, 아쉽다고 지적하지 않을 수 없는 영화의 크디 큰 약점이다.

　그러나 네티즌들이 영화에서 맛보았을 법한 감동·감흥을 외면할 수 없는 것 또한 사실이다. 그 감동은 종합포털 다음의 네티즌 평점에 확연히 드러나 있다. 상기 두 전문가의 평균 평점 4.5점의 2배가 넘는 9.5점에 달하는 것 아닌가. 국적 불문 2017년 최고 영화라 할, 2016년 칸 황금종려상 수상작인 '나, 다니엘 블레이크'의 9.1점과 〈아이 캔 스피크〉의 9.4점을 넘어서는, '어폴로지'의 9.6점에 근접하는, 직접 보고도 믿기 힘든 최상의 평점이다. 이 세 영화의 전문가 평점이 8.5점과 7.2점, 7.5점이란 사실을 고려하면, 〈비밥바룰라〉의 9.5점을 어떻게 수용해야 할지 당혹스럽기조차 하다. 참고삼아 말하면 이 평점은 흔히 2000년대 이후 최고의 한국영화로 간주되는 〈살인의 추억〉(봉준호)의 9.4점을 상회하는 기록적인 평점이다. 영화를 본 관객만이 아니라 보지 않은 이들도 포함돼 있을 네티즌들의 비전문적이고 무책임하면 감정적인 평가려니 치부하고 가벼이 넘어가야 하는 걸까. 그럴 수는 없을 터.

〈비밥바룰라〉의 상기 기록적 평점이 내포하는 함의는 다름 아닌 이런 명제 아닐까. 대중들의 영화에 대한 호불호는 주로 이성적·지적이라기보다는 감정적·정서적 차원에서 이뤄진다는 것! 이쯤에서 몇몇 네티즌의 감흥을 전해보자.

"평점을 떠나 함부로 적은 댓글을 보니 속상합니다. 마지막 양희은 목소리의 노래가 가슴을 울립니다. 뭔가 어색한 짜임이라도 한번쯤 생각해볼 우리의 노년을… 남편과 보는 내내 눈물바람이었습니다. 인생이 주는 선물…(라온제나, 10/10)."

"솔직하게 말하자면 어쩌면 외면하고 싶었던, 그래서 오랫동안 망설이다 결국은 보게 됐네요. 슬프지만 꼭 슬퍼해야 할 이유도 없다는 것을 나지막이 읊조리듯 이 영화는 보는 이들로 하여금 그렇게 말해주고 있습니다. 교훈도 아니고 훈계도 아니고 살아가면서, 나이를 먹으면서 자연스레 얻게 되는 깨닫게 되는 느끼게 되는 그리한 시간을 얘기해주는 영화입니다(MaRin, 10/10)."

고령 영화의 어떤 잠재성을 기대케 하는, 눈길을 끄는 바람도 있다. "노년 배우들이 주연으로 활약하는 더 많은 영화들이 만들어지길…(설산, 7/10)."

소위 영화 미학·예술적 전문성은 부재해도, 이 얼마나 감성적인 진솔한 감상평들인가…….

② 덕구

영화 〈덕구〉
4월 5일 개봉. 91분.
전체 관람가.

덕구(정지훈)와 덕희(박지윤) 두 어린 손주들과 살고 있는 일흔 살 덕구할배(이순재)는 자신에게 주어진 시간이 얼마 남지 않음을 알게 된다. 세상에 덩그러니 남겨질 두 아이들을 위해 할배는 자신을 대신할 사람을 찾아주기로 하고, 홀로 먼 길을 떠나 특별한 선물을 준비한다….

이 짧막한 줄거리로만 판단하면, 통속을 넘어 진부의 내음까지 물씬 풍긴다. 내러티브의 큰 얼개에서는 2017년 11월 선보였던 고두심, 김성균 주연의 〈채비〉(조영준)와 빼닮았다. 죽음을 눈앞에 두고, 홀로 살아가야 할 일곱 살 같은 서른 살 발달장애 아들을 위해 그녀만의 특별한 체크 리스트를 작성하고, 잠시 소원했던 딸 문경(유선)과 동네 사람들의 도움을 받으며 '채비'를 해나가는 감동의 엄마 이야기. 한편 중심인물의 구도에서는 2002년, 당시로선 대박이라 할 420만에 근접하는 흥행 대성공을 일으킨 화제작 〈집으로…〉(이정향)의 닮은꼴이다. 그래서일까, 시사회에서 영화를 만나기 전까지만 해도 거의 아무런 기대를 품지 않았었다.

하지만 웬걸, 영화는 기대 이상이었다. 진부함을 보란 듯 떨쳐내는 덕목들이 적잖다. 정지훈-박지윤 두 아역 배우들의 실감 연기도 그 중 하나다. 제목이 시사하듯 영화는 덕구를 중심으로 갈 수도 있을 법했다. 그랬더라면 눈물콧물 다 짜내며, 최루성 신파 영화로 흘렀을 성도 싶다. 연출에 각본까지 직접 쓴 방수인 감독은 그러나 덕구 아닌 덕구할배에 방점을 찍고 자신의 부모세대에 경의(오마주)를 바치며, 영화의 무게중심을 시종 견지한다. 이순재라는 이 땅의 흔치 않은 '연기 거물'의 힘을 빌려. 고복할배 역 장광, 정여사 역 성병숙 같은 60대 중후반의 좋은 조역들이 그 거물을 효과적으로 보조해준다. 그야 말로 100프로 고령 영화답다.

빈말이 아니라, 1934년 생으로 일찌감치 80줄을 넘은 이순재는 〈덕구〉 안팎에서 그 명성에 걸 맞는 위용을 맘껏 뽐낸다. 영화 텍스트 안에서만이 아니라 그 밖에서도 존경 어린 수긍과 감탄을 자아내게 하는 거대한 존재감을 뿜어낸 것. 이순재 그는, 뻔한 스토리의 영화로 스스로를 뛰어넘는 위대한 연기를 구현해냈다. 그래서다, 80대 노 연기자가 10여 년 어린 70살 배역으로 분했다는 것이 전혀 어색하지 않게 다가서는 것은. 이 자리에서 이순재의 이력을 상술할 생각은 없다. 다만 무비스트 인터뷰[12]를 빌려 그의 육성을 일부 전하는 것으로 대신하련다. 다소 길더라도.

인터뷰를 시작하며 기자는 이렇게 적었다. "연기 경력 62년, 긴 시간이라고 막연하게 생각될 뿐 그리 실감나지 않을 수 있다. 하지만 이순재가 정치의 길로 잠시 외도 후 연기로 행복하게 복귀한 때가 그의 나이 거의 예순이었다. 이후 〈허준〉의 학문적·정신적 스승인 '유의태'로 심금을 울리고, 시트콤 〈거침없이 하이킥〉의 '야동 순재'로 웃음을 전달하고, 예능 〈꽃보다 할아버지〉의 '꽃 할아버지'로 친근하게 우리 곁을 지켰다. 이번 그의 선택은 '덕구 할아버지'다. 시골에 사는 가난하고 병들었지만, 손주 사랑만은 극진한 우리 주변에서 쉽게 만나봄 직한 인물이다. 주로 재벌 회장님이었던 그간의 캐릭터와는 확연하게 다르기에 좋았고, 사람 중심 이야기이기에 기꺼이 대가 없이 〈덕구〉에 참여했다. 무엇보다 좋았던 건 "내가 주인공이잖아? 얼마나 신나는 일이야!"라고 말씀하시는 순재 선생님. 열정도, 체력도, 암기력도 젊은이 뺨치게 짱짱하시다. 단연 주목할 만한 요약이다.

기자 : (전략) 〈덕구〉 촬영하면서 영화에서는 마지막 주연이 될 거라고 하셨는데요.

이 : 솔직히 드라마와 영화에서 누가 또 (나를) 주인공 시켜주겠나. 얼마 전 공연했던 치매를 소재로 한 연극을 비롯해서 1년에 한두 편씩 꾸준히 연극을 하고 있어. 연극은 그래도 드라마나 영화에 비하면 나 같은 늙은이가 설 자리가 있고 관객의 반응도 나름 괜찮은 편이야. 하지만 영화나 드라마는 환경이 다르다 보니 늙은이가 주연할 기회가 많지 않아. 아직 연기에 대한 욕구는 있는데 수요가 없으니 그렇게 얘기한 거지.

기자 : 이번 〈덕구〉를 아무 대가 없이, 노개런티로 출연하셨어요. 어떤 점에 끌리셨나요.

이 : 일단 내가 주인공이잖아. 얼마나 멋진 일이야! 무엇보다 시나리오가 매력 있더라고. 진솔하고 억지가 없었어. 평소 생활하는 것처럼 연기하면 되겠다 싶었지. 사실 방수인 감독이 그렇게 젊은, 미혼 여성인 것도 몰랐었어. 방 감독이 시나리오도 직접 썼는데, 작가로도 참 재능 있는 거 같아.

기자 : 작년에 나문희 배우가 〈아이 캔 스피크〉로 청룡상 여우주연상을 받으셨는데, 동료 배우로서 아주 반가우셨을 듯합니다.

이 : 그럼, 꼭 상을 타서가 아니라 여러 면에서 고무적인 거지. 늙은이에게도 기회가 오면 대충하지 말고 열심히 하라는 격려라고 할까. 늙으면 용돈이나 벌려고 혹은 그냥 시켜주니 타성에 젖어서 연기하는 경우도 꽤 있거든. 물론 나문희를 비롯해 남다른 열정을 지닌 배우들도 많지만 말이야.

(......)

기자 : 흔히 마음은 청춘이라고 하는데요, 앞으로의 바람이나 목표가 있다면요.

이 : 바란다고 되진 않겠지만, 내 나름으론 아직 암기력과 체력 등 연기할 여력이 남아있거든. 할 수 있는 데까지 기회가 왔으면 싶지. 배우라는 건 백지상태에서 새로운 색을 칠해야 하는데 연기하다 보면 내 고유의 색이 묻어나올 수밖에 없어. 매너리즘에 빠지기도 하지. 그러지 않

기 위해 새로운 도전을 계속하고 싶은 거야. 그런 면에서 〈덕구〉가 반가운 작품이었어.

기자: 〈덕구〉가 반가운 이유를 좀 더 구체적으로 말씀하신다면요.

이: 근래 안 했던 캐릭터였어. 농촌에 사는 정말 가진 것 없는 데다 병약한 영감이잖아. 꾸밈없이 한번 제대로 해보고 싶더군.

(······)

기자: 후배 연기자에게 조언 한마디 부탁드립니다.

이: 선천적 끼도 중요하지만, 연기는 대부분 노력으로 완성되거든. 아역 출신이 성인 연기자로 성공하기 어려운 것도 그 때문이야. 배우로서 대성하는 데 필요한 건 오로지 노력이야. 물론 그전에 자기 분석과 자기 확신이 필요해. 예를 들면 예전에 선천적 울렁증이 있었던 후배가 있었어. 아래 기수들이 치고 올라오니 결국 관두고 다른 길을 갔는데, 새롭게 시작한 일이 정말 잘 됐어. 적성이 따로 있었던 거지.

기자: 최근 행복했던 일이 있다면요.

이: 드라마 〈돈꽃〉이 좋은 평가를 받고, 시청률도 잘 나와서 아주 기뻤어. 그리고 요즘 〈덕구〉에 관심을 기울여줘서 고마워. 사회 고발적인 영화도 필요하지만 사람 중심, 가족 중심인 이야기가 많아지고, 저예산 영

화부터 블록버스터까지 한국 영화가 다양해지면 좋겠어. 그러면 그만큼 관객의 선택 폭도 넓어지겠지. 그런 면에서 〈덕구〉가 잘됐으면 해.

노년의 청춘 이순재의 소망 덕일까, 〈덕구〉는 30만 선을 돌파하며 분기점을 넘겼다고, 〈비밥바룰라〉의 7배 가까운 흥행 성공을 거뒀다. 무엇보다 생물학적 고령인 이순재의 임팩트 강한, 자연스러운 할배 연기가 주는 감흥 덕분임은 두 말할 나위 없다. 베트남이나 필리핀이 아닌 인도네시아를 끌어들인 의외의 극적 설정 하며, 다문화를 향한 성숙하면서도 어딘가 다른 신선한 시선 및 묘사 등 또 다른 덕목들도 작용했을 듯하고…….

글을 끝맺기 앞서 돌이켜 보건대, 독일 영화 〈토니 에드만〉(마렌 아데)도 주목할 만한 2017년의 고령 영화로 일컬을 수 있지 않을까, 싶다. 농담에 장난은 기본, 때론 분장까지 서슴지 않는 괴짜 아버지가 워커홀릭 커리어우먼 딸을 찾아오면서 벌어지는 코믹 휴먼 드라마. 아버지로는 낙제점인 노년의 빈프리트(페테르 시모니슈에크)는 경력 쌓는데 급급한 딸 이네스(산드라 휠러)에게 뭔가 도움이 되기를 소망한다. 그의 선택은 그러나 평범한 여느 아버지들과는 달리, 기상천외하기 짝이 없다. 그 기상천외한 사건들을 지켜보며, 부녀 사이에 발생할 어떤 변화들을 기다리는 맛이 여간 쏠쏠한 게 아니다. 그 웃픈 페이소스도 꽤 짙다. 말미의 누드 파티 시퀀스도 흥미만점이다. 무관에 그쳤으나, 2016년 칸영화제 경쟁작 중 가장 강력한 황금종려상 후보이기도 했다. 2018년 이창동 감독의 〈버닝〉이 3.8점을 받으며 그 기록이 깨지기 전까지만 해도 칸 데일리 중 하나인 스크린 인터내셔널에서 종합 평균 평점 3.7점으로 역대 최고 평점을 받았으며, 2017 칸 경쟁 심사위원장이었던 페드로 알모도바르로부터 최고작으로 뽑히기도 했던 화제의 수작이기도. 하지만 이 영화의 메인플롯에서 무게중심은 고령의 빈프리트/토니보다는 딸 이네스에 실리는 실린다. 〈인턴〉이 그랬던 것처럼. 따라서 〈토니 에드만〉도 절반만 고령 영화인 셈이다.

이쯤에서 물어보자. 고령 영화의 미래는 어떨까. 그렇게 밝을 성싶지는 않다. 앞서 목격했듯 대중적 호응이 기대만큼 크지는 않기 때문이다. 그럼에도 산업적 가능성만은 인정하지 않을 수 없는 것도 현실이다. 영화는 모름지기 시대를 반영하'고'/'거나' 변형에 기여하기 마련인 장르 아닌가. 바야흐로 고령화 사회Aging Society를 지나 이미 고령사회Aged Society로 접어든 마당에 영화가 어찌 그 흐름을 외면·무시할 수 있겠는가. 향후 과연 어떤 고령 영화들이 등장해 우리의 눈길을 끌게 될지 자못 궁금하다.

제3장

할리우드와 시니어 영화

이채원

1. 노년老年을 성찰한다는 것의 의미

나이는 성별이나 인종, 계층 등과 함께 인간 개인의 정체성을 규정하는 중요한 요소이다. 또한 성별이나 인종, 계층과 마찬가지로, 나이는 차별과 편견의 원인이 된다. 어느 시대, 어느 사회에서나 젊음은 예찬의 대상이다. 젊음은 아름다움의 전제조건이며 역동적인 에너지를 상징한다. 방황과 실패조차 젊음의 특권으로 간주되며, 낭만적인 사랑은 젊은이들의 전유물로 여겨져 왔다. 소설과 영화에서 주인공은 대부분 젊다. 반면 어느 시대, 어느 사회에서나 늙음은 예찬의 대상이 아니다. 대부분의 경우에 늙음은 두려움과 혐오의 대상이 된다. 늙은 외모는 추한 것으로 여겨지고, 쇠락한 신체는 정신적인 자존감마저 앗아간다. 한정된 시간만이 허용된 인간에게 늙음은 다가올 죽음에 대한 예고이기도 하다. 늙은 외모와 쇠락한 신체의 소유자는 더 이상 무대의 중앙에 설 수 없다. 중심에서 물러나 뒷전에 있기를 암묵적으로 강요받게 된다. 나이든 사람에게는 방황도 실패도 허락되지 않는다. 낭만적인 사랑은 나이든 사람에게는 어울리지 않는 것으로 여겨진다. 젊은이가 가진 성적 욕망은 자연스러운 생生의 의지로 존중받지만, 노인의 성적 욕망은 기이하고 추한 것으로 여겨진다. 한편으로는 나이가 권력이 되기도 하고 나이 든 사람의 경험이나 지혜가 존경받기도 한다. 하지만 나이 듦이 진화가 아닌 퇴행으로 향하는 경우도 드물지 않다. 뇌를 비롯한 신체 기능의 쇠퇴는 노인을 다시 어린아이의 상태와 유사하게 만들기도 한다. 노인에게서 유아적인 모습을 보게 될 때가 더러 있는데, 자기중심적인 언행이나 참을성의 부족, 투정 등이 그것이다. 한 인간이 평생 동안 단련해온 자아가 노년기에 부서지고 망가지며 알츠하이머 등의 질병으로 인해 그때까지 쌓아온 기억과 지성을 잃게 되기도 한다. 게다가 노년에 접어들면서부터는 잘 살기 위한 노력뿐만 아니라 잘 죽을 수 있는 준비까지 염두에 두어야 한다.

성별이나 인종, 계층 등에 의한 차별과 배제는 인문사회과학 각 분과 학문에서 지속적으로 연구되어온 주제이고, 대중문화에서도 이를 줄곧 비중 있게 다루어왔다. 그러나 에이지즘Ageism에 대한 학문적 연구나 문화 비평적 담론은 아직 미약한 상황이다. 그럼에도 불구하고 노년의 문제는 대중문화의 장場에 빠르게 진입하고 있다. 이제 '나이 듦'에 대한 사회적 문화적 성찰이 절실하게 필요하다. 이미 노년에 접어든 사람에게는 물론이고 누구나 예외 없이 늙어가는 모든 사람들에게 늙음은 삶의 본질적인 문제이기 때문이다. 또한 나이가 들어가면서도 멈출 수 없는 자신과 타자의 관계에 대한 열망과 관심은 인간의 실존 자체이다. 특히 아무 준비 없이 급속도로 고령화 사회가 된 한국에서 '저녁이 있는 삶' '죽음에 대한 사유' 등은 필수과제가 되었다. 386에서 486으로 그리고 586으로의 변화된 호명과 함께, 격동의 한국 현대사에서 산업화와 민주화의 주역이었던 이들은 이제 뒷전으로 물러나려 하지 않는다. 또한 그들은 문화상품의 주요 소비자이자 생산자이기도 하다. 이들이 아직은 노년은 아니지만 이들이 노년에 대해서 생각하고 이를 공적인 담론의 장으로 가져올 것이다. 한편 이들과 다른 정치적 사회문화적 지평에 서 있는 노인세대들 역시 그들의 입지를 포기하지 않으며 지속적으로 목소리를 내고 있다.

이 글에서는 할리우드 영화에서 노년을 어떻게 이해하고 성찰하는 지를 분석할 것이다. '나이 듦' '늙어감' 그리고 얼마 남지 않은 생에 대한 안타까움과 죽음에 대한 두려움은 시대와 사회와 문화를 막론하고 공통적인 것이겠으나, 나이 듦에 따른 감정의 구조, 질병과 죽음, 관계의 변화 등이 교차하는 의미망은 분명 사회적 문화적 맥락에 따라 다르게 구성된다. 또한 상당히 정치적인 문제이기도 하다. 다른 사회문화에서 만들어진 영화 속 노년의 이야기를 분석하는 것은, 현재의 한국사회를 다른 각도에서 조망할 수 있는 관점과 시야를 제공할 것이다. 예술이자 문화상품으로서 영화는 당대 대중 일반의 감정의 구조와 사회문화적인 허용과 위반의 경계를 가장 잘 보여준다. 한국사회에서는 나이에 대한 집착이나 나이에 따른 압박이 심하고 나이에 의한 구획이 엄격한 것으로 알려져 있다. 그러면서도 노년에 대한 성찰은 아직 시작 단계이다. 그렇다면 나이에 의한 구획이 우리보다 자유로울 것으로 생각되는 유럽, 캐나다, 미국 등에서 노년의 삶은 우리와 어떤 점이 유사하고 어떤 점이 다른가. 할리우드 영화에서 노년의 삶과 연결된 여러 논점들이 어떻게 형상화 되었는지를 분석함으로써 유의미한 결론을 얻을 수 있으리라 기대한다.

2. 노년의 사랑, 실존, 관계에 대한 관조적인 응시

아무르Amour(2012) – 감독: 미하엘 하네케Michael Haneke
어웨이 프롬 허Away From Her(2006) – 감독: 사라 폴리Sarah Polley

〈아무르Amour〉는 이미 거장의 반열에 오른 하네케 감독이 70대가 되어서 만든 본격적인 노년 영화이다. 사랑의 방식, 삶과 죽음, 인생과 존엄에 대한 관조적 성찰이 묵직한 영화이며, 공간 배치와 카메라의 시선은 기품 있는 노년을 형상화 한다. 독일과 오스트리아 그리고 프랑스가 어우러지는 유럽의 지성이 느껴지는 영화이기도 하다. 〈어웨이 프롬 허Away From Her〉는 캐나다 감독 사라 폴리의 장편영화 데뷔작이다. 당시 폴리는 20대 후반이었다. 문학적 성취가 뛰어난 탄탄한 원작을, 빼어난 영상미와 시공간의 교차편집을 통한 영화서사로 탁월하게 번역했다. 기억의 의미와 관계에 대한 탐구가 세심하고 집요하다. 광활한 설원 속 인간의 모습은 인간존재의 유한함과, 유한하기에 더 소중한 사랑을 시리도록 아름답게 형상화 한 영화의 언어이다. 이 두 편의 영화에서 공통적으로 노년은 노쇠한 신체에 발생하는 질병으로 인해 문제적인 것이 된다. 또한 공통적으로 사랑과 관계에 대한 질문을 던진다.

① 아무르Amour

언젠가 네가 똑같은 일을 당해도 너 자신을 보호할 수 없을 때가 올 거야

〈아무르〉는 2012년 칸 영화제 황금종려상 수상작이며, 70세인 하네케 감독이 아내와의 약속을 영화에 담았다고 고백한 작품이기도 하다. 영화 속 주인공은 노부부인 조르주(장 루이 트린티냥)와 안느(엠마누엘 리바)이다. 도입부에서 음악회에 함께 다녀오는 노부부의 모습은, 서로를 존중하며 평화로운 생활을 영위하는 그들의 삶이 조화로운 음악과도 같음을 보여준

영화 〈아무르〉
감독: 미하엘 하네케Michael Haneke

다. 안느는 음악회의 여운에 젖어서 피아니스트의 연주를 칭찬하는데 사실 그 피아니스트는 안느의 제자이다. 영화 〈아무르〉에서는 프랑스 출신의 세계적인 피아니스트 알렉상드르 타로가 직접 출연해서 아름다운 선율을 들려준다. 알렉상드르가 연주하는 슈베르트의 곡처럼 아름다운 삶을 영위하던 노년의 부부에게 파열음이 시작된 것은 안느가 마비 증세를 보이면서부터이다. 처음에는 몸의 오른쪽만을 쓰지 못했다. 안느에게 인사 온 제자 알렉상드르가 스승의 상황을 안타까워했지만 안느는 병에 대한 얘기는 더 이상 하지 않으려 하고 베토벤의 '바가텔'을 연주해달라고 청한다. 슈베르트가 아닌 베토벤을 듣고자 했던 안느의 요청은 앞날에 대한 복선이다. 그때까지만 해도 조르주도 안느도 품위 있게 살려고 했고 그럴 수 있었다. 조르주는 아내의 간병에 헌신적이었고 안느 역시 몸은 불편하지만 온전한 정신을 가지고 자존감을 지키며 생활하려 노력했다. 그러나 점점 더 심해지는 증상은 인간의 의지로 극복할 수 있는 것이 아니었다. 인간이 불완전한 신체에 구속된 존재임을 새삼 느끼게 한다. 의식은 있는데 자신의 생각을 표현할 수 없고, 생각대로 몸을 움직일 수도 없는 상황이 어떤 것인지 당사자가 아닌 다른 사람은 완전하게 이해할 수 없다. 이해하려 애쓸 뿐이다.

조르주는 간병인을 고용하지만 상황은 조르주의 기대와는 달랐다. 간병인은 안느의 헝클어진 머리를 거칠게 빗기고 결과에 스스로 만족한다. 안느에게 거울을 내밀기까지 한다. 안느는 필사적으로 고개를 돌린다. 간병인은 자신을 해고하는 조르주를 이해하지 못한다. 자신의 경력에 흠집을 내는 조르주에게 악담을 퍼붓는다. 조르주는 간병인에게 "언젠가 네가 똑같은 일을 당해도 너 자신을 보호할 수 없을 때가 올 거야"라고 말한다. 젊은 간병인은 그 말을 이해하지 못하고 이해하려 하지도 않는다. 조르주의 언술은, 유기체로서 다치거나 병들기 쉬운 신체를 가지고 유한한 시간만을 살 수 있는 인간존재의 공통적 숙명을 지시한다. 인간의 정신이 위대하다고 해도 위대한 정신 역시 유한하고 훼손되기 쉬운 몸 안에 있다. 나이가 들고 몸이 쇠락하고 그에 따라 성격과 정신과 마음의 변화도 함께 일어나며 이는 주위사람과의 관계에도 치명적인 영향을 준다. 조르주는 상당히 안느를 이해하는 것 같다.

　오랜 시간 함께해온 부부이고 조르주 역시 노년의 시간 속에 있기 때문이다. 조르주가 힘든 것은 아내의 병수발 때문이라기보다는 아내의 고통 때문이다. 처음에 신체의 오른쪽이 마비되었을 때 의연했던 안느는 점차 상황이 악화되면서 죽음을 이야기한다. 다가올 죽음에 대한 두려움이 아니라 더 이상 인간으로서 존엄을 지키면서 살 수 없게 된다면 차라리 죽는 것이 낫다는 의사를 표시한다. 두 명의 간병인을 거치고 자신의 상태가 어떤 것인지를 깨닫게 된 후 안느는 음식을 거부하고 물도 거부한다. 목 아래쪽은 움직일 수 없는 상태에서 다른 방법으로는 자살할 수도 없다. 사정사정하면서 억지로 물을 먹인 조르주는 안느가 물을 뱉어내자 안느의 뺨을 때리고 만다. 별다른 대사 없이도 얼굴의 미세한 표정과 눈빛만으로도 조르주의 당혹감과 절망이 전달된다. 아내를 때리는 일은 상상할 수도 없었으나 결국 조르주는 저항할 힘조차 없는 아내를 때리고 말았다. 지성이 야만으로 변하는 상황을 어떻게 극복할 수 있을 것인가.

인간답게 살 권리, 인간답게 죽을 권리

꼼짝 못하고 침대에 누워서 아프다는 단어만을 신음처럼 발화하는 안느에게 조르주는 자신의 어린 시절 경험을 이야기해준다. 캠프에 가서 먹기 싫은 음식을 억지로 먹어야 했을 때의 심정을 말한다. 당시 어린 조르주가 음식을 거부했던 것과 죽고자 하는 안느가 음식을 거부하는 것은 상황과 맥락이 다르지만 조르주는 당시의 경험에 비추어서 안느를 이해하는 것이다. 인간의 몸은 온전히 그 개인에게 속한 것이고 누구도 침탈하거나 그 무엇을 강요할 수 없으며 인간은 심지어 자신의 죽음마저도 스스로 선택하고 결정할 수 있다는 것을 암시한다. 자신의 몸조차 자신이 마음대로 할 수 없을 때 자신의 뜻을 이룰 수 있도록 도와줄 사람은 분명 가장 가까운 사람인 것이다. 차분하게 얘기를 끝낸 조르주는 베개로 안느를 질식시킨다. 안느는 본능적으로 잠시 버둥거렸지만 조르주는 베개를 누르는 것을 멈추지 않았다. 조용하고 느리게 진행되던 영화의 흐름에서 순간 관객을 숨 막힐 정도로 놀라게 만드는 순간이다. 조르주는 안느가 원한 것이 죽음이었고 인간다운 삶이라는 것을 알고 있었다.

아무르Amour는 사랑이라는 뜻이다. 자신의 목숨을 버릴 만큼 사랑하는 것도 아무나 할 수 있는 일은 아니지만 상대를 죽일 수 있을 만큼 사랑하는 것도 어려운 일이다. 조르주가 그만큼 아내를 사랑했음을 감독은 제목으로 암시하고 있다. 오랜 시간 애정 이상의 동지애와 연민과 삶의 모든 무늬와 얼룩들이 얽힌 노부부의 사랑은 그랬다. 꽃을 사와서 줄기와 잎을 버리고 꽃만을 손질하는 조르주의 행동은 영화의 첫 장면을 이해하게 한다. 조르주는 꽃으로 안느의 시신 주위를 장식하고 사라졌다. 조르주의 행위는 법적으로 살인이고 범죄이다. 비난에 대한 두려움도 존재했을 것이다. 영화가 만들어질 당시 프랑스에서는 존엄사가 인정되지 않았다. 2016년 1월 프랑스 의회에서 통과된 '웰 다잉법'은 회생 불가능한 환자가 수분과 영양공급 등의 연명치료를 받지 않고 수면유도제를 투여 받아 수면상태에서 생을 마감할 수 있게 했다. 환자의 임종이 가까워졌다는 의학적 판단이 있어야하고 환자의 의사표시가 없어도 가족의 동의가 있으면 연명치료중단이 가능하다. 하지만 조르주의 행위는 현 시점의 법에서 허용하는 범위도 넘어선다. 즉 조르주는 아내를 죽인 행동에 대한 타인들의 비난과 스스로 감내해야 할 마음의 무게를 감수하고 아내가 원하는 것을 해 준 것이다. 거친 간병인들에게 맡기지 않았고, 최소한의 조치만을 취하면서 자연적으로 죽어가게 하지도 않았다. 때로 죽는 것이 사는 것이고, 용서받을 수 없을 것 같은 범죄행위가 가장 용기 있는 행동이며 지극한 애정의 결과라는 역설과 더불어 인간답게 살 권리는 인간답게 죽을 권리를 내포하고 있다는 것을 이 영화는 보여준다.

한국에서 실제로 유사한 사건이 있었다. 2013년 1월에, 치매인 아내를 2년 동안 병간호하다 점차로 심해지는 증세를 견디다 못해 결국 아내를 죽이는 선택을 했던 79세 노인에 관한 기사가 신문에 실렸다. 그는 아내의 목을 조르며 "여보 우리 같이 가자. 나 당신 사랑해. 나도 따라갈게. 당신도 나도 힘들었어. 애들 짐 덜어주자."고 말했다고 한다. 검찰은 "피해자가 몸부림치며 피고 몸에 낸 상처를 볼 때 피해자는 함께 살고자 했을 것"이라고 하면서도 정상을 참작해서 살인죄의 최소 형량인 징역 5년을 구형했고 재판부는 징역 3년을 선고했다. 이 사건에서 피고인에 대해 판단하고 단죄하는 것은 쉽지 않다. 피고인의 아내가, 생명체의 살고자 하는 본능대로, 죽기를 원하지 않았다고 해도, 또한 생명이란 인간이 인위적으로 손댈 수 없는 영역이라고 해도 국가와 사회가 그들의 짐을 덜어주지 못했다면 그에게 돌을 던질 수 없다. 또한 그의 선택이 사랑의 한 방법이었을 수 있다는 생각이 든다.

　여기서 노년의 삶과 질병 그리고 죽음과 밀접한 관계가 있는 존엄사에 대한 논의가 왜 중요한지 알 수 있다. 존엄사 Death with dignity, Euthanasia 는 인간다운 존엄을 지키면서 죽을 권리를 의미하지만 사실상 인간다운 존엄을 지키면서 살 권리를 의미한다고 보는 게 더 맞다. 인간다운 존엄을 지키면서 살 수 없다면 죽음을 선택할 수도 있다는 것을 의미한다. 이제 한국에서도 사전의료의향서 Advanced Directives 에 서명하는 사람들이 많아지고 있다는 기사를 읽었다. 사전의료의향서는 더 이상 회복 불가능한 상태가 되었을 때 인공호흡기를 달지 않고 강제 영양 공급을 받지 않겠다고 서약하는 제도이다. 즉 무의미한 연명치료를 받지 않겠다는 의사표시이며, 단지 호흡만을 유지한다고 해서 살아있는 것은 아니라는 인식이기도 하다. 이미 오래 전에 고령화 사회로 접어든 한국에서 이제는 존엄사에 대한 좀 더 합리적이고 유연한 논의가 더 적극적으로 이루어져야 한다. 2009년 '김할머니'의 가족이 낸 소송에서 법원은 "사망에 임박한 환자가 인간 존엄과 가치 및 행복추구권에 기초해 자기결정권을 행사하는 것으로 인정되는 경우, 연명치료의 중단이 허용될 수 있다"고 하여 존엄사를 최초로 인정했고, 2018년 2월부터 공식적으로 존엄사법이 발효되었지만 병원 측의 협조는 아직 요원하다고 한다. 준비 없이 너무나도 빠르게 고령화 사회가 된 한국에서 대중매체는 인간답게 살 권리를 위해 인간답게 죽을 권리에 대한 논쟁을 촉발시킬 수 있는 콘텐츠 생산에 더 관심을 가져야 한다.

　〈아무르〉를 통해 프랑스문화와 한국문화의 차이점을 발견할 수 있는데, 바로 자식과의 분리이다. 안느와 조르주의 딸인 에바(이자벨 위페르)는 엄마의 병을 안타까워하고 부모의 집으로 자주 찾아오지만 조르주는 에바의 도움을 받으려 하지 않는다. 또한 안느를 돌보는 방식에 대해서도 전적으로 조르주가 판단하고 결정한다. 에바는 영화의 마지막 장면에서 중요하게 등장한다. 러닝 타임 내내 고요하고 통찰력 있게 집 안을 응시했던 카메라가, 텅 빈 거실에서 부모가 늘 마주앉던 의자에 앉은 에바의 모습을 원경으로 보여주며 영화는 끝이 난다. 세대 간의 계승, 부모와 자식의 이어짐을 상징하는 영화적인 방식의 엔딩이다. 부모가 떠난 자리에서 자식에 의해서 삶은 이어지지만 단지 그뿐이다. 부모와 자식 간의 교류는 있으되, 부모가 자식에게 의존하지 않고 자식 역시 부모의 선택에 간섭하지 않는다. 태어나면서부터 성장 후까지도 부모가 자식을 돌봐야 하고, 부모의 노후 부양이 자식의 의무였다가 최근 들어서 그 양상이 해체되어서 사회문제가 되고 있는 한국문화에서 눈여겨보아야 할 지점이다.

공간이 표상하는 고적하고 그윽한 노년의 삶

간병인 둘을 내보내고 딸마저도 보낼 만큼 아내를 돌보는 방식에 있어서 타인의 간섭을 허용하지 않을 수 있었던 것은 조르주 역시 아내만큼 늙었고 죽음이 가까이에서 보이는 시점에 있기 때문이다. 노년의 시간들 동안 안느와 조르주는 두 사람만의 사적 공간에서 거의 모든 시간을 보냈다. 영화 도입부 음악회 장면을 제외하고는 모든 사건이 집에서 일어난다. 안느는 병원에 가는 것을 거부하고, 제자도 집으로 찾아오고 딸도 집으로 찾아온다. 조르주 역시 필요한 물건을 사기 위해 아주 잠깐 외출할 뿐이다. 집 안의 풍경들은 평범한 듯 특별하다.

부부가 마주 보고 앉아서 얘기하는 의자와 피아노가 있는 거실이 그나마 열려 있는 공간이다. 안느가 누워 있는 침대가 있는 방은 조르주만이 들어올 수 있는 공간이었으며 잠시 머물렀던 간병인은 쫓겨났다. 거실과 침실의 상징성이 곧 노년의 삶의 형태와 색채를 보여주는데, 거실의 색감은 차분하면서 우아하고 침실의 색감은 다소 서늘하며 관 같은 느낌으로 구성되었다. 화려하지 않지만 지적인 산물의 흔적들이 보이는 거실처럼 거의 집 안에서만 생활하는 부부의 노년의 삶은 고적해보일 수 있지만 그윽하고 품위 있는 것이었다. 정돈된 집안처럼 노부부도 정돈되어 있으며 집과 부부를 바라보는 카메라의 시선조차 관조의 태도를 보인다.

생의 순간순간 불시에 찾아오는 고난은 노년의 경우에는 질병과 그로 인한 죽음의 그림자이다. 노부부는 최후의 순간까지 극복하려 했으며 인간으로서의 존엄을 지키려 했고, 노부부만이 가능했던 이해와 극한의 사랑을 보여주었다. 〈아무르〉 이전에 늘 파격적인 필름으로 명성을 얻었던 하네케 감독은 〈아무르〉에서 파격보다 더 큰 울림을 관객에게 선사하고 고민하고 성찰해야 하는 논점들을 남겼다.

②어웨이 프롬 허 Away From Her

영화 〈어웨이 프롬 허〉
감독: 사라 폴리Sarah Polley

기억의 의미

내가 기억하는 것들이 나의 삶을 구성한다. 기억하지 못하는 일은 그것이 좋은 일이든 나쁜 일이든 실존의 의미를 갖지 못한다. 더 이상 내게 어떤 영향도 미칠 수 없기 때문이다. 기억과 기록 속에서 나는 존재한다. 하지만 기억하는 것 못지않게 망각도 중요하다. 기억이 나의 삶을 구성한다고 해도 모든 일들을 다 기억하는 삶이란 무척 힘든 것이 될 수 있다. 시간이 약이 될 수 있는 이유도 시간이 지남에 따라 많은 일들이 잊히고 희미해지기 때문이다. 그런데 가족과 친구들의 얼굴조차 기억하지 못하게 된다면? 나의 생각과 감정을 표현할 적절한 단어가 떠오르지 않는다면? 내가 살면서 해왔던 모든 일들을 완전히 잊게 된다면? 그럼에도 나는 여전히 나로서 존재할 수 있는가? 상대가 내게 아는 척을 하는데 기억이 나지 않을 때 그 관계는 무엇인가? 마찬가지로 나와 가장 가까운 사람이 나에 대한 모든 기억을 잊어버렸다면? 나를 알아보지도 못한다면? 심지어 내가 사랑하는 사람이고 나를 사랑하는 사람이었는데, 사랑했던 기억을 모두 잊었을 뿐만 아니라 새로운 다른 사람을 사랑하게 되었다면? 함께한 시간을 근거로 나의 소유임을 주장할 수 있을까. 아니면 보내주어야 하는 것인가. 잊는 것과 잊히는 것 중 어느 것이 더 견디기 힘든가. 영화 〈어웨이 프롬 허Away From Her〉는 이러한 질문들을 담고 있다.

〈어웨이 프롬 허〉는 배우 출신 감독인 사라 폴리의 장편영화 데뷔작이다. 2013년 노벨문학상 수상자인 캐나다 작가 앨리스 먼로의 단편 '곰이 산을 넘어오다'를 영화화 했다. 29살의 젊은 감독이 노년의 삶과 알츠하이머를 소재로 영화를 만든 것도 놀랍지만, 수려한 영상미와 영리한 교차편집 그리고 기억이라는 주제에 대한 통찰이 더욱 놀랍다. 퇴직한 대학교수 그랜트(고든 핀센트)와 그의 아내 피오나(줄리 크리스티)는 캐나다의 설경을 배경으로 한 그림 같은 집에서 한가하고 여유로운 노년의 삶을 보내고 있다. 1965년 영화 〈닥터 지바고Doctor Zhivago〉의 히로인이었던 줄리 크리스티가 연기한 피오나는 아름답고 기품 있게 늙는다는 것이 어떤 것인지를 보여준다. 그대로 아름답고 기품 있는 나날들을 이어갈 것 같았던 피오나에게 이상 증세가 나타난다. 프라이팬을 냉장고에 넣는 실수를 하고, 와인을 따면서 '와인'이라는 단어를 생각해내지 못하다가 결국 눈밭에서 자신이 어디 있는지 집은 어디인지를 모르게 된다. 퇴행성 알츠하이머는 노년에 발생할 수 있는 여러 질병들 중 가장 두려운 것이다. 하나씩 기억을 잃고, 인지능력을 잃으며 그에 따라 관계가 어긋나고 종국에는 정체성마저 혼란에 빠지게 되고 다른 사람이 되어버린다.

아직 상태가 심각해지기 전에 피오나는 요양소에 가겠다고 선언한다. 그랜트는 자신이 집에서 아내를 돌보길 원했지만 피오나는 일말의 기품은 지키고 싶다고 말한다. 허물어지는 모습을 사랑하는 사람에게 보여주고 싶지 않았을 것이고, 어린아이처럼 퇴행하지만 어린아이처럼 용서받을 수도 없는 알츠하이머 환자의 여러 사고들을 남편으로 하여금 짊어지게 하고 싶지 않았을 것이다. 요양소에 들어간 후 처음 한 달은 면회가 금지된다는 말에 그랜트는 일말의 불길함을 가지게 되지만 어쩔 수 없었다. 그리고 그 불길함은 상상 이상의 현실로 다가왔다. 단 한 달 동안 옆에 없었을 뿐인데, 피오나는 그랜트를 완전히 잊어버렸다. 44년을 함께 산 남편을 기억하지 못할 뿐 아니라 요양소에서 투병 중인 병약한 남자 오브리와 사랑에 빠진 상태이다. 믿을 수도 인정할 수도 없는 현실 앞에서 그랜트는 할 수 있는 게 없다. 피오나가 기억을 잃은 상태이니 불륜을 단죄할 수도 없다. 피오나가 오브리를 챙겨주며, 한편으로는 상처 입은 어린 짐승들이 서로의 상처를 핥아주듯이 한편으로는 풋사랑을 시작한 소년소녀처럼 서로 눈을 빛내는 모습을 그랜트는 조금 떨어져서 지켜보다가 발끈해서 다가가려다 멈춰버린다. 이 장면에서 카메라는 그랜트의 시점쇼트와 피오나의 시점쇼트 그리고 롱 쇼트를 오가기에 관객의 심정은 더 복잡해진다.

그랜트는 피오나를 포기할 수 없다. 자신이 남편이라는 것도 주장하려 한다. 결국 오브리의 아내를 찾아가서 오브리를 요양소에서 퇴원시켜달라고 말하기에 이른다. 그런데 오브리가 퇴원한 후 피오나는 실의에 빠진다. 오브리를 돌보면서 얼굴에 생기가 넘쳤으나 이제는 침대에 누워서 오브리가 그려준 자신의 초상화를 쳐다보며 눈물짓는다. 결국 그랜트는 다시 오브리를 요양소에 오게 한다. 피오나가 그랜트를 배신했다거나 그랜트가 싫어진 것이 아니라 알츠하이머로 인해 기억을 잃었기 때문이라는 것이 그랜트에게 위안이 될 수 있을까. 44년 동안 함께했는데 그것을 기억하지 못한다면 그 44년은 과연 어떤 의미가 있을까.

내가 잊어도 누군가는 기억한다

아직 병세가 심해지기 전, 요양소로 향하는 차 안에서 피오나는 오래된 기억을 이야기한다. 그랜트가 대학교수 재직 시절 제자와 사랑에 빠졌던 일이다. 당시 그랜트는 결국 피오나를 선택하고 가정으로 돌아왔다. 피오나는 "그녀가 자살할 줄은 몰랐어"라고 말하고 자신과 살아줘

서 고맙다고 말한다. 그랜트는 얼빠진 표정으로 아무 말도 하지 못한다. 오래전 일이어서, 잊지는 않았어도 빛바랜 기억 한켠에 밀쳐져 있으리라고 생각했는데, 하필 알츠하이머에 걸려서 요양소로 가는 길에 피오나는 바로 그 일을 기억에서 끄집어낸 것이다. 그랜트에게는 더 이상 떠오르지 않는 오래된 기억이었으나 피오나에게는 결정적인 순간에 떠오르는 오래된 현재였다. 요양소에서 오브리를 향해 애정담긴 미소를 건네는 피오나를 보면서 그랜트는 간호사에게 "아내가 자신에게 벌주는 것 같다"고 말한다. 간호사는 남편의 생각과 아내의 생각이 너무 다른 경우를 종종 보게 된다고 답한다. 남편은 그들이 별 탈 없이 잘 지냈다고 생각하지만 그것은 사실상 누군가 꾸준히 참아주었기 때문이라고 말한다. 간호사의 말은 우리에게 관계에 대해서, 삶에 대해서 그리고 기억에 대해서 중요한 메시지를 전한다. "행복한 삶이었다면 누군가의 희생이 있지 않았을까요?"

같은 일이 다르게 기억된다. 행복한 결혼생활이 두 사람 모두에게 동일한 행복의 결은 아니다. 어떤 기억은 지워지고 어떤 기억은 각인된다. 누군가는 잊어버리지만 누군가는 잊지 못한다. 이러한 기억의 어긋남과 그로 인한 관계의 어긋남을 영화는 끝까지 봉합하지 않는다. 그래서 더욱 처연하다. 지워진 기억만큼 피오나의 생이 잘려나간 것이 아니었다. 피오나는, 피오나가 아닌듯하면서 피오나인 모습으로 요양소에서 새로운 삶을 살아간다. 그랜트는 오브리의 아내인 마리안(올림피아 듀카키스)과 가까워진다. 서로 같은 상황에서 동병상련의 이끌림이었으나, 자신이 행복해지기 위한 결정을 내린 것이다. 스와핑과도 같은 상황이라서 한국문화의 관점에서 보면 다소 기이하게 느껴질 수도 있다. 하지만 피오나와 그랜트, 마리안과 오브리를 보면 인간의 감정은 늙는 것이 아니라는 생각이 든다. 잃을 것이 많고 지켜야 할 것이 많기에 억제할 뿐이다. 하지만 삶은 어느 순간 정지해 서서 돌아보는 것이 아니라 계속 앞으로 걸어가는 것이며, 사랑하고 사랑받고 행복해지고자 하는 욕망은 생명체로 숨 쉬는 동안 멈출 수 없는 것이다. 떠나지 않는 것이 사랑이지만 어떤 경우에는 상대로부터 멀어지는 것도 사랑이다. 그러면서 각자 다른 형태와 색깔로 기억을 저장해간다.

우리 모두는 누군가의 기억 속에 존재한다. 세상에 흔적을 남기지 않는 사람은 없다. 특별히 이름을 남긴 유명인이 아니어도 그러하다. 우리는 이 세상에 어떤 흔적을 남겨 놓고 가는가. 내가 남긴 흔적은 이 세상에 긍정적인 영향을 주는가. 나는 나를 어떻게 기억하는가. 내 주위의 사람들은 나를 어떻게 기억하는가. 알츠하이머에 걸리지 않았더라도 생로병사에서 결코 자유로울 수 없는 우리 모두가 고민해야 할 문제이다.

3. 노년의 삶 속에 투영된 미국의 신화와 미래에 대한 전망

드라이빙 미스 데이지Driving Miss Daisy(1989) –
감독: 브루스 베레스포드Bruce Beresford
그랜 토리노Gran Torino(2008) – 감독: 클린트 이스트우드Clint Eastwood

독일에서 태어난 오스트리아 국적의 영화감독 미하엘 하네케가 프랑스 배우들과 프랑스어로 만든 영화인 〈아무르〉와 캐나다인 감독 사라 폴리가 다국적 배우들과 영어로 만든 영화인 〈어웨이 프롬 허〉와 달리 〈드라이빙 미스 데이지〉와 〈그랜 토리노〉는 노년의 삶 속에 미국의 역사와 신화와 미래에 대한 전망을 깊게 투영하고 있다. 미국의 역사적 사회적 문제들이 제기되면서도 이를 풀어가는 데 노년의 사유와 성찰과 결단이 중요한 역할을 하는 것이 무척 인상적이다.

〈드라이빙 미스 데이지〉의 감독 브루스 베레스포드는 1940년생으로 영화를 만들 당시에는 노년이라고 할 수는 없다. 그러나 주연인 데이지 역을 맡은 배우 제시카 탠디Jessica Tandy는 이 영화에 출연했을 때 80세였다. 제시카 탠디는 이 영화로 아카데미 여우주연상 최고령 수상자가 된다. 게다가 〈드라이빙 미스 데이지〉는 유명한 영화 〈죽은 시인의 사회Dead Poets Society〉를 누르고 아카데미 작품상까지 수상한다. 〈그랜 토리노〉의 감독이자 주연배우로서 연출과 연기를 모두 담당한 클린트 이스트우드는 1930년생이다. 〈그랜 토리노〉를 만들 당시 나이가 거의 80세가 다 되었다. 그야말로 노익장이라는 수식어가 가장 잘 어울리는 감독이고 배우라고 할 수 있다. 노인으로 범주화 되는 주연배우와 감독이 만든 이 영화들은 노년의 삶을 어떻게 형상화 하고 있으며, 노년의 삶이 영화적 사유에 미친 영향은 무엇인가?

① 드라이빙 미스 데이지 Driving Miss Daisy

영화 〈드라이빙 미스 데이지〉
감독 : 브루스 베레스포드
Bruce Beresford

할리우드에서 드문 본격 시니어 영화

노년의 삶에 대해서 이토록 통찰력 있는 시선을 볼 수 있는 영화는 드물다. 이토록 단단한 노인 인물형상화도 흔하지 않다. 진실한 마음이 긴 시간을 두고 서로에게 스며들어 이렇게 따뜻한 관계를 형성하는 경우도 많지 않다. 아름다운 영상미와 드보르작의 오페라 〈루살카〉 속 아리아 '달에게 바치는 노래'는 영화의 분위기를 기품 있고 우아하게 만들고, 그 중심에 데이지(제시카 탠디)와 호크(모건 프리먼)가 있다. 전직 교사인 데이지는 70이 넘은 나이에도 꼿꼿하고 자존심 강하며 소녀 같은 모습을 보이기도 하는 백인 여성이다. 데이지가 운전을 하다가 사고를 내자 아들인 불리(댄 애크로이드)는 운전기사를 고용하겠다고 말하지만 자존심과 자립심이 강한 데이지는 거부한다. 호크는 불리에게서 급여를 받기로 하고 데이지 앞에 나타난다. 중년의 흑인 남성인 호크에게 데이지는 적대적이다. 데이지가 노골적인 인종차별주의자는 아니었으나 1950년대 미국 남부 조지아 주에서 인종차별은 공기와도 같이 자연스러운 것이었다. 두 사람에게는 인종의 차이뿐만 아니라 신분(계급) 차이도 존재했다. 호크는 자신에게 쌀쌀맞게 대하는 데이지에게 웃으면서 응대하는 여유를 보인다. 이는 블루컬러 흑인이라는 계급적 인종적 차별에 단단해진 그 나름의 생존전략이기도 하고 호크의 성격 자체가 너그럽고 유연하기 때문이기도 하다. 모건 프리먼은 유머와 인간미가 넘치는 호크를 연기하기에 가장 적절한 배우로 보인다.

서로 다른 사람들이 만나게 되면 처음에는 다른 점만이 보이지만 시간을 둔 교류를 통해 공통점들을 발견하게 되고 차이보다 공유하는 것들이 더 많다는 것도 알게 된다. 다름과 유사성이 교차하면서 우정이 자라날 공간도 확보하게 된다. 세 번의 결정적인 계기가 있었다. 한 번은 데이지가 자신도 모르게 흑인에 대한 편견을 가지고 있었음을 깨닫게 된 사건이다. 이른 아침 아들 불리를 호출한 데이지는 연어 통조림 한 개가 없어졌다고 호크를 해고하라고 말한다. 호크를 믿을 수 없기에 식료품의 개수를 모두 세어놨으며 연어 통조림에 손을 댄 사람이 호크임을 확신하면서 "흑인은 믿을 수 없는 종족"이라는 인종차별적인 발언까지 겉으로 뱉어낸다. 그때 아침인사와 함께 등장한 호크는 데이지와 불리가 말을 꺼내기도 전에 전날 제공받은 식사가 상한 것 같아서 연어 통조림을 하나 먹었다고 말하고 오는 길에 연어 통조림을 하나 사 왔다고 무심한 듯 말한다. 이때까지는 데이지와 호크 사이에 친밀감의 정서가 생기지 않았으나 데이지가 자신의 편협함을 깨닫게 되어 호크에 대한 마음의 장벽을 제거할 수 있는 분위기가 형성된다. 결정적으로 두 사람이 비밀을 공유하며 친밀해질 수 있었던 계기는 호크가 문맹임을 고백하는 순간이다. 데이지는, 알파벳을 안다면 글자를 읽는 것도 할 수 있다며 호크가 특정 묘지를 찾을 수 있게 힌트를 준다. 정확하게 묘지를 찾아낸 호크를 보며 미소 짓는 데이지는 이미 호크에게 적대감 대신 친근감을 가지고 있다. 또 한 번의 계기는 데이지의 가사도우미 아이델라(에스더 롤)가 죽었을 때이다. 아이델라의 요리솜씨는 독보적이었고 데이지는 아이델라가 아닌 다른 이에게 주방을 맡길 생각이 없었다. 손수 닭을 튀기고 있는 데이지의 등 뒤에서 호크가 그렇게 하면 안 된다고 조언을 하자 데이지는 겉으로는 내가 알아서 한다고 말하지만 호크가 나간 후 곧 호크의 조언대로 화력을 줄인다. 아이델라가 없어서 아침에 커피를 마시지 못할 것을 알고 호크는 도넛과 커피를 사오기도 하고 폭우가 쏟아질 때 데이지가 걱정되어 찾아오기도 한다. 날씨로 인한 아들의 염려 전화에 데이지는 아들보다 호크가 낫다는 발언까지 하게 된다. 이렇게 시간을 두고 삶의 여러 곡절들을 함께하며 서로 간에 신뢰와 우정이 생기는 과정을 과도하지 않게 서정적이면서도 유쾌하게 묘사한 〈드라이빙 미스 데이지〉에서 흑백 인종차별 외에 중요한 장치가 한 가지 더 있다. 백인인 데이지조차 실상 주류가 아닌 아웃사이더이다. 데이지는 앵글로 색슨 기독교인이 아니라 유태인이기 때문이다.

"유태인 할멈과 늙은 검둥이라…… 잘 어울려"

데이지는 삼촌의 생일에 참석하기 위해 길을 떠난다. 거의 하루가 걸리는 긴 여정이다. 호크는 조지아주를 벗어난 것이 처음이라고 말한다. 데이지가 지도를 잘못 읽어 잠시 차를 길에 세워두고 있을 때 백인 경찰 두 명이 다가온다. 그들이 호크에게 대뜸 한 말은 흑인이 이렇게 좋은 차를 타고 뭐하는 거냐는 의심이었다. 백인 경찰에게 흑인은 좋은 차를 소유할 수 없는 존재였다. 때문에 흑인이 좋은 차에 타고 있다면 그 차는 훔친 것이 된다. 연어 통조림이 없어졌을 때 호크가 도둑질을 했을 거라고 단정했던 데이지와 유사한 태도이다. 데이지의 신분증을 확인한 후에 떠나는 차를 향해 백인 경찰은 "유태인 할멈과 늙은 검둥이라…… 잘 어울려"라고 비아냥댄다. 유태인은 2차 세계대전 당시 나치 독일에 의해서 잔혹한 핍박을 받았으며, 앵글로색슨 청교도들도 유태인을 경원시 하는 것은 크게 다르지 않다. 현재 미국에서 부를 획득한 유태인들은 노골적인 차별을 받고 있지는 않지만 여전히 편견의 대상에 속한다. 결국 데이지 역시 주류에 속하지 못하는 아웃사이더의 정체성을 가지고 있다. 하지만 백인이기에 또 한 번 호크에게 상처를 준다. 소변을 보고 오겠다는 호크에게 데이지는 시간이 없다고 참으라고 말한다. 왜 주유소에서 화장실에 다녀오지 않았느냐는 힐난에 호크는 흑인은 주유소 화장실을 이용할 수 없다고 답한다. 지금 생각해보면 도저히 말이 안 되는 상황이 그 당시 미국의 현실이었고 호크의 해명을 듣고서도 데이지는 참으라고 다시 말한다. 호크는 처음으로 데이지에게 강하게 항변한다. 그리고 차 열쇠를 가지고 볼일을 보러 간다. 이것이 데이지가 흑인인권문제에 대해서 진지하게 생각하게 된 계기가 되었다.

데이지는 유태인이기에 개신교가 아닌 유태교 예배에 참석한다. 그런 데이지가 마틴 루터 킹 연설에 청중으로 참여하게 된 것도 이 영화가 지향하는 바를 시사한다. 데이지는 70세가 넘어서까지 올곧게 살아왔지만 자기의 세계에 갇혀 있었다. 피부색과 계층과 종교가 다른 이와 교감하게 되면서 데이지의 세계는 확장된다. 한 인간으로서의 성장은 어느 시점에서 멈추는 것이 아니라 살아있는 순간 계속된다는 것을 보여준다. 마틴 루터 킹의 연설이 화면 밖 목소리로 제시되면서 연설장 안의 데이지와 차 안에서 라디오로 연설을 듣고 있는 호크와의 교차편집은 아직 갈 길이 멀지만 변화가 시작되고 있음을 영화적인 방식으로 보여준다. 혁명으로 사회가 변화하기도 하지만, 혁명도 나와 다른 인간에 대한 진정한 이해와 교감이 선행될 때 성공할 수 있다. 데이지와 호크는 다르지만 같은 인간이다. 다르지만 같은 많은 사람들 속에서 진정으로 우정을 나눌 수 있는 관계는 흔치 않다. 데이지와 호크는 영향을 주고 변화시키며 서로의 삶속에 들어가 이해하고 베푸는 관계가 된다. 데이지는, 유태인은 크리스마스 선물을 챙기지 않는다고 말하면서도 호크에게 문자 교본을 선물한다. 자신이 교사였을 때 그 책으로 학생들을 가르쳤다고 덧붙인다. 이렇게 조금씩 들판을 잠식해 들어가는 들불처럼 두 사람의 우정은 여러 경계를 허물고, 그토록 고집 세고 까탈스러웠던 데이지는 호크에게 가장 좋은 친구("You are my best friend.")라고 말하기에 이른다. 데이지의 치매 증세를 가장 먼저 발견한 사람도 친구인 호크였다. 아무리 강인하고 똑똑한 인간도 피해가기 힘든 노인성 질병은 결국 데이지에게도 찾아왔다.

데이지가 입원해 있는 요양소를 찾아가는 호크는 손녀딸의 차를 타고 간다. 호크도 이제 운전하기에는 너무 늙어버렸다. 호크는 자신의 손녀딸이 대학교수가 된 것을 자랑스럽게 말한다. 더딘 변화지만 변화는 있었고 이제 미국사회에서 능력 있는 흑인이 배척당하기만 하지는 않음을 보여준다. 백발이 헝클어진 모습의 데이지는 호크를 반갑게 맞이한다. 아들보다 호크를 더 반기고 신뢰하는 모습을 보인다. 영화의 라스트 신은 데이지와 마주 앉은 호크가 데이지에게 추수감사절 파이를 떠먹여주는 장면이다. 그토록 자존심 강한 데이지가, 호크가 떠먹여주는 파이를 기쁘게 받아먹는 것은 이미 신뢰가 쌓여있기에 가능하다. 데이지의 노년의 삶은 화려하지 않다. 치매로 인해 요양소에 있는 노인의 삶이 화려할 수는 없다. 하지만 초라하지도 비루하지도 않다. 마치 꺼지기 전까지 계속 타들어가는 촛불처럼, 서서히 잦아드는 모닥불처럼 여전히 따뜻하게 생의 마지막을 향해 연소되고 있다. 호크의 우정은 그 불길을 더 따뜻하고 은근하게 만든다. 데이지와 호크의 관계는 노년의 삶이 결코 삶의 별책부록이 아니라 관록과 이해의 폭을 넓히는 삶의 절정일 수 있음을 보여준다. 그 속에 미국사회의 여러 단상들이 집중적으로 조명되었고 영상미와 배우들의 뛰어난 연기는 영화를 더욱 품격 있게 만들었다.

② 그랜 토리노 Gran Torino

영화 〈그랜 토리노〉
감독 : 클린트 이스트우드 Clint Eastwood

"몽족 여자들은 대학에도 가는데, 남자들은 감옥에 가죠."

탄성이 나온다. 이런 것이 거장일까. 노익장이라는 표현으로는 부족하다. 클린트 이스트우드가 감독과 주연을 맡은 〈그랜 토리노〉에서 월터 코왈스키(클린트 이스트우드)는 완고한 노인인 듯 보이지만, 그의 주름진 얼굴 속 여전히 날카로운 눈빛과 여전히 단단한 늙은 신체는 미국의 역사 그 자체이며 클린트 이스트우드의 영화는 미국의 신화와 미래에 지향하는 방향을 함축한다. 〈그랜 토리노〉가 내포한 미국의 역사와 추구하는 가치는 고정된 의미가 아니다. 코왈스키의 변화에 따라 미국의 역사와 추구하는 가치의 의미도 변화한다. 미국이 참전했던 전쟁들과 그로 인한 상흔과 이민자들의 문제와 세대 간 이해 가능성들이 전개되는 방식은 비장하면서도 재미있다. 영화서사 곳곳에 녹아 있는 유머는 코왈스키의 캐릭터에서도 기인하는데 코왈스키는 딱딱하고 건조한 듯 보이지만 귀여운 면이 있고 편견으로 무장된 듯이 보이지만 정치적 올바름(Political Correctness)을 갖춘 인물이기도 하다.

영화의 도입부는 아내의 장례식으로 시작된다. 장례식장에서조차 손녀와 손자는 버릇없고 무례한 십대의 모습이다. 코왈스키가 아들 내외와도 사이가 좋지 않음을 보여주는 장면이 이어지고, 코왈스키 옆집에 살고 있는 동양인 가족들에게 눈살을 찌푸리는 코왈스키의 모습이 하나의 시퀀스를 이룬다. 코왈스키는 자신처럼 늙은 개와 혼자 거주하며 현관 앞에 앉아 맥주를 마시며 다른 이들을 못마땅해하는 시선을 보낸다. 그리고 그의 차고 안에 코왈스키의 손녀가 눈독 들이는 멋진 차 '그랜 토리노'가 있다. 그랜 토리노는 포드가 1972년에 생산한 자동차이다. 미국의 상징 중 하나이지만 더 이상 생산되지 않는다. 포드에서 근무했던 월터 코왈스키는 일본차를 타고 다니는 아들을 못마땅하게 흘겨본다. 즉 그랜 토리노는 코왈스키의 분신 같은 차이다. 여기에는 (국수주의로 보일 수도 있는) 보수주의, (편견과도 연결되는) 미국인으로서의 자존심과 고집 등이 뭉쳐져 있다. 코왈스키는 한국전쟁 참전 군인이었다. 그는 자신의 현관문 옆에 성조기를 게양하고 있는 인물이다. 이웃집 동양인들이 닭의 목을 치는 것을 보며 야만인들이라는 단어를 발화하기도 하고 심지어 자신의 개를 잡아먹지 말라고 혐오스러운 표정으로 말하기도 한다. 그런 그가 이웃과 엮이게 된 것은 바로 그랜 토리노 때문이다.

코왈스키의 이웃에 이사 온 동양인들은 베트남의 소수민족인 몽족이다. 몽족 소녀인 수(아니 헤)는 자신의 종족이 베트남 전쟁 때 미국의 편에 섰다가 종전 후 베트남에서 배척당하게 된 사연을 이야기한다. 미국으로 왔으나 미국으로부터도 외면당하게 된 그들의 삶은 험난하다. 수의 사촌과 그 친구들은 슬럼가의 갱단을 구성해서 약탈과 폭력을 일삼고 수의 동생인 타오(비 방)를 자신들의 갱 조직에 가담시키려고 협박한다. 타오는 그들을 거부했으나 계속되는 협박과 남성성에 대한 동경으로 조직에 가담하고 그들은 타오에게 코왈스키의 차 '그랜 토리노'를 훔치라고 말한다. 타오의 어설픈 행동은 결국 코왈스키에게 발각되고 타오를 용서해준 코왈스키에게 계속해서 감사를 표하는 수와 그 가족들로 인해 코왈스키는 이웃에 초대되기까지 한다. 그들과 교류하면서 코왈스키는 '가족보다 몽족 사람들과 더 말이 잘 통한다'고 중얼거리게 된다. 마음으로부터 수와 타오를 받아들이게 된 것이다. 이런 코왈스키의 태도는 낯설지 않다. 보수주의자들은 가족을 소중하게 생각하는 것으로 알려져 있지만, 클린트 이스트우드의 2004년 영화 〈밀리언 달러 베이비Million Dollar Baby〉에서 볼 수 있듯이 그에게 가족은 혈연으로 한정되지 않는다. 병원으로부터 자신의 몸 상태가 심각하다는 통보를 받았을 때 잠시 마음이 약해진 코왈스키는 아들에게 전화하지만 아들의 무성의한 태도에 하려던 말을 하지 않고 전화를 끊는다. 또한 자신의 집을 탐내고 그를 요양원으로 보내려는 아들과 며느리를 쫓아낸다. 핏줄보다 더 중요한 것이 있었다. 때문에 그는 인종차별주의자도 아닌 것이다. 그에게 중요한 것은 사람 됨됨이이다. 코왈스키가 타오를 가르치는 (유사)아버지와 같은 존재였다면, 코왈스키와 수의 관계에서는 수가 오히려 코왈스키에게 깨달음과 변화의 계기를 제공한다.

　코왈스키가 소개한 직장에서 성실하게 살아가려는 타오를 몽족의 갱 조직은 그냥 두지 않는다. 타오의 사촌을 비롯한 갱스터들은 타오의 얼굴에 담뱃불로 상처를 내고 그 상처를 본 코왈스키는 격분한다. 코왈스키는 갱스터들 중 한 명을 구타하고 협박하는데 그것이 결정적인 실수였다. 코왈스키의 집에 무차별 공격이 가해질 때 코왈스키는 타오의 집에 큰 일이 벌어질 것 같은 불안감에서 옆집으로 달려간다. 타오는 집에 있었으나 수가 보이지 않자 코왈스키는 수는 어디 있느냐고 묻는다. 그때 관객은 큰 비극을 예상하고 나쁜 예감은 틀리지 않는다. 동족이자 친척이기도 한 몽족 갱스터들에게 집단성폭행과 집단폭행을 당한 수가 집으로 들어설 때 수는 이미 사람의 형체가 아니었다. 그 이상 절망할 수 없는 코왈스키의 표정은 앞으로 더 큰 사건이 발생할 것임을 암시한다. 코왈스키는 몽족 갱들을 향해 "쓰레기들. 인간쓰레기"라고 혼잣말로 내뱉지만 자신에게도 일말의 책임이 있다는 것을 알고 있다. 누나의 복수를 하겠다고 찾아온 타오에게 코왈스키는 함께하겠다고 말한다.

　하지만 영화는 여기서 복수극으로 향하지 않는다. 죽은 아내의 소원이었던 고해성사를 마치고 면도를 하고 옷을 손질하는 코왈스키의 모습에서, 자신의 개를 옆집에 맡기는 행동에서 마지막이 예견되지만 그 마지막이 어떤 방식이 될지는 예측할 수 없다. 타오를 지하실에 가두고 혼자 집을 나설 때까지도 그러하다. 코왈스키는 갇힌 타오에게, 고해성사에서도 말하지 않았던 자신의 오랜 상처를 발화한다. 한국전쟁 참전 당시, 항복하는 소년병들에게 난사하고 그 공로로 훈장을 받게 된 사연이다. 이는 코왈스키 개인의 과오를 말하는 것 같지만 미국이 참전한 전쟁들에 대한 비유적 성찰이기도 하다. 코왈스키 역시 힘의 우위를 이용해 이웃 몽족들의 싸움을 대신 평정하려고 했으나 처참한 결과를 가져왔을 뿐이다. 미국이 베트남전에서 그러했듯이 말이다. 코왈스키가 신부에게 "놈들이 사라지지 않는 한, 타오의 가족들은 제대로 살 수가 없다"고 말할 때 신부도 관객도 코왈스키가 몽족 갱들을 처치하려고 마지막까지도 각오했음을 짐작한다. 코왈스키는 혼자서 갱스터들과 싸우려는 것인가? 갱스터들을 모두 죽이고 자신도 죽는 것인가? 큰 소리로 갱들을 불러낸 코왈스키는 그들을 자극한다. 그들은 코왈스키에게 총을 겨누고 있다. 담배를 꺼내 문 코왈스키는 라이터가 필요하다고 말하며 주머니에 손을 천천히 넣는다. 카메라가 코왈스키의 얼굴과 손과 주머니를 클로즈업 할 때 갱들도, 일부 관객들도 코왈스키가 총을 꺼내서 쏠 거라고 예상했다. 갱들은 일제히 코왈스키를 향해 총을 난사하고 쓰러진 코왈스키의 손에 들려있는 건 라이터였다. 코왈스키는 일부러 무장하지 않았다. 사건현장으로 달려온 타오와 수에게 경찰은, 무장하지 않은 노인에게 기관총을 난사한 갱들은 오랫동안 감옥에서 나올 수 없을 거라고 말한다.

코왈스키의 선택은 수와 타오를 위한 희생이었으되, 갱들을 죽이고 자신도 죽는 방법이 아니었다. 범죄자들을 향해 범죄를 저지르는 방법이 아니었다. 혼자서 여러 명을 상대해서 다 죽이고 죽는 것은 실패할 가능성이 많기 때문만은 아니다. 자신의 총으로 그들을 죽이는 것이 자신과 수와 타오에게 정당성을 부여하기 힘들기 때문만도 아니다. 병든 노인인 자신에게 남아있는 날들이 얼마 남지 않았기에 가능한 행동이었던 것만도 아니다. 코왈스키의 결단과 행동은, 코왈스키가 마음으로부터 가족으로 받아들인 수와 타오를 위한 것이기도 하지만 다른 한편으로는 미국이 참전했던 전쟁들과 미국이 테러에 대응하는 방식에 대한 비판적 성찰의 메타포로서 기능한다. 미국의 참전에는 나름의 '명분'이 있었다. 베트남전이나 이라크전처럼 미국 내에서도 그 명분의 진정성이 의심되는 경우도 많았고, 한국전쟁처럼 자유민주주의를 수호한다는 정당한 명분이 있는 경우도 있었다. 코왈스키는 바로 그 한국전쟁에 참전했으나 정당한 전쟁, 정당한 살인이란 존재하기 힘들다는 것을 체험했다. 코왈스키의 마지막 선택은 앞으로 미국이 나아가야 할 방향은 과거와는 달라야 한다는 것을 시사한다. 그리고 이는 이어지는 유서소개에서 더 확실해진다.

변호사는 코왈스키의 유언을 전달한다. 코왈스키의 집은 아들에게 돌아가지 않고 어려운 사람들을 돕는 데 환원되었다. 그랜 토리노는, 늘 그랜 토리노를 탐냈던 손녀가 아니라 타오에게 남겨졌다. 영화의 엔딩은 타오가 그랜 토리노에 코왈스키의 개를 태우고 해변도로를 달리는 장면이다. 클린트 이스트우드의 노랫소리가 나오다가 젊은 가수의 목소리로 바뀐다. 차가 카메라의 시야에서 사라진 후에는 바다와 도로가 펼쳐진다. 세대는 이어지고 삶은 계속된다. 코왈스키의 삶을 이어가는 것은 코왈스키의 아들과 손녀가 아니라 아시아계 미국인 타오이다. 클린트 이스트우드가 지키려 하는 가치는, 그것이 보수로 명명될지언정 도널드 트럼프식의 보수도 한국식 보수도 아닌 것이 분명하다.

오리엔탈리즘이라는 시각에 대해

클린트 이스트우드는 미국인 특유의 애국심으로 무장한 보수 우파로 범주화 되어 왔다. 그가 줄곧 공화당 지지자였던 것도 이러한 분류에 근거를 제공했으며, 그의 영화에서 팍스 아메리카나의 시각이 내재되어 있음이 논자들에 의해 거론되기도 했다. 〈그랜 토리노〉에 대해서도 그

러한 시선이 있다. 미국의 저명한 영화평론가인 로저 에버트Roger Ebert는 〈그랜 토리노〉에 대해서 "다른 인종들이 서로에게 더욱 개방적이 되어가는 신세기 미국인에 관한 이야기"라고 논평했다. 월터 코왈스키가 바로 그 신세기 미국인으로서 선함과 용기, 정의와 희생의 아이콘이라는 것이다. 미국에 정착한 아시아인들이 그들의 일을 그들이 해결하지 못하고 미국인이 악을 징벌하고 선을 보호하며 정리해주는 양상을 보인 것에 대해서 불편함을 느끼는 시각도 존재한다. 특히 영화 속에 등장하는 아시아계가 베트남전과 관련된 소수민족 몽족이라는 사실이 이러한 시각에 어느 정도의 타당성을 제공한다. 몽족의 총명한 소녀 수와 성실한 소년 타오를 괴롭히는 것은 같은 몽족 갱스터들이다. 그 중에는 타오의 사촌도 있다. 코왈스키는 수와 타오를 위해 몽족 갱스터들을 응징한다. 여기서 베트남, 베트콩, 미국이라는 관계구도를 유추하는 것은, 클린트 이스트우드가 의도했든 아니든, 쉽게 가능하다. 미국이 패배한 전쟁이자 도덕적으로도 문제가 많았던 베트남전에 대한 심리적 위안이라는 비판의 시선도 일견 무리가 아니라고 여겨진다.

게다가 타오에게는 아버지가 부재한다. 누나와 어머니와 할머니만 있다. 영화 속에서 월터 코왈스키는 타오의 (유사)아버지가 되어서 남자답게 행동하는 법 등을 가르친다. 타오를 위해서 복수와 응징의 자리에 타오를 배제하고 혼자 해결하고 죽을 뿐 아니라 그랜 토리노를 타오에게 물려준다. 이를 인종과 혈연을 초월한 인류애의 실천으로 볼 수 있지만, 오리엔탈리즘이라는 문제를 제기할 여지는 분명 존재한다. 오리엔탈리즘은 이항대립에 기반을 둔 이데올로기이다. 이때 서양은 '주체' '남성' '이성' '문명' 등으로 범주화되고 동양은 '타자' '여성' '감성' '자연' 등으로 범주화된다. 이때 오리엔탈리즘은 동양에 대한 서양의 지배를 합리화시키기 위해 이용된다. 또한 동양을 신비화 하는 것도 타자화라는 측면에서 "제국주의의 인식론적 폭력"인 오리엔탈리즘의 이면이라고 할 수 있다. 타오는 소위 여성성을 가진 인물로 형상화되었다. 정원을 손질하는 타오에게 사촌과 갱스터들이 계집애 같다고 놀리기도 했고, 코왈스키는 타오에게 거친 언행을 가르치기도 했다. 전통적으로 서구중심적인 시선에서 동양은 여성으로 치환되었다. 이러한 시각을 노골적으로 드러낸 문화텍스트에는 오페라 〈나비부인〉과 뮤지컬 〈미스 사이공〉 등이 있다. 완고한 편견으로 무장한 코왈스키를 변화시킨 것이 몽족 소녀 수라는 것도 관점에 따라서는 동양여성에 대한 오리엔탈리즘의 태도라고 볼 수 있는 여지가 있다.

이렇게 〈그랜 토리노〉를 보는 불편한 시각의 나름대로의 타당성을 어느 정도는 인정하지만, 그럼에도 불구하고 월터 코왈스키의 마지막 결단과 행동이 주는 감동은 감소되지 않는다. 자신에게 소중한 것들을 지키기 위한 결단과 행동이었고 현명한 방법이었다는 측면에서 그는 속칭 꼴통보수가 아닌 진정한 보수라는 생각이 든다. 무엇보다 생의 마지막을 향해가는 순간까지 진화하고 성장하는 모습을 보였으며, 자신의 마지막과 그 이후까지 품위 있는 선택을 하고 그것을 행동에 옮겼다는 점에서 월터 코왈스키처럼 멋진 노인을 자주 보고 싶다는 바람을 가지게 된다. 나이든 감독과 배우의 탁월한 연출과 경지를 넘어선 연기는 이미 나이 든 사람에게 뿐만 아니라 너나없이 나이를 먹고 늙어가는 모든 사람에게 희망 이상의 각성을 주고 다시 꿈을 꾸게 한다는 점에서 매혹적이다.

4. 노년에 입문하다
어바웃 슈미트 (2002) About Schmidt

영화 〈어바웃 슈미트〉
감독 : 알렉산더 페인Alexander Payne

내가 정말로 당신이 함께하고 싶었던 사람이었던 건가?

〈어바웃 슈미트〉에서 슈미트(잭 니콜슨)를 통해 보여주는 노년의 삶은 비극이라기에는 비장하지 않고, 러닝 타임 중간 중간 웃게 만드는 유머가 포진되어 있지만 희극이라기에는 눈물겹다. 전형적인 할리우드 영화이며 미국적인 색채가 물씬 느껴지지만 미국의 사회문화가 투영되어 있다기보다는 보편적인 노년의 삶을 다루고 있어서 관객을 몰입하게 한다. 40년 넘게 몸담았던 직장에서 정년퇴임함으로써 이제 막 노년에 입문한 슈미트가 겪어야 하는 여러 상황들은 비루하기까지 해서 오히려 현실적이다. 슈미트가 보여주는 모습은 카리스마 넘치는 노장의 모습이 아니다. 꼿꼿하고 자존심 강한 노인의 모습도 아니다. 관록과 현명함으로 장로의 역할을 하는 것도 아니다. 온화한 매력의 로맨스그레이도 아니다. 은퇴한 남자의 비루한 듯 보이는 좌충우돌 이야기에 왜 빠져들게 되는 걸까.

슈미트에게 정년 은퇴는 예정된 것이었다. 동료와 후배들로부터 성대한 환송파티까지 제공받았다. 해고나 조기퇴직이 아니었음에도 하루아침에 달라진 상황은 받아들이기 쉽지 않다. 은퇴한 다음날에도 오랜 시간 자동화 된 생체시계는 슈미트의 잠을 오전 7시 전에 깨게 한다. 그런데 갈 곳도 할 일도 없다. 슈미트는 우연히 TV를 보다 탄자니아 고아 후원 프로그램을 접하고 전화기를 든다. 그리고 자신이 매달 20달러 정도를 후원하게 된 어린 소년 엔두구에게 편지를 쓴다. 여행지에서 만난 사람에게 오히려 솔직하게 자신의 속내를 털어놓을 수 있듯이, 슈미트는 주위사람들에게 하지 못한 말을 엔두구에게 편지로 전한다. 슈미트의 보이스 오버 내레이션으로 전달되는 이야기는 엔두구에게 전하는 편지글이지만 슈미트의 내적 독백이기도 하다. 슈미트는 거울에 비치는 자신의 늙은 얼굴을 자신의 것으로 받아들이기 힘든 심정을 토로한다. 40년 넘게 자신과 살아온 아내 헬렌(준 스큅)에 대해서도 마찬가지이다. 슈미트는 탄식 섞인 목소리로 말한다. "요즘 들어 매일 밤, 계속 같은 질문을 하는 나를 본다. 도대체 내 옆에서 자고 있는 이 늙은 할머니는 누굴까?"

앞서 분석한 영화 〈아무르〉에서 노부부는 기품 있게 서로를 응시하며 사랑했다. 〈어웨이 프롬 허〉에서 캐나다의 광활한 설원을 함께 산책하는 노부부의 삶은 그림같이 예쁘다. 남편은 여전히 아내를 눈부셔하며 사랑하고 집착한다. 〈그랜 토리노〉에서 코왈스키는 죽음을 준비하면서 먼저 떠난 아내의 소원을 들어주기 위해 고해성사를 자청한다. 하지만 슈미트는 자신의 늙은 외모를 혐오하는 것과 마찬가지로 아내의 늙음도 받아들이지 못하고 있다. 이 역시 노년의 여러 단면들 중 개연성 있는 한 가지인 것이다. 그런데 차라리 그건 축복이었음이 곧 드러난다. 아내 헬렌이 뇌졸중으로 갑자기 죽자 슈미트의 생활은 말 그대로 엉망이 된다. 슈미트는 직장일 외에는 아무 것도 모르는 남자였다. 돌봄을 받기만 했지 스스로 할 수 있는 일이 없었다. 그런데 이제 더 이상 직장에는 갈 수 없고, 집안은 쓰레기장이 되었고 식사를 챙겨 먹는 것도 버겁다. 기품 있고 우아한 노부부로 음악회와 전시회를 다니는 시간조차 슈미트와 헬렌에게는 허락되지 않았다. 정신과 의사들이 말하는 스트레스 지수에서 배우자의 죽음은 100에 해당하는 스트레스 지수를 가진다. 자식이 떠난 후에도 배우자는 내 곁에 남아서 남은 생을 함께해야 하는 사람인데, 노년의 삶에서 배우자의 죽음은 이제 철저하게 혼자 남겨졌다는 외로움과 더불어 나에게도 가까이 다가온 죽음을 실감하게 되는 계기가 된다. 하지만 슈미트는 고독하게 생을 성찰하기보다는 유아적인 모습을 보인다. 아내의 장례식이 끝난 후 슈미트는 멀리 덴버에 사는 딸 지니(호프 데이비스)에게 좀 더 머물러 자신을 챙겨달라고 말한다. 딸은 아버지도 이제 혼자 사는 법을 배워야 한다며 냉정하게 거절한다. 슈미트는 이제 은퇴증후군에 빈 둥지 증후군까지 겪으며 노년에 입문했다. 이제부터 슈미트는 새로운 배움과 성장과 적응을 시작해야 한다. 이런 양상은, 사회문화적인 차이가 있겠지만, 정년퇴직한 남자라면 유사하게 겪어야 하는 과정이다. 아내가 죽고 아이들은 독립한 경우라면 더더욱 혹독한 이니시에이션을 겪어야 한다. 평생 돌봄을 받는 데에만 익숙했던 남자라면 노년의 초입에 들어서 기본적인 일상의 문제를 해결하는 것부터 습득해야 한다. 이런 상황에서 슈미트가 느끼는 감정은 분노와 공포와 외로움이다. 아내가 죽자 딸에게 유아적인 모습을 보였던 슈미트는 감정적으로 미성숙하다.

옆에 있을 때 보기 싫은 할멈이었던 아내가 죽고 난 뒤 아내의 유품에 얼굴을 묻고 아내를 그리워했으나 뒤늦게 알게 된 아내의 비밀은 그에게 아내를 그리워하는 감정의 호사마저 허락하지 않는다. 자신의 친구가 아내에게 보낸 연애편지에 대해서 슈미트가 할 수 있는 일은 친구를 찾아가 그를 때리는 것뿐이다. 슈미트는 미성숙할 뿐만 아니라 자신의 감정을 표현하는 방식에도 서투르다. 아내가 살아있다면 왜 그랬는지 물어볼 수라도 있겠지만 그것도 불가능한 상황에서 슈미트는 정체성의 혼란을 겪는다. 자신이 아내에게 어떤 사람이었는지도 이제 알 수 없다. 딸의 사진들을 보면서 감상에 젖은 그는 무능한 사기꾼처럼 보이는 사윗감으로부터 딸을 떼어내려는 새로운 목표를 가지고 길을 떠난다. 아내가 구입했으나 정작 자신은 좋아하지 않았던 캠핑카를 타고 딸의 결혼을 막기 위해 딸이 있는 곳으로 먼 길을 가는 것이다. 이제 〈어바웃 슈미트〉는 자연스럽게 로드 무비가 됨으로써 노년의 세계에 입문한 슈미트의 성장통은 더욱 가혹해진다.

이 세상이 나 때문에 뭐가 더 좋아진 거지?

낯선 곳에서 내가 몰랐던 나와 만나게 되는 것이 여행의 매력이다. 여행지에서는 사소한 것조차 새로운 느낌으로 다가온다. 그렇다면 젊은 나이일 때 떠나는 여행과 노년에 접어들어서 떠나는 여행은 어떻게 다를까? 슈미트는 딸의 결혼을 만류해야 한다는 사명감과 길을 떠나는 흥분에 들떠서 딸에게 전화하지만 딸 지니는 슈미트에게 일찍 오지 말고 결혼식 전날에 오라고 말한다. 덴버로 향하던 차를 돌려서 슈미트가 택한 행선지는 과거로의 여행이다. 슈미트는 자신이 태어나고 살았던 집이 있던 장소로 향하고, 자신이 졸업했던 학교에 들른다. 이것이 노년에 떠나는 여행의 한 특징일 수 있겠다. 하지만 과거조차 그 자리에 머물러 있지 않는다. 슈미트가 살던 집은 타이어 가게가 되었고, 슈미트가 졸업한 학교의 후배 학생들은 슈미트를 반기지 않는다. 향수鄕愁도 인간의 개별적이고 불완전한 기억 속에서만 존재한다. 길 위에서 더욱 외로워진 슈미트는 여행 중인 옆 캠핑카의 부부로부터 초대를 받는다. 자신의 내면을 이해해주는 것 같은 비키(코니 레이)에게 눈물을 흘리며 안기는 유아적인 모습을 보이다가 비키에게 키스를 시도하고는 쫓겨난다. 슈미트의 일그러진 표정은 너무도 많은 이야기들을 응축하여 전달하고 한심해할 수만은 없는 페이소스를 자아낸다.

딸의 결혼식 이틀 전 도착한 사돈집은 슈미트를 더욱 어리둥절하게 한다. 사위될 남자의 어머니는 인생에 대한 나름의 철학과 통찰이 있지만, 슈미트의 상식으로는 이해할 수 없는 사람이었고 사윗감은 생각보다 더 무능하고 무책임한 사람이었다. 슈미트는 아버지로서의 애정과 책임감으로 딸에게 결혼반대 의사를 간절하게 전하지만 딸은 일고의 여지도 허락하지 않는다. 우는 듯 웃는 얼굴로 딸의 결혼식에 참석하고 집으로 돌아온 슈미트는 자신의 인생에 대한 질문을 던진다. "이 세상이 나 때문에 뭐가 더 좋아진 거지. 내 인생이 다른 사람에게 뭔가 영향을 주었을까?"라는 슈미트의 질문은 노년에 어울리는 질문이다. 만약 청소년기라면 유사한 내용을 다르게 질문할 것이다. "이 세상이 나 때문에 뭐가 더 좋아질 수 있을까? 내 인생이 다른 사람에게 뭔가 영향을 줄 수 있을까?"

노인의 성장은 소년의 성장과 다르다. 소년의 성장은 앞을 보고 미래에 대한 질문을 던지며 자신을 채워나간다. 노인의 성장은 뒤를 돌아보고 과거에 대해 질문하고 버리고 비우는 것을 배우는 일이다. 자신이 과거에 어떤 위치에서 어떤 힘을 가지고 있었든지 간에 이제 그 자리와 힘은 더 이상 자신의 것이 아님을 인정하고 받아들이는 것이다. 이는 체념이 아니라 노년의 문턱을 넘는 통과의례이다. 하지만 그것만이 전부는 아니라는 것을 이 영화의 라스트 신에서 보여준다. 집에 돌아오니 슈미트가 후원하는 탄자니아의 고아 엔두구를 돌보는 고티에 수녀의 편지가 와 있다. 엔두구가 당신을 생각하고 있으며 당신이 행복하고 건강하기를 바란다는 메시지와 함께, 아직 글을 모르는 엔두구가 그린 그림을 동봉한 편지이다. 엔두구의 그림은 어른과 아이의 형상인데 슈미트와 엔두구, 아버지와 아들의 모습을 그린 듯 보인다. 슈미트는 그림을 보면서 어린아이처럼 울다가 웃는다. 딸의 결혼을 말리러 떠난 여행에서 서툴고 미숙한 자신만을 확인하다가 딸의 결혼식에 참석하고 집으로 돌아온 슈미트가, 자신은 이제 죽을 일 밖에 남지 않았으며 내가 죽으면 세상도 죽는 건데 내가 누군가에게 조금이라도 영향을 주었을까 라고 생각하던 시점에서 받은 엔두구의 그림은 은퇴 직후 그에게 생긴 모든 일들로 인한 분노와 두려움과 외로움을 분출시키고 태워버렸다. 이제 통과의례를 마치고 노년의 문턱을 통과한 슈미트에게는 아직 많은 생이 남아있다. 다른 사람에게 영향을 줄 수 있는 기회와 더 좋은 세상을 만들 수 있도록 일조할 수 있는 시간이 있다. 집을 떠났다가 다시 집으로 돌아온 슈미트는 더 이상 쉽게 기대하거나 쉽게 좌절하지 않을 것이며 더 이상 투정 부리지 않을 것이다. 자신의 관심과 손길이 필요한 존재가 많이 있는 넓은 세상에 눈뜨게 될 것이다. 노인도 성장한다. 노년의 삶도 깨닫고 배우고 진화하는 삶이다.

5. 시대와 사회문화를 반영하는 노년의 초상肖像

이 글에서 고찰한 할리우드 시니어 영화들은 노년의 인물들과 노년의 삶을 형상화 하면서 인간 실존에 대한 물음을 때로 묵직하게 때로 경쾌하게 풀어갔다. 삶과 죽음, 인간의 존엄, 관계, 사랑, 기억의 의미, 남아 있는 나날들에 대한 성찰과 함께 그 시대의 사회 문화와 밀접하게 연결된 각성과 성장의 서사들을 구축했다. 외모가 허물어지고 신체의 기능이 훼손될지라도 생과 사랑에 대한 의지는 숨쉬는 동안 포기할 수 있는 것이 아니며, 소중한 것들을 지키고자 하는 마음과 중요한 사람이 되고자 하는 열망도 늙는 것이 아님을 알 수 있었다. 죽음을 선택하는 것조차 자의식의 발로이고 결단이었다. 때문에 관록 있는 배우가 표현하는 노년의 인물들은 한편 꿋꿋하고 강인하며 한편 귀엽고 사랑스럽다.

여기서 한국의 사회문화 속에 녹아있는 노년에 대한 인식을 잠시 비교해보고자 한다. 세대 간 갈등과 몰이해는 어느 사회문화에서나 존재하겠지만, 한국사회의 특수성 속에서 세대 간 갈등과 몰이해는 유난히 심하다고 생각된다. 이는 한국의 근현대사와 관련 있다. 선거 때마다 분석되는 주요 지표 중 한 가지가 세대 간 득표현황의 확연한 차이이다. (평균적 수치상으로) 노인세대는 가부장적 독재에 대한 향수를 가지고 있는 듯하다. 이는 개발독재와 반공이데올로기와 연관되며 지금 젊은 세대들과 좁혀지지 않는 간극이기도 하다. 특히 태극기를 들고 거리에 나와 시위하는 노인들의 모습은, 촛불혁명을 체험한 젊은 세대가 보기에는 말이 통하지 않는다고 생각되는 거대한 장벽이며 때로 혐오스럽게 느껴지기도 한다. 자신들의 정치적 지형에 확고한 신념을 고수하는 노인들은 또한 가부장제와 차별적인 위계질서를 수호하려고 한다. 때문에 더더욱 젊은 세대와 대립각을 세울 수밖에 없다.

게다가 대체로 우리 주위의 노인들은 영화 속 주인공들과 다른 모습으로 비춰진다. 고집 세고, 변화를 거부하고, 참지 못하고 화를 내며, 불친절하고 무례하다. 또한 나이를 권력화 한다. 자동차 뒤쪽 유리창에 붙은 '어르신 운전 중'이라는 문구는 보호해달라는 요청일까 아니면 나이 듦을 특권화하려는 것일까. 공공장소에서 긴 줄을 참지 못하고 빨리빨리 하라고 소리 지르는 사람들은 대개 노인들이고 이들의 행동은 노인에 대한 혐오감에 일정부분 타당한 이유를 제공하기도 한다. 또한 나이에 대한 강박과 차별이 심한 한국사회에서는 노년의 남아있는 시간들의 가치가 젊었을 때의 시간의 가치와 다르게 취급된다. 이런 이유들로 (한국의) 노인들은 새로운 일을 시작하려는 생각을 하지 않게 된다. 늘 가던 길은 익숙하지만 새로운 길은 낯설고 두려워서 선뜻 발걸음을 옮기게 되지 않는다. 삶이 오래될수록 관성도 더 강할 것이다.

하지만 (한국의) 노인들과 젊은이들이 그렇게 다른 존재이기만 할까? 공통점이 더 많지 않을까? 신체와 감정과 자아를 가지고 있는 인간으로서 우리 모두는 배고프고 목마르고, 아픈 것이 싫고 죽는 것이 두려우며, 사랑받고 싶어 하고 존중받고 싶어 한다. 본능적으로 생존하고자 하지만 늘 생존 이상을 추구한다. 삶에 별책부록은 없다. 노년老年은 생生의 별책부록이 아니다. 그들도 노년은 처음이다. 서투르고 당황하며 실수한다. 노인과 젊은이는 서로 다른 세계에 존재하는 서로 다른 사람이 아니다. 세대에 따른 차이점보다는 인간으로서의 유사점이 더 많다. 나와 다른 가치와 지향을 가지고 있는 사람일지라도 그는 나와 함께 이 세상을 살아가는 사람이다. 세대 차이를 지나치게 강조하는 언술들은 인간과 삶에 대한 편협한 시각에서 나오는 것이며 좋은 결과를 가져오지도 않는다.

물론 노년 세대와 젊은 세대가 크게 다르지 않다는 것만으로 해결될 수 없는 문제가 분명 있다. 노인이 젊은이에게 자신의 사고방식과 삶의 양식, 지향하는 방향을 강요해서는 안 된다는 게 나의 생각이다. 강요하려고 해도 성공할 수 없을 것이지만, 한 세대의 삶은 기억과 기록과 흔적으로 남겨질 뿐 다음 세대의 삶은 전적으로 다음 세대의 것이다. 채현국 효암학원 이사장은 다음과 같이 말한다. "기성세대가 후대에게 줄 수 있는 최대의 선물은 단절이라고 봅니다. 내 가치를 물려주지 않는 것이죠. 단절은 기성세대 입장에서는 반성이기도 하고 차세대에 대한 믿음을 의미합니다."

삶의 유한성을 인정하고 망각까지도 받아들일 수 있을 때 더 깊은 관조와 통찰의 눈을 가질 수 있다. 더 깊은 관조와 통찰의 눈으로 생의 마지막 페이지들을 더 그윽하고 멋있게 써나갈 수 있으며 완전히 연소할 때까지 계속 타들어갈 수 있다. 더 깊은 관조와 통찰의 눈으로 젊은 세대와 소통할 때 '노년'은 혐오스러운 것이 아니라 아름다운 것이며, 피하고 싶은 것이 아니라 기대되는 것이 될 수 있다. 대중문화콘텐츠에서 형상화 하는 노년의 삶과 노인의 모습은 현실을 반영하기도 하지만 방향을 제시하기도 한다. 눈부시게 아름다운 저녁놀처럼 처연하도록 아름다운 노년의 초상肖像을 많이 보고 싶다. 김선우 시인의 글을 인용하며 글을 마친다.

젊음은 찬란한 매혹이지만 젊다는 것만으로 아름다움이 획득되는 경우를 나는 별로 보지 못했다. 오히려 한 인간을 뿌리부터 송두리째 공명시키는 아름다움은 거의 언제나 잘 늙어가는 육체로부터 오는 것이었다.

제3부

호모헌드레드 문학

제1장

한국 현대시로 시니어를 관조하다

최현규

　우리나라도 이미 초고령화 시대에 접어들었다. 일제 강점기, 육이오 전쟁 등 수많은 시련 속에서 온몸을 내던져야 했고, 하루 한 끼를 걱정했던 시절도 있었지만, 이제는 제법 여유를 가질 만한 시대가 되었다. 현대의 노년들이 이룩해놓은 성과이다. 그러나 노년들의 삶의 궤적이 모두 같을 수는 없다. 노년의 인간적 상황과 경험은 각자 다르기 때문이다.

　한스 마이어호프는 "우리가 어떤 존재인지 오직 확실한 점은 우리가 시간 속에서 존재하고, 시간을 통하여 존재한다는 것뿐이다."라고 말했다. 노년은 더욱 시간과 존재를 인식하게 한다. 삶을 통제하려하기보다는 느슨하게 관조하는 노년도 있을 것이고, 삶의 마지막 여정을 조바심을 내는 노년도 있을 터이다.

　시인들은 노년 혹은 노인을 어떤 언어로 조탁하여 어떤 이미지를 그려냈을까? 김춘수, 황금찬, 김남조, 구자룡 등의 시에서 그것을 찾아보자.

1. 사랑하는 사람과의 이별 : 김춘수

「꽃」으로 유명한 김춘수 시인은 82세 되던 2003년 『쉰한 편의 悲歌』라는 시집을 마지막으로 출간하였는데, 아내를 하늘로 떠나보낸 이후의 발간으로 주로 아내를 주제로 삼은 시집이다. 그 중 두 번째 편을 보자.

아내라는 말에는
소금기가 있다. 보들레르의 시에서처럼
나트리움과 젓갈 냄새가 난다.
쥐오줌풀에 밤이슬이 맺히듯
이 세상 어디서나
꽃은 피고 꽃은 진다. 그리고
간혹 쇠파이프 하나가 소리를 낸다.
길을 가면 내 등 뒤에서
난데없이 소리를 낸다. 간혹
그 소리 겨울밤 내 귀에 하염없다.
그리고 또 그 다음
마른 나무에 나무에 새 한 마리 앉았다 간다.
너무 서운하다.

〈제2번 비가〉 전문

세상을 떠난 아내에 대한 애틋함과 시인 자신의 고독한 심정이 잘 드러난 시이다. 노년에 사랑하는 사람을 잃은 비통함은 참으로 안타깝다. '소금기'는 무엇을 상징하는 것일까? 소금은 음식의 간을 맞추고 썩지 않도록 신선함을 유지하게 하는 등 생명유지에 필수적인 역할을 한다. 인생에서의 소금기가 삶의 맛을 살아나게 하고 삶을 유지 시켜주는 힘이라고 한다면, 아내는 시인에게 바로 그런 소금과 같은 존재라는 것이다.

소금에 절이는 젓갈은 오랜 시간 숙성해야 제 맛을 내고 낸다. 부부는 오랜 세월을 함께하며 희로애락을 나누었을 것이다. 젓갈은 그런 아내의 그리운 향기이다.

'이 세상 어디서나/꽃은 피고 꽃은 진다'를 보자. 생명이 탄생하고 스러지는 것은 당연한 일이지만 늘 곁에 있던 자신이 사랑하는 사람에게 그런 일이 일어난다는 것은 특별한 일이 된다. 그 충격을 시인은 쇠파이프 소리로 인식한다. 그 소리는 난데없이 들려오기도 하지만 길고 긴 겨울밤 노시인에게는 끊임없이 그 소리가 들려온다. 노년기에 닥친 아내의 죽음이 시인에게 안겨준 상처의 깊이를 짐작할 수 있다. 마른 나무는 시인 자신이고 새는 아내를 상징한다. 황혼에 접어든 자신을 남겨두고 떠난 아내를 생각하는 것이다. 너무 서운하다라고 간결하게 말하고 있지만, 오히려 그 속에서 시인의 처절한 슬픔과 고독을 느낄 수가 있다.

『쉰한 편의悲歌』 시집이 발간된 지 일 년 후인 2004년 김춘수 시인도 마른 가지를 벗어나 아내 곁으로 날아올랐다.

2. 마지막 생에 대한 결연한 의지 : 황금찬 「낙엽시초」

1918년 태어난 황금찬 시인은 1951년 등단 이후 60여 년 동안 8천 편 넘는 시와 수필을 쓰고 39권의 시집을 남기며 현역 최고령 문인으로 활동하다가 지난 2017년 4월 8일 100세를 코앞에 두고 안타깝게도 영면했다. 황금찬 시의 특성은 사랑과 휴머니즘과 신에 대한 경외로 집약된다. 그의 대표작 중 하나인 「낙엽시초」는 노년이 느끼는 삶의 공허함과 더

불어 결연한 노년의 의지를 그대로 보여주고 있다.

꽃잎으로 쌓아올린 절정에서
지금 함부로 부서져가는 '너'
낙엽이여,
창백한 창 앞으로

허물어진 보람의 행렬이 가는 소리
가없는 공허로 발자국을 메우며
최후의 기수들의 기폭이 간다

이기고 돌아가는 것이 아니다
그러기에 저 찢어진 깃발들,
다신 언약을 말자
기울어지는 황혼에,
내일 만나는 것은 내가 아니다

고궁에 국화가 피는데
뜰 위에 서 있는 '나'
이별을 생각하지 말자
그리고 문을 닫으라
낙엽,
다시는 내가 가는 곳을 묻지 말라.

〈낙엽시초〉 전문

한 국 대 표
명 시 선
1 0 0

황금찬
어머님의 아리랑

시인생각

　1연에서의 꽃잎은 젊음의 아름다움을 상징한다. 그렇게 아름답고도 화
려한 세월을 켜켜이 쌓아올렸으나 이제는 부서져가는 낙엽이 되었다. '너'
라고 타자화한 낙엽은 실상 시들어버린 자신의 육체적 자아이다. 인정하
고 싶지 않은, 쇠락한 육체에 대한 서글픔이 묻어난다.

　2연에서 시인은 그동안의 인생에 대해 회고한다. 보람이라고 생각했
었던 과거의 업적들이 공허하기만 하다. 그러나 인생은 계속되어야 한
다. 인생의 깃발을 높이 쳐들고 비장하게 마지막 행진을 계속해야 한다.
　3연은 지난 인생에 대한 시인의 회고이다. 결코 성공적인 삶이라고
는 할 수 없다. 온갖 전투를 치열하게 치른 뒤에 남은 저 찢겨 너덜너덜해
진 깃발들을 보라. 이제 미래의 계획은 세울 수가 없다. '내일 만나는 것
은 내가 아니다'는 죽음을 늘 생각해야만 하는 노년 삶의 불확실성에 대

한 토로이다.

4연에서 국화가 피는 고궁, 즉 젊음의 세월에서 멀찌감치 비켜 존재의 의미 자체가 시간적으로 분리된 뜰에 서 있는 현재의 '나'는 아직 죽음을 생각하지는 않는다. 문을 닫는다는 것은 젊음으로부터의 완전한 이탈이다. 그리고 시인은 엄숙하게 그리고 결연하게 선언한다. 시들어가는 육체와 상관없이 내 가는 길을 가겠다고. 삶이란 그런 것이라고.

노화는 생명이 있는 존재라면 누구에게나 찾아온다. 그러나 그것을 어떻게 받아들이고 남은 생을 어떻게 살아가는 것인가는 마음의 선택에 달려있다. 인생의 마지막 캔버스를 추억과 회한만의 시커먼 색깔로 칠할 수도 있을 것이고, 묵묵히 화려하지는 않지만 자신만의 독특한 색깔로 여백을 칠해갈 수도 있을 것이다.

3. 죽음을 극복한 생에 대한 아름다운 긍정
: 김남조 「노약자」, 「삶의 진맥」

「그대 있음에」 등으로 유명한 김남조 시인은 1927년 경북 대구 출생인 노시인이다. 12번 째 시집 『바람세례』(1988)를 기점으로 점차 노년에 대한 인식을 드러내 보이는 시 작품을 발표하기 시작하는데 특히 2007년 발간된 시집 『귀중한 오늘』을 살펴보면 노년에 대한 노래가 주류를 이룬다. 시집 제목에서부터 80여 성상을 살아오면서 삶의 '오늘'이라는 시간, 바로 지금이 가장 소중하고 중요하다는 깨달음을 표출하고 있으며 노년에 이르러 하루를 더욱 귀중히 여기는 시인의 진지함과 겸손함을 느끼게 한다. 그 중 몇 편을 간단하게나마 살펴보자.

노약자,

이 이름도 나쁘지 않아

그간에 삼만 번 가까이는

해돋이를 보고 해 아래 살아

해의 덕성과 은공을

웬만큼은 일깨웠는지라

……

노약자,

무저항의 겸손한 이름이여

으스름 해 저물녘의

초생달빛이여

치수 헐렁하여 편한

오늘의 내 의복이네

「노약자」 부분

    노약자는 사전적 의미로 늙거나 약한 사람이다. 먼저 시인은 삼만 일 가까이 산 긴 삶의 여정이 주는 지혜를 말한다. 여든이 넘는 나이가 주는 원숙함이다. 자신이 육체적으로 늙고 약한 사람이라는 사실에 저항하지 않고, 겸허하게 있는 그대로 현실을 받아들이는 모습은 시인이 노쇠에 굴하지 않고 삶에 대해 넉넉하게 긍정하고 있다는 것을 말한다. 나아가 시인은 '으스름 해 저물녘의/초생달빛이여'를 통해 노년 삶이 은은하고도 생기 있는 아름다움을 가지고 있다고 노래한다. 보름달처럼 환하지는 않지만 초생달 마냥 신비로우면서도 생명력이 충만하다는 것이다. 노년 삶에 대한 희망을 보여준다. '치수 헐렁하여 편한/오늘의 내 의복이네'의 구절은 쓸 데 없는 욕망이 사라진, 모든 것을 수용할 수 있는 편안한 삶에 대한 관조를 보여준다. 닮고 싶은 품위 있는 노년의 삶이다.

친구여
우리의 고통 이해되지 못하고
남은 세월 땡볕 아래 얼음과자라 해도
괜찮다 괜찮다
고맙게 이미 오래 살았다

먼저 간 이들은
주민등록번호 등 숫자 벗어버리고
피멍울도 모두 고쳐
이제는 태극기 내걸고
하늘 글씨로 환하게 시를 쓰는지
아픔 더할수록
사람다우리라 믿으면
저들 만세
우리도 만세가 아닐까보냐
친구여
우리 고통을 겁내지 말자

「삶의 진맥」 부분

친구들에게 보내는 편지 같은 시 「삶의 진맥」에서는 노년의 고통을 이해하는 노인들 간의 연대의식을 보여주면서 죽음까지도 긍정하려는 강한 의지를 보여준다. 죽음에 대한 공포를 벗고 죽음이라는 것이 실상은 '숫자 벗어버리고 피멍울도 고쳐', '하늘 글씨로 환하게 시를 쓰는' 자유롭고 영생을 누릴 수 있는 또 다른 차원으로의 진입이며 다른 의미의 재생임을 강조한다. 죽음이란 것이 오히려 한 차원 상승하는 것이므로 두려워하지 말자는 것이다.

김남조는 다음과 같이 술회하고 있다.

노인이 되었어도 사람의 본질이 달라지는 건 전혀 아니었다. 그러나 동일한 자아에의 권태와 기묘한 난감함이 치받아 오르기를 자주했었다. …그러나 노년기도 나쁘진 않았다. 그 손님은 세월에 실려 저절로 왔을 뿐 아무런 고의도 없는 무죄한 방문객이었고 나란히 앉아 햇볕이라도 쪼이면 과일이 익듯이 순리에 따라 나름의 단맛과 자양이 고여 올 것이었다. 그 온유함과 관용, 자주 지침으로 자주 쉬어야 하는 '쉼'은 그야말로 태어나서 처음으로 안겨보는 안식의 요람일 수 있었다.

시인의 고백에서 노년이 시작되었을 때 느꼈던 감정 즉, 당황함과 분노를 짐작할 수 있다. 누군들 그러지 않으랴. 그러나 일단 삶의 여정에 대한 승화된 긍정 이후, 노년에 대한 인식은 새로운 차원으로 도약한다. 오래 숙성한 경험적 지혜에서 우러나오는 온유함, 관용, 쉼이 진정한 안식이라는 것을 깨닫는 것이다.

4. 노년의 현실과 욕망 사이 : 구자룡의 연작시 「오디세우스」

구자룡은 1945년생으로 50여 권의 시집을 발간하며 여전히 왕성한 활동을 하고 있는 시인이다. 시인의 연작시 「오디세우스」는 제목에서 보듯 호메로스의 영웅적 인물 오디세우스를 명백하게 의식한 것이다. 작가가 작품 속에서 한 인물을 창조해 낼 때, 의식적이든 무의식적이든 자신의 경험 및 내적형상이 스며들게 마련이다. 총 10편의 이 연작시는 각 편마다 짧은 부제가 달려 있다. '뜨거운 숲', '붉은 잎', '태풍', '유산', '플라타너스', '회전의자', '호랑이', '어즈버', '낯설다', '바다'가 그것인데 이 부제들은 제목만으로는 그 의미를 충분히 감지할 수 없는 표제어 '오디세우스'를 적절하게 보완하는 역할을 한다. 이 연작시는 노년이 가져다 준 부실한 치아 때문에 이야기가 시작되고 발치를 하며 발전해가는 서사구조이며 그와 관련된 '의식의 흐름'이 주제가 된다. 첫째 시를 살펴보자.

내 생애에 살구꽃이
무더기로 피던 날
느닷없이
어금니가 흔들리기 시작했다.
하늘을 우러러 한 점 아직도
뜨거운 숲인데
해거름 나루터에 날 저무려면
아직 멀었는데
입술을 꼭 깨물었다.
이 까짓 것 쯤이야

「오디세우스 1」 뜨거운 숲 (전문)

'내 생애에 살구꽃이/무더기로 피던 날' 은 시적 화자인 시인이 인생의 황금기를 맞고 있는 것을 나타낸다. 살구꽃이 활짝 핀 화사한 이미지를 떠올려보면 쉽게 이해할 수 있을 것이다. 물론 여기서 황금기라는 것은 각자가 어떻게 자신을 평가하느냐에 따라 달라지는 주관적인 평가이다. 어떤 사람은 인생의 가치를 순전히 나이로 평가해서 10대나 20대가 황금기라고 결론내릴 수 있고, 또 어떤 사람은 자신의 지위 고하 혹은 업적의 유무에 따라 황금기를 40대 혹은 50대 이상으로 매길 수도 있을 것이다. 중요한 것은 시인 자신이 현재를 그렇게 바라보고 있다는 것이다.

그런데 문제가 발생한다. '어금니가 흔들리기 시작했다'는 것이다. 그깟 어금니 정도야 할 지 모르나 시인에게는 두려움이 싹트고 있다. 치아가 흔들린다는 것은 세월로 인한 젊음의 상실이기 때문이다. 시인이 황금기라 믿고 있던 현재의 종말인 것이기도 하다. 부제이기도 한 '뜨거운 숲'은 이 사건이 일어난 당시 삶이 한창이며 절정이라고 시인 스스로 인식하고 있음을 보여준다. '해거름 나루터에 날 저무려면/아직 멀었는데'에서는 세월의 흐름 즉 자연의 섭리와 질서에 대해 반기를 들고 저항하려는 시인의 마음을 담아내고, 그리하여 '입술을 꼭 깨물고 이까짓 것쯤'하며 피할 수 없는 운명에 대한 극복의 의지를 표출한다.

바람 불어
살구꽃이 떨어지던 날
어깨 위로
꽃잎 하나 내려앉았다.
요염을 떨고 있는 붉은 잎,
얄미운 생각이 들었지만
안 그런 척했다.

내 나이 열아홉 살
연두 빛 그 시절로
되돌아 갈 수는 없을까
그것이 두려움이었다.

「오디세우스 2」붉은 잎

고통을 느낀다는 것은 실존에 대해 자각하는 것이다. 그리하여 그때까지 머물렀던 행복하고 안온한 느낌은 어느 순간 사라지고 '붉은 잎'으로 표현된 냉혹한 현실에 눈을 뜨게 된다. 즉 '바람 불어/살구꽃이 떨어지던 날'이 되는 것이다. 그러나 시인은 수용할 수밖에 없는 그러한 사실을 애써 외면하려 '안 그런 척' 노력한다. 세월의 흐름에 속수무책인 자신에 대한 안타까움이 배어있는 구절이다. 그런 시인의 내면은 현실을 있는 그대로 받아들이느냐 아니면 계속 '열아홉 살/연두 빛 그 시절'의 꿈을 간직해야 하는가 하는 갈림길에 선다. 현재를 인생의 황금기로 알던 시인에게 '세월의 흐름'이란 현실을 인정한다는 것은 마치 갑자기 겉옷을 벗어버리고 나체로 나서는 것처럼 두려운 일이다. 어느 날 문득 거울에 비친 자신의 모습이, 영원할 것 같던 열아홉 청년 대신 흰머리 가득한 낯선 얼굴이라면 누구나 그런 감정을 느낄 것이다. '연두'는 젊음과 꿈을, '붉은 잎'은 피의 원형으로서 냉혹한 현실의 상징이라는 이미지의 극명한 대비 또한 주목해야 할 시어이다.

　- 하나, 둘, 셋……
　- 대 여섯 개는 뽑아야겠어요
　괜시리 간호사 가슴만 쳐다보았다

볼품이 없었다
창밖엔 플라타너스 잎이
동그라미를 그리며 떨어지고 있었다
한 여름인데도.

그래
네 아픔 내 몸에 기대고
내 아픔 네 몸에 기대며
살아보자

살다
살다보면
언제 그랬냐는 듯 잊어지겠지.

「오디세우스 5」 플라타너스

운명대로 오디세우스는 기나긴 모험과 방랑을 해야만 했다. 외눈박이 거인, 식인 종족, 사람을 동물로 변하게 하는 능력을 지닌 마녀, 저승의 혼백들, 머리가 여섯 개 달린 바다 괴물 등등 죽을 고비를 숱하게 넘겨가며 고통을 당해야 했다.

시인도 같은 처지에 몰린다. 치아를 대여섯 개나 뽑아야 하는 상황에 시인을 더욱 절망한다. '창밖엔 플라타너스 잎이/동그라미를 그리며 떨어지고 있었다/한 여름인데도'는 시인이 인생의 황금기가 추락하고 있음을 예감하고 있다는 것을 말해준다. 그러나 그 절망의 끝에서 시인은 비로소 새로운 차원으로 비상한다. '그래/네 아픔 내 몸에 기대고/내 아픔 네 몸에 기대며/살아보자' 그것은 현실 속 그대로의 자신과 상황을 받아드리고 묵묵히 견디겠다는 것이다. 삶에 대한 변증법적 통찰이 일어난 것이기도 하다. 벗어날 수 없는 운명 속에서 그렇게 수용할 때만이 우리의 고통은 반감될 수 있다.

합죽이를 하고 거리로 나섰다
사람들이 그랬다
나이 먹어 이빨 빠지면 쓸모없다구
세상이 다 끝난거라구

누가 모르나
세월이 가면 꽃잎도 시들고
나뭇잎도 떨어지고
흙이 되고,
별이 되고

이빨 빠진 호랑이 생각이 났다.

무엇하나 이루기에는 그간
너무나 짧았던 시간들,
어느새 비탈길로
흘러가고 있었다

「오디세우스 7」호랑이

'이빨 빠진 호랑이'는 용맹과 힘이 사라진 남성성, 더 이상 어찌해 볼 수 없는 무기력한 영웅을 상징한다. 이렇게 가혹한 현실에 그저 순응해야만 할 것인가.

 시인은 둘째 연에서 생로병사의 섭리가 진리임을 '누가 모르나/세월이 가면 꽃잎도 시들고/나뭇잎도 떨어지고/흙이 되고'라며 솔직한 심정으로 토로한다. 그런데 하강곡선을 그리며 비감함을 느끼는 그 순간 마지막 행에서 갑자기 시는 반전하여 급상승한다. '별이 되고' 가 그것이다. 별은 하늘에 있다. 별은 빛이며 미래이고 꿈이다. 그것은 시인의 무의식에 그 어떤 것에도 굽히지 않는 용기가 있으며 아직까지도 희망을 버리지 않고 있음을 암시한다. 하지만 시인은 마지막 행에서 자신의 과거를 회의한다. 또한 '어느새 비탈길로/흘러가고 있었다'며 되돌릴 수 없는 시간인 현실을 직시한다.

용 한 마리 잉태하고
크게 웃었다는 어느 바다 이야기
깊이도 모르면서
넓이도 모르면서
허우적대며 놀던 바다

바다는 강으로 흘러가고
그 강은 시냇물이 되어
한쪽 귀퉁이에서 쫄쫄 흐르지만

내 지금, 그 곳에

뛰어들고 싶은 것은

아직도 설익은 과거 덩어리가

등짝에 덕지덕지 붙어있기 때문이다.

「오디세우스 10」 바다

이 시에서 시인은 용과 등치한다. 용은 동양적으로 무한한 능력을 가진 신비의 영물이다. 또한 용은 영웅, 위대한 인물과도 상통한다. 이 시에서 '바다'는 용을 낳은 모체이다. '바다'는 시인이 웅대한 꿈을 가진 용이 되어 돌아가고 싶은 거대한 원초적인 세계이다.

시인이 꿈꾸던 그 '바다'는 현실적으로 왜소하게 변해 있다. '바다는 강으로 흘러가고/그 강은 시냇물이 되어/한쪽 귀퉁이에서 쫄쫄 흐르지만'에서 보듯 점차 하강 이미지를 그려낸다. 마치 어렸을 때의 원대한 꿈이 점차 축소되다가 나중엔 흔적도 없이 사라지고 마는 것처럼.

우리 대부분 모두 어린 시절엔 웅대하고 자유로운 꿈을 가졌을 것이다. 그러다 어느 날 문득 주위를 돌아보면 그 꿈은 언제부터인가 다시는 잇지도 못할 정도로 처참하게 부서져버린 것을 깨닫게 된다. 마침내는 그런 꿈이 있었는지 조차 모를 정도가 되어버리고, 녹록치 않은 현실의 틈바구니에서 그냥저냥 아등바등 살아가고 있지는 않은가.

시인 역시도 그런 마음을 갖고 있다. 앞의 시들에서 나타난 노년에 들어선 고통과 현실을 모두 인정한다. 그렇지만 시인은 여전히 꿈과 야망을 버리지 못한다. 이 시에서 그는 용과 바다의 이미지를 차용하여 '내 지금, 그 곳에/뛰어들고 싶은 것은' 하고 외친다. 그리하여 시인의 내면은 실존적 어려움을 극복한 용이 되고픈 욕망을 스스럼없이 드러낸다. '아직도 설익은 과거 덩어리'란 아직도 하고 싶은 일, 이루고 싶은 꿈이 많다는 것일 게다. 그리하여 그 넓이도 깊이도 모르는 바다로 뛰어들어 모진 운명을 이겨낸 영웅이 되어 거대한 신화를 완성하려는 시인의 무의식적 욕망이 이 연작시를 통해 표출되는 것이다.

제2장

한국 소설에 나타난 시니어 상像

최현규

1. 한국 노인소설의 지평

무릇 생명이 있는 모든 존재에게 피할 수 없는 숙명은 노화와 그에 따른 죽음이다. 인간은 선사시대로부터 이 문제에 천착해 그것을 해결할 방법을 모색해왔다. 그리하여 다양한 종교를 만들어내기도 하고, 불로불사의 신화를 탄생시키기도 했다. 현대도 크게 다르지 않아 과학계와 의학계는 불노불사의 인간을 꿈꾸며 온갖 노력을 다하고 있다. 역설적으로 이는 노화와 죽음에 대한 사회의 부정적인 이미지를 고스란히 드러내는 상징이다.

노인이라는 말에는 인간의 다양한 자질과 능력을 무력화하는 힘이 있다. 밝음, 건강, 활력, 아름다움 등의 긍정적 이미지인 '청년'에 대비되는 '노인'이란 단어는 추하고, 무력하고, 의존적이며, 무가치한 인간 등의 이미지로 고착화되어 있다. 물론 대칭적 위치에서 노년이나 노인에 관한 긍정적 담론 또한 다수 존재한다. 키케로의 논설 〈노년에 관하여〉는 노년 긍정 담론의 대표적 고전이다. 그러나 노인에 관한 대부분의 통념은 압도적으로 부정적인 것이 사실이다.

한국 소설사에 있어 노인, 혹은 노년에 관한 작품들이 상당수 존재한다. 1930년대 박화성의 〈귀뚜라미〉 1940년대에 이태준의 〈불우선생〉 등이 있었고, 이후 1960년대 김정한의 〈모래톱 이야기〉를 비롯한 많은 작품들이 노년의 삶을 이야기하고 있다. 1970년대 이후는 노인문제가 사회문제로 가시화되는 시기인 만큼 박완서, 최일남, 김원일 등 당대를 대표하는 소설가들이 노인의 삶과 관련하여 수많은 작품들을 지면에 쏟아냈고, 뒤를 이은 새로운 작가들이 현재까지 작품들을 발표하고 있다.

굴곡이 심한 한국 현대사의 시련을 온몸으로 겪을 수밖에 없었고 급격한 사회변동을 이겨내고 살아남아야 했던 '노인들의 실생활이나 의식 등을 어떻게 21세기 초엽 우리 소설이 묘사해 오고 있는가?'를 우리들이 생각해보는 것은 노령화가 급속히 진행되고 있는 현 상황에서 매우 의미 있는 일일 것이다.

2. 노년의 재혼과 자식들은 상충할 수밖에 없는가
: 홍상화의 〈동백꽃〉

홍상화의 〈동백꽃〉은 재혼을 한 노년 부부의 이야기이다

영문학자 대학교수 출신으로 68세인 성문호는 폐암 말기로 투병 생활을 하고 있다. 그는 55평짜리 아파트에서 약 180여만 원의 정도의 연금

을 받으며 비교적 넉넉한 생활을 한다. 5년 전 등산 도중 심장마비로 갑작스레 세상을 떠난 부인과 사별하여 홀로 지내다, 정년을 맞을 무렵인 3년 전 열두 살 연하이며 착실한 크리스천인 이숙진과 재혼한다. 이숙진 역시 재혼이었으나 성문호는 진심으로 새 아내를 사랑한다. 성문호에게는 미국에 있는 두 아들과 의사 부인인 딸이 있다. 다행히도 아들들과 딸과 사위는 새 아내에게 성심을 다해 친절하게 대한다.

죽음이 가까워 옴을 느낀 성문호는 사랑하는 새 아내의 미래를 걱정하며 유언장을 작성한다. 자식들에게 자신이 죽더라도 변함없이 새어머니를 친어머니처럼 대해 줄 것을 유언으로 남기는 동시에, 그동안 시어머니 병수발을 들어준 아내의 노고를 인정하며 자신의 사후 모든 재산의 권리 유지 및 사용권을 아내에게 준다는 내용과 함께 아내의 사망 시에는 그동안 쓰고 남은 부동산 및 자신의 지분에 해당하는 것을 종교 단체에 기부했으면 하는 부탁을 한다. 자신의 시신도 대학 병원에 기증할 것을 덧붙인다.

성문호가 세상을 떠나자, 자식들의 태도가 돌변한다. 자식들은 이숙진에게 갈 아파트를 가압류해버린다. 아버지의 유언에 불만을 품은 둘째 아들은 아예 유언장을 바닥에 팽개친다. 사위 역시 이러한 유서 내용에 대해 빈정대는 투로 말한다.

참! 아버님, 해도 해도 너무하십니다! 살아생전에 그렇게 유별하시더니 사후에도 시신 기증이다 뭐다 그게 다 뭡니까? 아파트 명의 이전도 우리와 의논 한 번 없이 하시더니, 이제 와서 어떻게 이런 유언을 우리에게 남기실 수 있습니까!

자식들이 아버지의 유지를 받들지 않을 뿐 아니라 아파트를 가압류하기까지 하는 사태를 접하자, 이숙진은 장례식이 어느 정도 마무리 될 즈음 아파트 권리증과 인감도장이 찍힌 권리 위임장을 내놓고, 자신이 낳은 아들이 모시겠다는 제의마저 물리치고 홀로 여행길에 나선다. 이숙진은 여생을 호스피스 봉사로 보내기로 마음먹는다. 이숙진이 떠나면서 마지막으로 남긴 말은 "이제 나는 사람이 무서워졌어."이다.

이 소설은 물질적인 가치가 무엇보다 우선시되는 우리 현실을 고발한 작품이기도 하다. 아버지의 노년을 아름답게 함께한 새어머니의 재산마저 노리는 게 요즘 사람들이 세상을 사는 방법이다.

이 작품에서 작가는 노인의 사랑으로 만들어진 재혼의 삶이 재산 분할 문제 등으로 인해 간단하지 않다는 것을 보여주고 있다. 저물어 가는 아버지 인생의 여정을 함께한 새어머니의 남은 삶에 대하여 자녀들은 관심이 없다. 오직 관심을 갖는 것은 재산 문제이다. 아버지가 살아있을 때는 새어머니를 따르는 척 하던 자녀들이 아버지 사후에는 재산을 새어머니에게 주지 않으려고 파렴치하게 행동한다. 사실 우리 주위 현실에서 흔히 보는 광경이다. 하지만 동시에 새어머니의 말년의 선택도 우리에게 시사해 주는 바가 크다. 남은 삶을 생의 마감을 앞둔 사람들 곁에서 봉사하는 삶을 선택하여 남편의 유지를 받들고 자신의 삶에서도 의미를 깨닫게 되기 때문이다.

3. 영원한 사랑과 창조의 근원 : 신경숙 〈엄마를 부탁해〉

신경숙의 〈엄마를 부탁해〉는 국내에서만 선풍적 인기를 끌며 100만 부 넘게 팔렸고, 미국과 캐나다 등 해외 각국에서도 출판되어 호평을 받으며, 문학 한류로서의 가능성을 연 작품이다. 이 작품에서의 엄마는 한국사회에서 일반적으로 볼 수 있는 전형적인 엄마이다. 이러한 전형적인 성격화 때문에 한국인의 보편적인 감정을 자극하여 대중적인 열풍을 일으키게 된 것이다. 또한 아마도 잊고 있던 가족의 중요성과 '가족 해체에 대한 근본적 성찰'이 감동적으로 그려졌기 때문이리라.

〈엄마를 부탁해〉의 첫 장면은 "엄마를 잃어버린 지 일주일째다."라는 간결하면서도 강렬한 문장으로 시작된다. 어떠한 정황이나 배경에 대한 묘사 없이 사건이 단도직입적으로 표출된다. 이 한 문장은 작품 전체의 사건을 압축적으로 전달한다.

칠순 생신잔치를 서울에 있는 자식 집에서 보내기 위해, 서울로 상경한 엄마가 실종된 것이 이 작품의 주요 사건이다. 뇌졸중을 앓은 후유증으로 낯익은 것도 인지하지 못하는 엄마의 실종 사건을 통해서 이야기되는 것은 엄마라는 존재의 재조명과 재탄생이다. 엄마는 한 번도 '나'인 적이 없었고, 이름인 '박소녀'로 불려본 적이 없이 자식들의 엄마로, 남편의 아내로 자신의 인생을 다 바친 노인이다.

〈엄마를 부탁해〉는 총 4장과 에필로그로 구성되었다. 1장 '아무도 모른다'는 큰 딸을 통해서, 2장 '미안하다, 형철아'에서는 큰아들을 통해서, 3장 '나, 왔네'에서는 남편을 통해 엄마의 모습이 그려지고 있다. 4장은 엄마가 '새'가 되어 직접 등장한다. 엄마의 입장에서 가족에 대한 자신의 마음을 표현하고, 가족에게 드러나지 않았던 또 다른 삶을 밝히는 것이다.

소설이 진행됨에 따라 엄마는 잃어버린 것이 아니라 가족에게 잊혀져 있던 존재라는 점이 드러난다.

"엄마를 잃어버린 다음에야 너는 엄마의 이야기가 너의 내부에 무진장 쌓여 있음을 새삼스럽게 실감했다. 끊임없이 반복되던 엄마의 일상. 엄마가 곁에 있었을 땐 깊이 생각하지 않은 엄마의 사소하고 어느 땐 보잘것없는 것 같이 여기기도 한 엄마의 말들이 너의 마음속으로 해일을 일으키며 되살아났다."

한 여성이 누군가의 엄마가 되는 순간, 개별적 인간인 동시에 보편적 어머니로 규정된다. 이를 주인공의 여동생은 "엄마는 처음부터 엄마인 것으로만" 여겨진다고 표현한다. 개별적인 인간으로서는 도저히 해낼 수 없는 일도 엄마로 규정되는 순간부터 감당할 수 있게 되지만, 동시에 개별적 인간으로서의 인격이 상실되기도 한다. 자식들은 엄마가 없어진 후에 이 사실을 깨닫고 마음 아파한다. "엄마는 엄마가 할 수 없는 일까지도 다 해내며 살았던 것 같아. 그러느라 엄마는 텅텅 비어갔던 거야." 개인으로서의 '엄마가 할 수 없는 일'중에서 자신이 지닌 능력 이상의 힘을 내어 자식들을 돌보고 가정을 지켜온 것이 있음은 더 말할 필요가 없을 것이다.

가난했지만 자식들과 함께한 순간들이 엄마의 기억에서 행복으로 치환되면서 이전까지 불쌍하게만 여겨졌던 엄마의 모습이 극적으로 전환된다. 즉, 엄마의 삶은 고생과 고난이 아니라 자식과 함께한 생의 즐거움과 기쁨이었다는 것이다.

자, 얘야. 머리를 들어보렴. 너를 안고 싶어. 나는 이제 갈 거란다. 잠시 내 무릎을 베고 누워라. 좀 쉬렴. 나 때문에 슬퍼하지 말아라. 엄마는 네가 있어 기쁜 날이 많았으니.

4. 노인의 욕망과 금기의 한계는 어디인가 : 박범신의 〈은교〉

영화 〈은교〉 포스터   책 〈은교〉 표지

　〈은교〉는 1946년생인 박범신이 65세가 되던 2010년에 발표한 소설이다. 60세의 변호사가 화자로 등장하여 70세의 시인 이적요가 17세의 소녀 '한은교'를 사랑하다 파탄에 이른 이야기를 전한다. 이적요는 '은교'를 처음 본 순간을 "셔츠 속에 은신한 채 이쪽을 노리고 있는 전사를 나는 상상했다. 흰 휘장 뒤에서 전사는 황홀한 빅뱅을 꿈꾸며 지금 가파르게 팽창하고 있는 중이었다."고 말한다. 즉, 70세의 이적요에게 53세 연하의 소녀 '은교'는 처음부터 성애의 대상이었다. 이를 통해 작가는 노인에게도 성욕은 매우 또렷하게 살아있음을 보여준다. 그런데 이적요는 노인의 성욕을 '시궁창같다', '더럽다'고 폄하하는 청년 '서지우'에 대해 살해

욕구를 느낀다. 이는 늙은 육체의 욕망을 무시하거나 비난하는 사회적 시선에 대한 이적요의 '폭력적' 저항을 의미한다. 노인을 욕망이 탈색된 존재로 간주하는 세상을 향한 이적요의 격렬한 저항 이면에는 몸에 드러난 노화가 죽음에 임박함을 의미하며, 아무리 빼어난 인간도 시간에 구속되는 몸의 덧없음을 즉, 인간의 유한성과 죽음의 불가피성을 인정하고 싶지 않은 그의 무의식이 자리해 있다.

잘 알려진 대로 〈은교〉는 2012년 정지우 감독에 의해 영화화되어 크게 성공을 거두었다. 한편에선 '70세 시인, 37세 제자, 17세 여고생 사이의 삼각관계 사랑의 변주'라는 다소 자극적이고도 통속적인 설정으로, 또는 노인의 여고생에 대한 에로스적 욕망을 그린 우리 사회에서는 여전히 불편한 스토리라 치부하기도 하지만, 박범신은 한 인터뷰에서 이렇게 말했다.

"나는 내 말들이 말처럼 질주하는 대로 따라가자 했고 지금도 그 폭풍의 질주가 멈춰지지 않고 있어. 지금도 이 얘기를 한 권 더 쓰라면 금방 쓸 것 같아. 사건은 없고 아직도 너무나 많은 말들이 남아 있어. 이게 정말 사랑의 소설인지는 모르겠어. 존재론적인 소설이고 예술가 소설이지 싶어, 나는."

불과 한 달 반 만에 써낸 이 작품은 세속적인 성공과 더불어 평단에서도 비교적 좋은 평가를 받았고, 또한 작가의 의도와는 상관없이 세간에서 논란이 되었다. 즉, 금기시된 '노인의 욕망'이라는 화두를 직설적으로 던졌기 때문인 것이다.

소설 〈은교〉는 세 가지 시점으로 이루어져 있다. 노시인 이적요가 화자인 글, 그의 제자 서지우가 화자인 글, Q변호사가 화자로 된 글이 그것이다. 각각 일인칭 시점으로 된 세 가지 시점의 글이 교차되어 구성되어 있다.

물론 〈은교〉가 노년의 성적 욕망이 주제인 글은 아니다. 소설 〈은교〉가 '노인의 늙음에 대한 성찰과 욕망이 강조된 서술'이었다면, 영화 〈은교〉는 '육체적 사랑과 정신적 사랑'의 차이가 감각적으로 형상화되었다는 것이 중론이다. 육체적 '늙음'과 정신적 '젊음'의 불일치 속에서 갈등을 겪는 노시인 이적요의 모습은 박범신의 예술관이며, 자아관일 것이다.

상업적 성공을 쫓지 않고 오로지 순수시만을 쓰는 국민시인의 이적요의 조용한 일상에 어느 날 갑자기 은교가 불쑥 뛰어들었다.

그렇다. 그해 가을, 내 집에 하나의 움직이는 '등롱'이 들어왔다. 사실이다. 내 자의식에 인화된 사진 속 나의 집은 그 애를 만나기 전까지 오로지 우중충한 무채색의 어둠에 싸여 있었다.

부지불식간에 은교에게 사로잡힌 노시인 이적요는 17세 소녀 은교를 욕망한다. 은교는 욕망을 자극하는 존재이다. 처음에 이적요가 은교에게 보았던 것은 자신이 가지지 못한 젊음이었다. 자신은 이제 죽음을 준비하고 있는데, 은교는 아직도 성숙해지려면 시간이 필요한 정반대의 극단에 선 존재였던 것이다.

제자 서지우는 재능은 없으나 유명한 예술가는 되고 싶은 사람이고, 이적요는 예술가적 재능은 뛰어나지만 자기절제를 통해서 구도자적인 삶으로 조용히 평생을 살았다. 하지만 은교를 만나게 되면서 과연 그것이 보람 있는 인생이었나에 대한 회의에 빠진다. 가끔은 손녀이고 여자 친구이기도 하고 누나나 엄마 같기도 한 영원한 성처녀 은교를 시인은 욕망하지만, 한편으로 금기한다. 그런 관계 속에 서지우 역시 은교를 욕망한다.

은교 때문에 애증에 관계가 된 제자 서지우는 이적요에게 유일하게 대적할 수 있는 한 가지, '상대적인 젊음'이라는 무기로 한 방송 인터뷰에서 스승의 가슴에 대못을 박는다.

일흔이 다 됐는데도, 그러니까 그것이 불능인데도, 욕망은 젊을 때 그대로인 사람, 봤습니다. …손녀딸보다도 훨씬 어린 소녀를 볼 때도 눈빛에 이글이글. 욕망의 불길이 솟구치는, 그런 노인을요. 본능이죠. 본능이란 원래 추한 거예요.

이는 육체적이든 정신적이든 노인의 욕망을 부정하고 싶어 하는 일반적인 젊은 사람들의 인식이기도 하다. 그러나 죽는 그 순간까지도 모든 인간에게는 에로스의 욕망과 타나토스의 욕망은 공존한다.

이적요는 "너희의 젊음이 너희의 노력에 의하여 얻어진 것이 아닌 것처럼, 노인의 주름도 노인의 과오에 의해 얻은 것이 아니다."라며 항변한다.

이적요의 시선과 마음은 은교를 향하고 있고, 은교를 소유하고 싶어 하고, 은교와의 사랑이 이루어지기를 간절히 바라고 있다. 한 마디로 시인은 은교를 갈망한다.

김명석 교수는 이에 대해 이렇게 말했다.

작가는 갈망이란 '근원에 대한 욕망'으로 영원히 살고 싶다든지, 신과 교접하고 싶다든지, 사랑의 완성을 보고 싶다든가 하는 것으로 설명한다. 갈망하는 작가를 지배하는 것은 존재론적 번뇌이다. 그러므로 이 작가에게 있어 갈망은 대상의 문제가 아니라 존재의 문제로 바뀐다. 시인 이적요에게 그것은 젊음이나 순수, 영원성, 완전한 아름다움 같은 것이다. 그러므로 은교에 대한 시인의 갈망은 열일곱 처녀에 대한 부적절한 욕망으로만 봐서는 곤란하다. 은교는 오히려 시인이 추구하는 순수와 영원, 절대적인 미를 상징하는 기호라고 보아야 할 것이다. 그렇기 때문에 시인은 억지로 은교를 소유하지 않는다.

또 작가는 한 방송에서 노인이 욕망하는 것은 변치 않는 젊은 빛, 불멸이라고 했다. 인간이 이런 불가능한 꿈을 추구한다면 누구에게나 그만의 '은교'가 있다는 것이다.

5. 노환과 죽음의 과정 : 이재욱의 〈귀천의 길목〉

〈귀천의 길목〉은 당시 50대 후반이던 이재욱이 2009년 발표한 소설이다. 제목이 말해주듯 한 촌로가 노환으로 고생하다가 죽음에 이르게 되는 상황을 형상화한 작품이다.

마누라를 먼저 하늘로 보내고 시골의 외딴 집에서 홀로 살아가던 김 노인은, 노환이 깊어지자 며느리의 수발에 거동을 의탁하기 위해 서울의 아들네 집으로 들어간다. 며느리에게 아랫도리를 내보이는 것은 물론, 오락가락하는 정신까지도 맡길 수밖에 없는 형편으로 귀천 길목을 서성거리는 김 노인과, 그럼에도 불구하고 그를 따뜻하게 보살펴주는 아들 내외와 손자의 이야기가 가족애의 상실로 온기를 잃어가는 우리 사회에 따뜻한 불씨를 던져준다. 그러나 정작 이 소설의 주제는 그런 인간군상의 행위가 아니라 인간의 노화와 그에 따른 죽음의 과정이다.

노화는 육체의 기능을 쇠퇴시킨다. 눈이 침침한 것은 물론이고, 귀도 어둡다. 그뿐이랴. 기운이 없어 걸음걸이도 힘든데 요실금 같은 남에게 보이기 부끄러운 증상도 찾아온다.

몇 발짝이면 닿을 수 있는 화장실이지만 한 발짝 옮길 때마다 부르르 떨려오는 걸음이 너무 힘들고 시간이 걸려 가까스로 화장실에 들어가 팬티를 내릴 때쯤이면 이미 반쯤 젖어있기가 일쑤였다. 그럴 때마다 김 노인은 며느리가 눈치 채지 못하도록 이불로 가리고 체온으로 젖은 팬티를 말렸다.

설상가상으로 치매현상까지 일어난다.

김 노인은 밭에서 호박을 따려 했지만, 그곳은 실상 밭이 아니라 병실이었고, 호박이 아니라 전등이었다. 정신이 오락가락하는 김 노인은 더 이상 며느리에게 존경의 대상이 될 수 없다.

아버님 힘도 좋으셔요. 잠깐 자리를 비운 사이에 그렇게 링거가 뽑히도록 침대를 흔들어 놓으시면 어떻게 하란 말이에요? 소변 줄도 끊어놓으시고 대변을 침대에 마구 뭉개 버리시면 도대체 어쩌시게요?

이처럼 노화와 그에 따른 치매현상은 인간의 품위를 더 이상 지키지 못하게 한다. 노화는 급격히 진행된다. 몸은 더욱 말을 듣지 않고, 움직이기조차 힘들어진다. 대소변을 가리지 못하니 기저귀를 차고 지내야 한다. 말을 하기도 힘들고, 몇 마디 한다한들 가족들이 알아듣지 못하는 지경에 이른다. 삶을 붙들려 하지만 그럴수록 슬프고도 무섭게 죽음이 한발 한발 가까워진다. 그러는 동안 죽은 이들의 얼굴이 보이기도 하고, 실제 현실이 언뜻언뜻 스치기도 한다. 이승과 저승을 구분할 수 없게 된 것이다. 이윽고 어느 날 밤 그 순간이 온다. 바로 귀천할 시간인 것이다.

누군가가 대문 앞에서 김 노인을 부르는 것 같았다. 대문이 옛날의 사립문으로 변하더니 사립문 밖에 이웃에 살던 김 노인의 오랜 친구가 서 있었다. 가난하게 평생을 살다가 환갑을 한 해 앞두고 먼저 저승으로 가버린 친구였다. (중략) 젊은 시절 그 모습 그대로 조금은 미안해하는 그 모습 그대로 김 노인을 부르고 있었다. 김 노인은 슬그머니 일어섰다. 몸이 가뿐했다. 팔을 움직여봤다. 자유자재로 움직였다. 방안을 껑충껑충 뛰어봤다. 아픈 곳이 전혀 없었다…

노쇠한 육신을 벗어나는 순간 비로소 김 노인은 자유로워진다. 평생 갇혀있던 육신의 감옥에서 탈출한 것이다. 그런 면에서 죽음은 오히려 해방자일지도 모른다.

이재욱은 인간의 비참한 노화과정과 죽음의 순간을 그대로 보여준다. 그리하여 작가는 '인간의 삶이란 무엇인가?' 따위의 거창한 명제를 전면에 내세우지 않으면서도 독자로 하여금 삶과 죽음에 대한 깊은 성찰에 들게 한다. 왕후장상이나 일개 촌로나 그 개개인 죽음의 무게만큼은 결코 다를 수 없다. 주변에 흔히 볼 수 있는 한 노인이 자연스레 스러져가는 과정을 담담하게 그려낼 뿐이지만 이 작품의 울림은 크다. 그것은 생명을 가진 존재라면 누구나 거쳐야 할, 무로 돌아가는 과정을 가감 없이 무섭도록 객관적으로 그려냈기 때문이리라.

홍상화의 〈동백꽃〉, 신경숙의 〈엄마를 부탁해〉, 박범신의 〈은교〉, 이재욱의 〈귀천의 길목〉을 통해 단편적으로나마 현대 노인들의 삶을 슬쩍 엿보았다. 소설 속에 나타나듯 현대 노인들의 삶이 딱 이렇다라고 규정지을 수는 없다. 노인의 처우문제, 노화와 죽음, 경제문제, 인간관계 혹은 재혼, 욕망 등이 노인소설의 주된 주제라고 말할 수 있을 것이다.

직선으로 진행하는 시간의 흐름에 역행이나 재출발은 존재하지 않는다. 우리에게 주어진 일회성의 삶에는 시작과 끝이 있을 수밖에 없다. 역동적이었고 고통이 가득했던 질곡의 현대역사 속에서 온갖 쓰고 단 경험

을 하며, 일생을 살아 온 노인들에게도 삶이란 여전히 불확실하며, 욕망
하면서도 죽음과 하루하루 가까워지는 실존적인 문제이다. 어린아이 속
에서 노인의 얼굴을 보고, 노인 얼굴 속에서 어린아이를 보는 법이다.

제3장

호모헌드레드 시대의 문단 트렌드

이재욱

**한소협 등록 신인작가 94%가 50대 이상
시니어문학 이제 시작. 시니어 문학상, 전문 문예지 필수**

국내 문단에 시니어 돌풍이 거세다. 최근 한국소설가협회에 등록한 신인소설가 50명을 대상으로 등록 당시의 연령을 조사했던바 47명이 50대 이상이었다. 45세가 2명, 47세가 1명일 뿐 나머지는 모두가 50대 이상이었으며 70대가 8명, 80대도 두 명이었고 최고령은 84세를 기록하고 있었다. 84세의 신인작가가 신입회원으로 입회했다는 현실은 나이는 숫자에 불과하다는 사실을 여실히 증명하는 것이 되며 50대 이상이 94%를 차지하는 실로 파격적인 분포도는 머지않아 한국문단에 돌풍을 일으킬 시니어들의 미래를 짐작하게 하는 지표다. 산다는 것에 매여 곱게 간직하기만 했던 젊은 시절의 못 다한 문인文人의 꿈을 새롭게 일구어 가는 사람들. 60대, 70대에야 비로소 청운의 꿈에 도전하는 시니어들, 이들이 한국문단의 흐름을 바꾸어 가고 있는 중이다.

매일신문이 주최하는 국내 유일의 시니어 문학상.
지난해 7월 있었던 제2회 시상식에서 수상자들이 기념사진 촬영을 하고 있다.
※사진 : 매일신문 제공

　2017년 말 우리나라는 노인인구 14%를 점유하는 고령사회에 진입했다. 통계청 추계에 의하면 2026년이면 노인인구 20%를 상회하는 초고령사회가 된다고 한다. 보건복지부에서는 2020년 한국의 평균수명은 81세로 이탈리아(80.4세)를 추월하고 미국(78.9세)과의 격차를 더욱 벌릴 것으로 전망된다고 발표했다. 60세에 퇴직한다 해도 20여 년을 더 살아야 하는 시대가 현실로 다가오고 있는 것이다. 10년이면 강산도 변한다고 하는데 이 강산도 변하는 세월의 2배를 더 살아야 한다는 것이 된다.

　이미 이런 세월을 살아가고 있는 노인들의 삶을 추적했더니 실로 다양하기 짝이 없었다. 소파에 누워 TV나 보는 '삼식이'로 살아가는 사람이 있는가하면 밥만 먹으면 '산으로 산으로'를 외치며 산만 찾아다니는 '산 떠돌이'들도 부지기수였다. 자신만의 취향이나 취미라 하면 어쩔 수 없겠으나 행여 소중한 여생을 허송세월로 보내는 것은 아닌지 안타깝기만 하다.

다행이랄까 최근 이들의 일상이 변화해 가는 새로운 삶의 흐름이 감지되고 있다. 건강이나 외모 관리는 물론 취미나 문화 활동에도 깊은 관심을 갖는 사람들이 급속하게 늘어가고 있다는 것이다. 고령화가 사회적 이슈로 떠오르면서 적극적인 삶을 추구하는 시니어, 즉 액티브 시니어들의 활동이 왕성해지기 시작했다. 여가생활을 즐기며 사회활동에도 적극적으로 참여하는 일할 능력과 경제력을 겸비한 시니어들이 새로운 도전을 시도하고 있는 것이다.

그러면 새로운 도전에 직면한 이 액티브 시니어들의 관심사는 도대체 무엇일까? 또한 이들의 관심사는 작금의 현실과 어떻게 부딪치고 있는 것일까? 많은 사례들이 있겠지만 분명한 것은 적잖은 숫자의 시니어들이 '글쓰기'에 관심을 갖고 있다는 사실이다. 감수성이 예민했던 청소년 시절, 많은 사람들이 소설가나 시인을 꿈꿔보았을 지도 모른다. 하지만 대다수의 사람들은 '한때의 꿈' 그냥 '젊었을 때의 꿈' 정도로 가볍게 넘겨 버렸을 것이다. 하지만 또 다른 상당수의 시니어들은 그 꿈에서 깨어나지 못하고 아직도 미련을 버리지 않고 있다는 사실이다.

평균수명이 늘어나면서 건강한 노후를 유지하고 있는 많은 시니어들이 최근 젊었던 시절의 '꿈 찾기'에 몰두하고 있다. 가뭄에 콩 나듯 선을 보이던 시니어 신인들이 해를 거듭할수록 그 수가 늘어가 이제 대세ᴬ 勢로 불러도 될 만큼 문단 진출이 활발하다. 어떤 시니어 작가는 신인으로 출발하기 무섭게 대작에 도전하기도 한다. 이미 긴 인생을 살아 온 이들은 삶의 경험 그 자체만으로도 충분한 테마를 가진 훌륭한 작가인 때문이다.

1. 늦깎이 시니어 작가들이 몰려온다

이미 위에서 언급한 바대로 2018년 3월 1일 한국소설가협회에 등록한 신인작가들의 연령분포도는 설명한대로 50대 이상이 94%를 상회하고 있다.

월간 『한국소설』 신인상을 수상한 분들은 물론 각종 문예지와 일부 신춘문예로 등단한 작가 등 한국소설가협회에 등록한 신입회원들을 총망라한 최근 통계이기는 하나 소설이라는 장르에 국한 돼 있다는 것, 그리고 신입회원으로 가입한 사람들만의 통계라는 단점이 있기는 하다. 그럼에도 문단에 이는 거센 시니어 돌풍의 흐름을 느끼기에는 하등 지장이 없을 것이다.

이들은 왜 뒤늦게 문단의 문을 두드리는 것일까? 한국문인협회 이광복 부이사장의 말에서 그 단초를 알 수 있을 것이다.

"60대 이상 대부분의 사람들이 어려운 학창 시절을 보냈지요. 글에 뜻이 있고 재능이 있다 해도 글로 먹고 살 수 없다는 사실을 일찌감치 깨우칠 수밖에 없었던 세대예요. 그런데 고령화시대 아닙니까? 아이 다 키우고 정년퇴직하고도 삶이 남으니 뭔가 하고 싶은 일을 찾게 되는 것이지요. 잃어버린 청춘의 꿈을 60대에 이루고 있는 거예요."

인생을 치열하게 살아온 이들에게는 희로애락이 녹아있는 풍부한 삶의 경험이 있다. 삶의 현장에서 몸소 체험한 경험에서 오는 이야깃거리는 소설의 훌륭한 밑반찬일 수 있다. 젊은이들도 나름대로 그들만의 세계에서 찾아 낼 수 있는 작품의 주제는 얼마든지 있기는 하다. 하지만 오랜 세월을 살아온 체험이 녹아있는 풍부한 작품 소재는 시니어들만의 장점인 것이 틀림없다. 특히 스토리가 있는 소설은 희로애락의 경험이 있는 생생한 삶의 체험이 우러나야 하는 장르이고 보면 시니어 작가들에게는 더더구나 크게 활보할 수 있는 영역이다.

또한 소설이라는 장르에 대한 접근이 그다지 어렵지 않다는 것 또한 소설이 갖는 매력이다. 어릴 때부터 갖고 있던 문학에 대한 열정에 약간의 문장력만 키우고 나면 쉽게 적응할 수 있는 장르다. 많은 관계자들이 최근 소설계에 부는 시니어 돌풍의 원인을 이 같은 사실에서 찾는 것은 우연이 아닐 것이다.

문단에 부는 50대 이상 시니어들의 돌풍은 꼭 소설에만 국한되는 것도 아니요, 우리나라에만 있는 독특한 현상도 아니다. 수필이나 시 등 소설 외 분야에서도 시니어들의 활동이 눈에 띄고 일본이나 유럽 등 이미 고령화가 상당히 진척된 선진국 역시 시니어 돌풍이 거세게 일고 있다.

2. 75세에 일본 최고의 신인문학상 수상

우리보다 훨씬 앞서 이미 초고령사회에 진입한 시니어 문학활동이 활발하게 이뤄지고 있는 이웃나라 일본에서 시니어돌풍의 예를 쉽게 찾아볼 수 있다. 문단의 제도 역시 이미 고령사회에 맞게 꽤나 많이 정비돼 있다. 시니어들만을 위한 등단지가 있는가하

2012년 『와세다문학』 신인문학상에 이어 2013년 일본 최고 권위의 순수 신인문학상 아쿠타가와芥川상 수상자로 선정된 당시 75세 나이의 구로다 나츠코(黒田夏子)와 그의 책 『ab산고』
※ 사진: http://books.bunshun.jp(왼쪽),
www.bungaku.net/wasebun/info/absango.html (오른쪽)

면 시니어들에게만 문호를 개방하는 시니어문학상도 제법 많이 제정돼 있다. 그만큼 시니어에 대한 문단의 배려가 이루어지고 있다는 것이 된다.

이 같은 제도 때문인지 시니어 작가들이 문단의 주목을 받는 일도 꽤나 많다. 2013년 1월 일본 최고 권위의 순수 신인문학상인 아쿠타가와芥川상 선정위원회가 당시 75세였던 구로다 나쓰코黑田夏子 할머니의 'ab산고'를 148회 수상작으로 발표했다. 이로써 구로다 할머니는 아쿠타가와상 최고령 수상자가 됐다. 1974년 만 61세 11개월이었던 모리 아쓰시森敦에게 이 상을 수여, 화제가 됐던 적이 있었지만 구로다 할머니는 이보다 열네 살이나 더 많았다.

할머니 신인 구로다 씨의 수상작 'ab산고'는 2012년 와세다문학 신인상을 받으며 문단에 등단한 그의 데뷔작이기도 하다. 'ab산고'는 이름 대신 a씨, b씨라는 호칭을 사용하며 1970~1980년대 일본의 어느 핵가족이 새로 가정부를 맞이한 뒤 소중한 일상을 잃어가는 모습을 그려낸 작품이다. 일본에선 보기 드물게 가로쓰기를 채택하고 알기 쉬운 어휘를 사용하는 등 새로운 시도를 한 점이 높이 평가받은 것으로 알려졌다.

2018년 1월 일본 문예춘추사가 발표한 아쿠타가와상은 와카타케 지사코의 '나 혼자 갑니다'와 이시이 유카의 '100년 진흙'으로 2명이 공동으로 수상하는 영광을 누렸다. 그런데 그 중 한 명인 와카타케 지사코는 올해 63세의 여성인 할머니 수상자로 밝혀졌다. 고령 노인이 유명한 문학상을 수상하는 경우가 종종 발생하다 보니 이제 이런 소식은 뉴스가 아닌 것으로 취급되기도 한다.

현재 일본의 연간 베스트셀러 1위는 95세의 여성작가 사토 아이코가 쓴 '90세 뭐가 경사라고' 라고 한다. 이 책은 100만 부나 팔리는 밀리언셀러를 기록했고 놀란 작가가 "대체 왜?" 되물었다는 이야기도 있다. 문학작품과는 조금 거리가 있는 것이기는 하지만 105세의 현역화가 시노다 도코가 쓴 '103세가 돼 알게 된 것'도 50만 부가 팔렸고 보도사진작가인 104세의 사사모토 쓰네코가 쓴 '호기심 걸 지금 101세'도 인기리에 판매되고 있다. 일본 출판계는 서점에서 판매돌풍을 일으키고 있는 이런 노인작가들을 모시려는 경쟁도 심하다고 한다.

2013년 같은 해 부산의 강남주라는 74세의 노인이 계간지 문예연구 여름호에 '풍장의 꿈'이라는 단편으로 신인문학상을 받았다. 75세에 신인상을 받은 일본의 할머니 작가 구로다 씨에게 자극을 받아 도전했다고 한다. 국립 부경대 총장과 초대 부산문화재단 대표이사를 지낸 강 작가는 70대 중반 나이에 소설가가 되자는 노익장의 새로운 도전에 초점을 맞췄다. 강 작가는 데뷔작 '풍장의 꿈'에서 일제강점기와 한국전쟁을 거쳐 개발시대를 살아낸 노인이 말년에 홀로 돼 우울함과 자기 연민에 조금씩 무너지는 모습을 그려냈다.

강 작가는 또 다른 단편 '화투놀이'에서도 사회성을 잃지 않으며 시니어문학의 면모를 보여줬다. '화투놀이'는 한 마디로 외롭고 쓸쓸한 이야기다. 현실에서 소외돼 할 일과 갈 곳을 잃은 노부부가 노인정에라도 정을 붙여보려 하지만 그것도 안 되더라는 것이다. 노인정에도 우리네 사회처럼 강한 위계와 텃세가 있어 쉽게 적응하기 어렵다는 것이다. 그는 '화투놀이'를 쓰느라 이곳저곳의 노인정을 여러 번씩 기웃거렸다 한다. 처음 노인정에 나갈라 치면 으레 자식들에게 음식을 차려오게 하는 신고식과 온종일 이어지는 고스톱 장면은 그런 취재를 거쳤다고 밝혔다.

최근 강 작가는 앞으로 우리 문단은 50대 이상이 주류를 형성할 것이라며 그들은 스마트폰 세대와는 근본적으로 다른 충분한 문학적 성분을 가질 수 있는 환경에서 자랐기 때문이라는 견해를 밝히기도 했다.

역시 2013년 8월 75세의 김문배씨가 문예지 문학공간에 '꽃이 되어 나

비가 되어'라는 시로 신인문학상을 받으며 등단했다. 꽃이 되고 나비가 되어 훨훨 떠난다는 화장장의 영원한 이별 그리고 인생의 무상함을 읊은 시다. 애초 김 시인은 시를 즐겨 읽으며 낙서정도를 끄적이기는 했으나 시인이 되겠다는 생각은 별로 없었다고 한다. 그러나 가까운 지인인 등단한 친구가 끄적이던 낙서를 보고 소질이 다분하다며 시 공부를 적극 권유했다는 것이고 마침 지역의 복사골문학회에 시 창작 강좌가 개강된다는 소식을 전해 듣고 반신반의하며 강좌를 신청했다고 한다.

지인이라는 친구는 김문배 시인이 유명한 시문학파 김영랑 시인과 함께 활동하던 김현구 시인의 자제라는 사실을 상기시키면서 당신의 핏줄에는 시인의 DNA가 존재하고 있다며 부추기기도 했다한다. 그러나 김 시인은 꼭 그런 연유만은 아니었으며 본인 스스로가 좋아하는 취미정도로 접근하려했다고 한다.

참고로 김 시인의 부친 김현구 시인은 1930년대 시문학파인 영랑 김윤식, 용아 박용철, 지용 정지용, 위당 정인보, 수주 변영로, 석정 신석정, 연포 이하윤, 허보, 등 9인 멤버의 일원으로 활동하던 저명한 시인으로 현재 전라남도 강진군에서는 김현구 시인의 생가 복원사업을 진행 중이라 한다.

등단이후인 2014년부터 김 시인은 '희망이 나를 깨운다.' '바람 따라 세월 따라' '구름에 새긴 얼굴' '시화로 피어난 어느 날' 등의 시를 발표하며 왕성한 작품 활동을 계속하고 있다. 또한 김 시인은 등단 이후 보다 체계적인 시 공부를 해야겠다는 생각에서 경희대학교 사회교육원 시 창작과 2년을 수료했으며 지금은 시를 쓰고 있지만 조금 더 나이가 들면 소설을 쓰고 싶고 죽기 조금 이전에는 삶이 녹아있는 수필도 써보고 싶다한다. 하지만 나이가 나이인 만큼 욕심일 뿐이라며 죽기 전의 버킷리스트에 자전적 시 모음인 시집 한 권 내는 것이 자신의 소박한 꿈이라고 한다.

김 시인은 주변의 초·중·고등학교 학생들에게 최소한 1년에 한 편씩의 유명한 시 외우기를 권유한다하며 1년에 시 한 편 외우기를 모든 학교의 정규학습과정으로 운용했으면 한다는 희망사항을 피력하기도 했다.

3. 시니어 신인 작가들

이처럼 시니어들의 문단 진출과 활동은 활발하지만 일본과 같은 제도적 지원은 너무나 미미하다. 현재 시니어들을 위한 문화예술 교육은 대부분 그 지역의 노인시설을 이용하는 프로그램으로 열악하기 그지없다. 대부분이 지역에 기반 한 기초 자치단체의 잘 준비되지 못한 수준에서 운영되고 있다. 예를 들면 주민자치센터나 경로당 마을회관 노인복지관 등이거나 조금 더 큰 도시에서는 지역대학의 평생교육원 지역의 평생학습원 지역의 문화의 집 문화원 박물관 등의 지역 문화기반시설을 이용한다. 아직까지도 글쓰기교실을 운영하는 주체의 상당수는 전문적이지 못한 기초 자치단체들에 의존하고 있는 실정이다.

이 같은 상황에서 시니어들의 글쓰기 활동이 활발한 이유는 무엇일까? 많은 경우 지역 내 글쓰기를 원하는 수강생들과 뜻있는 강사들의 노력이 빛을 발하는 것으로 보인다. 2013년 춘천남부 노인복지관에서 운영하는 평생교육 수필 반 두 명이 한 문예지의 같은 장르에 등단했다. 변순길(70) 전 춘천 봄내초등학교 교장과 최문식(71) 전 춘천낙농협회 회장은 종합문예지인 '한국문인'이 주관한 제 80회 신인문학상 수필부문에서 수상자로 선정돼 어엿한 문인으로 등단했다. 2016년 또 다른 지역 경기도 용인의 백제문학상 시상식에서 제주도 감귤아줌마 고옥순씨와 경북 영주의 홀로 살며 장애아를 돌보는 농사짓는 70세노인 조용장씨 그리고 의왕에 사는 방송MC 이은이씨 등 3명이 신인작가상을 받았다.

이영백 영남이공대학교 전 교무과장이 산다화山茶花란 작품으로 제10회 월간 한비문학상'에서 수필부문 '한비 작가상'을 받았다. 1950년 경주생의 이영백 작가는 26년간 재직했던 직장에서 명퇴한 후 작가수업을 시작했고 꾸준한 작가 수업의 결과로 수상자로 선정된 전형적인 액티브 시니어 작가다.

수상작 산다화山茶花는 글의 구성과 전개, 결미의 메시지 등이 수필을 쓰는 사람들이라면 누구나 공감할 수 있는 수필다운 수필이라는 극찬을 받았다. 2012년에는 월간 한비문학에서 초등학교 교사시절에 겪은 내용인 시골 도깨비 만나다로 신인문학상을 받은 전력이 있는가하면 2012년 한비신인대상(수필), 2013년 LH 여성동아 에세이공모전 동상, 2015년 매일신문사 주최 제1회 시니어문학상논픽션 우수상, 2016년 제2회 시니어문학상수필 특선 등 1천200여 편의 수필을 발표하면서 활발한 문학활동을 이어가고 있다.

그 외의 지역에서도 이와 같은 경로로 많은 시니어 신인작가들이 양산되고 있다. 어떤 지역이든 그 지역의 문단을 지탱하고 이끌어 가는 문인들이 이런 시니어 신인작가 들로 채워지고 있는 것이 작금의 추세다. 그러고 보면 중앙문단의 저명한 몇몇 문호들을 제외하면 이런 늦깎이 신인작가들이 오늘날 대한민국 곳곳의 지역문단을 이끌어 가고 있다는 것으로 귀결된다. 바야흐로 시니어문학 시대가 성큼 왔음을 알 수 있게 한다.

4. 시니어 문학상 급선무

그런데 이처럼 시니어문학의 시대가 왔음에도 국내에는 아직 변변한 시니어문학상 하나 존재하지 않고 있다는 게 문제다. 2015년, 대구 매일신문이 제정한 매일시니어문학상이 대한만국 유일의 시니어 문학상으로 올라 있다. 논픽션, 시(한시, 시조 포함), 수필의 세 장르에 만 65세 이상의 대한민국 사람이면 누구나 응모 할 수 있다고 한다. 등단 작가일 경우 등단 10년 이내의 시니어들에게만 자격이 주어진다. 그러면서도 소설이나 희곡 등의 장르는 제외돼있어 아직은 문학상으로의 기능마저 제대로 갖추지 못하고 있는 상태다. 이제 겨우 두 번째 수상자를 배출했을 뿐인 잉크도 채 마르지 않은 문학상이다. 특이한 점은 본인이 컴퓨터타자를 칠 수 없는 경우 타자작업 대행도 가능하다는 것이다.

두 번의 수상자 중 대상은 모두 논픽션 분야에서 나왔다. 1회 대상 당선작은 고령의 어머니가 구술하고 중년의 딸이 받아쓴 한 세상 살아 온 이야기로 논픽션 장르의 자전적 스토리텔링이었으며 두 번째 대상 역시 같은 종류의 논픽션이 수상자로 결정됐다. 살아온 삶을 되돌아보는 경험에서 우러나오는 스토리텔링의 성격이 강한 작품이어서 역시 시니어문학상다운 선택이었다 싶다.

이 상의 가치는 충분하다. 2회 응모자 수는 모두 1143편으로 시니어 문학도들의 열정을 느끼기에 하등 부족하지가 않다. 최고령 응모자는 89세의 할아버지였으며, 미국과 독일 등 해외 응모자들도 여럿 있었다고 한다.

2017년 7월에는 제 3회 시니어문학상 시상이 있었고 대상은 논픽션 '분홍고무신'의 노순희씨가 수상했다. 노순희씨는 70세라는 고령의 나이로 서울에서 청주의 충북대학교 평생교육원으로 원정수강을 다녔다. 이

번 수상은 이런 무려 3년여 동안이나 열성으로 공부한 결과에 기인했다고 해도 과언이 아니라한다. 최우수상 수상자는 3명으로 경기도 여주의 67세 홍원주 씨가 '나무꾼 강사가 되다.' 라는 논픽션으로 경기도 성남의 78세 서정호 씨는 시 '길이 물처럼 흐르고 물은 다시 돌아오지 않았다.'로 그리고 경기도 김포의 김봉순 씨는 수필 '우담바라'로 각각 영광을 안았다.

고령자를 위한 글쓰기 교육은 주로 지자체가 맡고 있다.
사진은 경남 옥포의 노인 글쓰기 대회 수상작 전시회와
경기도 시흥시 노인종합복지관의 어르신 글쓰기교실.
※ 사진 : www.okpowelfare.or.kr(왼쪽) www.shsenior.or.kr(오른쪽)

2018년 봄 현재까지 3회에 걸쳐 시상한 이 시니어문학상은 상금의 고하는 물론 작품의 질을 제쳐두고라도 고령화시대 최초의 시니어 문학상이라는 것 하나만으로도 그 가치는 충분하게 평가 돼야 할 것이다. 다만 국내 유수의 타 문학상과 비교할 경우 턱없이 작은 상금은 국내 최초이며 유일한 이 시니어문학상을 저평가 할 수밖에 없다는 현실 때문이다. 익명을 요구한 한 시니어 작가는 "돈 때문에 글을 쓰고 돈 때문에 응모하는 것은 아니라 해도 상금규모나 상의 권위를 반영하는 것으로 여겨지는 요즘 상금액 500만 원은 이 상의 권위에 의구심을 갖게 한다는 일각의 의견에도 귀를 기울일 필요가 있다"는 고언苦言을 마다하지 않았다. 물론 상금으로 문학상의 가치를 평가한다는 것 자체가 속된 평가라는 것 당연하지만 상금이라기보다 액티브시니어들에 대한 격려금으로 평가하는 것이 보다 타당한 논리라 하겠다.

아직까지 시니어작가들을 위한 순수 시니어문예지가 없다는 것 또한 시니어들의 문단 활동에 큰 제약으로 작용한다. 아무리 작품을 써도 작품을 발표할 장場이 없으면 무용지물이 될 수 있기 때문이다. 인터넷이라는 무한의 공간이 있기는 하나 대부분의 시니어 작가들과 시니어 독자들은 컴퓨터와 친숙한 사이가 아니다. 매일시니어문학상의 응모 요령에 의하면 워드마저 대신 작업해 준다는 참고사항도 있다. 시니어들의 컴퓨터에 관한 이해도를 충분히 설명해 주는 대목이기도하다. 문단 일각에서는 이런 이유로 자칫 시니어작가들의 좋은 작품이 사장될 수도 있다는 우려가 나오기도 한다. 따라서 오프라인의 시니어문예지는 하루빨리 있어 주어야 한다.

5. 유네스코문학 창의도시 부천의 액티브 시니어

2017년 11월 경기도 부천시가 유네스코문학 창의도시로 지정됐다. 동아시아 최초의 문학창의도시라는 커다란 의미를 가진 쾌거라고 부천시민들이 환호했다.

유네스코 창의도시 네트워크란 세계 각국의 도시들이 서로 교류하며 경제 문화 사회적으로 성장 발전해 가는 프로그램이다. 2004년부터 문학, 디자인, 영화, 미디어아트, 음식, 공예, 음악, 등 7개 분야에서 세계 각국의 도시를 심사해 유네스코가 지정하는 것으로 우리나라는 이천(2010년 공예), 서울(2010년 디자인), 전주(2012년 음식), 부산(2014 영화), 광주(2014 미디어아트), 통영(2015 음악), 대구(2017 음악), 부천(2017 문학) 등 8개 도시가 유네스코 창의도시네트워크로 지정돼 있다. 문학 창의도시는 문학을 매개로 한 지정된 도시끼리 서로 교류 발전해가는 것을 목표로 하며 부천을 포함 에든버러, 더블린, 프라하, 아이오아, 등 현재 세계 21개 도시가 문학창의도시로 지정돼 있다.

지난 2017년 1월 개최됐던 한국소설가협회 정기총회 및 문학상 시상식.
최근 협회 가입 신인 작가 동향에서 문단에 부는 거센 노풍老風을 느낄 수 있다.
※ 사진 : 한국소설가협회 제공

이렇다 할 세계적인 대문호의 탄생지도 활동무대도 아닌 문학자산이 빈약한 부천이 문학창의도시로 지정될 수 있었던 연유는 부천이 가지고 있는 도서관, 영화, 만화, 등 문학과 연계할 수 있는 많은 문화적인 인프라가 복합적으로 작용했기 때문이라 한다. 특히 타 도시에 비해 왕성한 활동을 보여 온 많은 시민작가들의 문학 활동도 크게 고려됐다고 한다.

지금 부천은 '전 시민 작가화 운동'을 추진 중이다. 이 운동의 중심에는 이미 30여 년 전부터 왕성한 문학활동을 지향해 오던 지금은 백발이 된 액티브시니어들이 있다. 물론 젊은 패기 넘치는 작가들이 현장 일을 도맡고 있기는 하지만 그들 뒤에는 어쩌면 그들보다 훨씬 정열적인 시니어 작가들이 포진하고 있다는 것이 그리고 그들이 이루어 온 지금까지의 문학 자산들이 유네스코 문학창의도시 지정에 크게 도움 됐다는 것을 부천의 액티브시니어작가들은 자랑으로 여긴다. 그리고 문학창의도시 발전에 기여할 내가 할 일이 무엇인가를 먼저 찾아 나서는 솔선수범도 보이고 있다.

6. 시니어 문학 지원 꼭 필요

문화관광부는 문화소외 계층인 노인들의 문화예술교육을 활성화하기 위해 많은 노력을 기울이고 있는 것이 사실이다. 지역의 노인여가복지 시설과 노인들이 이용 가능한 문화기반시설을 이용해 글쓰기교실이나 창작교실을 운용하는 것은 참으로 다행한 일이다. 그러나 의욕을 충족시켜 주는 것만큼 삶을 풍요하게 하는 것은 없음에도 불구하고 그들의 의욕을 충족시켜 줄 시스템은 아직도 요원하다는 것이 현실이다.

앞에서 언급했던 강남주 작가의 말에 귀를 기울일 필요가 있을 것이다.

"많은 노인들이 자신과 동시대를 살아온 얘기에 관심이 많습니다. 이른바 '노인문학' 또는 '시니어문학'이라 해야겠지요. 고령사회이니 만큼 이들의 문학 활동은 지원하고 격려할 필요가 있다고 생각합니다. 그래야 많은 시니어들이 자극을 받고 글을 써 경험을 나누며 보다 원숙한 고령사회가 될 것이라고 생각합니다."

'시니어문학'은 이제 겨우 출발선 상에 있다. 그들의 작품에는 진지하게 살아온 그들의 삶이 녹아있다. 아직은 설익은 신인작가들이지라지만 머지않아 수준 높은 작품으로 한국문단을 점령할지도 모를 잠재력을 가진 시니어작가들이다. 21세기는 프로슈머prosumer, 즉 '생산자producer = 소비자consumer'의 시대이다. 연애소설을 쓰는 작가도 시니어들이고 그 연애소설을 읽는 사람도 시니어들이다. 특히 역사소설 분야는 시니어가 최대시장이 될 것이다. 시니어문학 르네상스 시장이 도래하는 것이다. 시니어전문 문예지와 시니어문학상 제정의 절대적인 필요와 시급함을 한국문단 관계자들은 하루속히 이해하고 행동으로 나서주어야 한다.

제1장

문화가 최고의 복지, 호모헌드레드 사회와 문화정책

이한규

　인구 5,170만 명을 기록한 2016년은 2008년 행정자치부가 주민등록 통계 전산화를 한 이래 처음으로 만 65세 이상 노인인구가 유소년인구(0~14세)를 넘어선 해였다.

　이듬해인 2017년 8월, 우리나라는 UN이 정의한 고령사회(65세 이상인구 비중이 14% 이상)로 진입했다. 고령화가 빠르게 진행되면서 고령층이 정서적으로 안정된 삶을 살아갈 수 있도록 도와주는 국가와 지방정부의 고령자 문화정책의 중요성이 점점 커지고 있다.

　'노인복지법'은 노인의 질환을 사전예방 또는 조기발견하고, 질환상태에 따른 적절한 치료·요양으로 심신의 건강을 유지하고, 노후의 생활안정을 위하여 필요한 조치를 강구해 노인의 보건복지증진에 기여할 목적으로 하는 법으로 1981년에 제정됐다.

본 법은 노인을 후손의 양육 및 국가발전에 기여한 자로 정의한다. 노인의 안정된 생활보장, 사회적 활동 참여기회, 심신건강 유지 등 노인복지에 대한 기본 이념이 담겨있다. 노인복지법은 노인여가복지시설(제4장 제36조)과 노인여가복지시설의 설치(제4장 제37조)를 규정하고 있는데 노인여가복지시설은 노인복지관, 경로당, 노인교실을 포함한다. 노인복지관은 노인의 교양 · 취미생활, 사회참여활동 등에 대한 각종 정보와 서비스를 제공하며, 경로당은 지역 노인들이 자율적으로 친목도모 · 취미활동 · 공동작업장 운동, 각종 정보교환과 기타 여가활동을 할 수 있는 장소를 제공한다. 마지막으로 노인교실은 노인의 사회활동 참여욕구를 충족시키기 위하여 건전한 취미생활 · 노인건강유지 · 소득보장 · 기타 일상생활과 관련한 학습프로그램을 제공하는 것을 목적으로 하는 시설이다. 이러한 노인여가복지시설은 국가 또는 지방자치단체에서 설치하며, 활성화를 위해 지역별, 기능별 특성에 맞춘 표준모델, 프로그램을 개발해 보급하고 있다.

2005년 9월 제정된 '저출산 · 고령사회기본법'은 저출산, 인구 고령화에 따른 변화에 대응하는 저출산 · 고령사회 정책의 기본방향과 정책 수립, 추진체계에 관한 사항을 규정해 국가경쟁력과 국민 삶의 질을 높이고 국가의 지속적인 발전에 이바지하는 것을 목적으로 한다. 저출산 · 고령사회기본법 제14조는 "국가 및 지방자치단체는 노후의 여가와 문화 활동을 장려하고 이를 위한 기반을 조성해야 한다"고 규정하고 있다.

2013년 12월 제정된 '문화기본법'은 문화에 관한 국민의 권리와 국가 ·

지방자치단체의 책임을 정하고 문화정책의 방향과 그 추진에 필요한 기본적인 사항을 규정한 법이다. 문화의 가치와 위상을 높여 문화가 삶의 질을 높이고, 국가사회 발전에 중요한 역할을 할 수 있도록 하는 것을 목적으로 제정됐다. '문화기본법'은 모든 국민의 문화권을 규정한다. '세대나 신체적 조건 등에 관계없이' 문화·여가 생활에 관한 권리를 인정해야 한다는 점에서 노인의 문화권을 인정한다. 제4조 '국민의 권리'에서 "모든 국민은 성별, 종교, 인종, 세대, 지역, 사회적 신분, 경제적 지위나 신체적 조건 등에 관계없이 문화표현과 활동에서 차별을 받지 아니하고 자유롭게 문화를 창조하고 문화활동에 참여하며 문화를 향유할 권리를 가진다"고 명시한다.

2015년 5월 제정된 '국민여가활성화기본법'은 여가의 중요성을 알리고 일과 여가의 균형, 여가가 있는 삶을 보장하기 위해 제정됐다. 이 법으로 적정 수준의 여가보장, 여가활성화를 위한 법적 근거를 마련했고, 관련 정책 수립·시행 등에 관한 사항을 규정해 여가활동 기반을 조성했다. 국민이 다양한 여가활동으로 삶의 질을 높일 수 있도록 했다. '국민여가활성화기본법'은 노인을 사회적 약자, 우선적으로 지원할 대상으로 인식한다. 제14조 사회적 약자의 여가활동 지원조항에서 "국가와 지방자치단체는 여가정책을 수립·시행함에 있어 장애인, 노인, 저소득층, 다문화가정 등 사회적 약자의 여가활동을 증진하기 위해 필요한 시책을 강구하여야 한다"고 명시했다.

한국문화관광연구원의 연구(2016, 윤소영)는 우리나라 고령자 대상 문화정책을 복지 차원의 문화여가프로그램을 제공하는 수준으로 평가한다. 특히 현재 고령자에 대한 정책적 인식은 고령자를 소외계층이나 저소득층 및 차상위 계층 중 하나로 보고, 이들에게 다양한 지원과 혜택을 지원하는 과정에서 프로그램을 제공하는 수준으로 평가한다.

연구는 고령자를 위한 문화 활동은 기존의 사회복지시설(노인복지시설, 종합 사회복지시설 등)과 지역문화원, 평생학습센터에 의존하고 있을 뿐 종합적인 정책방향을 수립하지 못하고 있는 것이 현실이라고 설명했다. 또 고령자의 문화나 여가의 중요성, 문화향유권 및 여가권, 문화활동장려, 사회활동 참여 등에 관한 사항은 법률에 명시돼 있지만 실제로 문화를 통한 삶의 질 향상, 사회참여, 세대통합 등에 대한 체계적인 정책방향은 제시하지 못하는 한계도 지적했다. 고령자들을 위한 문화 활동 지원 사업은 지역사회복지관의 사회복지프로그램의 하나로 편성되거나 일자리 창출사업의 부수사업으로 인식돼 작금의 고령자문화예술 향유 수준을 고려한 장기적 정책입안을 하지 못하고 있다.

이런 실정을 반영하듯 2014년, 2015년 한국보건사회연구원의 조사에 따르면 고령층의 문화활동은 휴식(63.0%), 취미오락(16.4%), 사회·기타(11.4%), 스포츠참여(4.7%), 문화예술참여(2.5%) 관광(0.6%), 스포츠관람(0.4%) 순이었다. 2015년 실태조사에 의하면 고령자 82.4%가 TV시청으로 여가생활을 했다.

어르신 인문학 강의

강북구립 실버악단

중앙정부에서 전개하는 고령층을 위한 문화 활동 사업들을 보면, 고용노동부 사업은 고령자의 임금과 고용안전을 위주로 구성돼있다. 교육인적자원부는 평생학습차원에서 노인에게 교육기회를 제공해 교육프로그램 안에 문화와 관련된 사업을 하지만 고령자의 문화향유 기회확대라기보다는 취미와 교양프로그램에 머무는 경향이 있다.

우리나라 저출산 고령사회 대책에 대한 주무부처인 보건복지부의 '제1, 2차 저출산 고령화 기본계획'은 기존 연금 및 장기요양 등 노후기반마련을 위한 노인 복지대책 위주로 구성돼 있다. 제3차 기본계획(2016~2020)에는 건강관리(의료비 부담경감, 돌봄 체계강화), 노인소득보장(연금확대), 사회참여기회확대, 주거환경조성(임대주택공급, 편의시설설치), 실버산업육성 외에 고령세대의 여가기회 확대, 맞춤형 문화 콘텐츠 · 평생교육 활성화(일자리창출 및 취 · 창업지원) 등을 포함해 이전보다 진일보한 것처럼 보이지만 '고령자의 문화향유기회 확대'에는 못 미치고 있다.

한국문화관광연구원은 문화체육관광부 주도로 국립실버창작문화센터를 설립해 고령층의 문화예술 활동을 본격적으로 지원하고 이에 대한 프로그램의 개발이 필요하다고 조언한다.[13]

'100세 시대'를 부르짖는 우리사회의 생애주기형 복지지원정책은 40세까지는 매우 섬세하고 세분화돼 있으며 정책도 매우 촘촘하게 설계돼있다. 반면 65세 이상 고령자를 위한 국가와 지방정부 정책 대부분은 매우 포괄적이고, 고령자 문화에 대한 접근도 마찬가지로 촘촘하지 못한 게 현실이다.

지방정부의 고령자 문화 정책도 중앙과 크게 다르지 않아 고령자를 위한 복지 · 교육 · 문화부서가 수평적으로 나눠져있다. 노인세대 간 나이를 고려한 수직적 정책 분화가 이뤄지지 않은 채 일자리창출을 통한 자립과 취미생활위주 프로그램으로 설계돼 있다.

그러나 주민과 접점에 있는 지방정부가 문화 분야에서 고령자의 참여 기회를 확대하려는 노력을 적극적으로 하는 것은 괄목할 만한 변화다. 예를 들어 실버영화관(서울, 대구, 안산), 청춘공연장(서울 종로구, 서대문구)과 같은 단순 관람시설부터 50세 이상 성인이 연극을 체험할 수 있는 판타스틱 인생열전(부천), 노인이 영상제작교육 받고 다큐멘터리를 제작하는 시니어 멘토스쿨(부천), '검정고무신'과 같은 찾아가는 어르신 문화 나눔 봉사단(수원시) 등 참여와 체험으로 자아실현까지 할 수 있는 다양한 고령친화 문화사업이 이뤄지고 있다.

시작단계라 할 수 있는 우리나라의 고령사회 문화정책은 '행정기반 구축과 정책수립', '문화향유 기회와 참여기회확대', '노인 맞춤형 정보제공'의 3박자를 고루 갖춰야 한다. 즉 고령자의 문화향유 기회확대를 위한 국가 법령과 조례 정비, 이를 추진할 통합적 행정 컨트롤타워, 문화 향유의 기회를 확대하고 참여기회를 만드는 다양하고 내실 있는 콘텐츠, 이를 종합적으로 소개하는 매뉴얼과 적극적인 홍보가 필요하다.

1. 고령친화도시 조성에 앞장서는 지방정부

노인문화 향유기회 확대를 위한 국가 차원 정책은 '저출산 고령사회 기본계획'이 기본이 된다. 지방정부 차원에서는 세계보건기구WHO 고령친화도시 인증을 받은 도시들이 '고령 친화 관련 조례'를 제정하며 노인문화 향유기회 확대를 주도하고 있다. 우리나라에서는 서울특별시, 부산광역시, 수원시, 정읍시 등 6개 지자체가 가입인증을 받았다. 수원시는 2016년 '고령친화도시 조성에 관한 조례'를 제정해 시행하고 있다. 부천시를 비롯한 많은 국내 도시가 국제 네트워크 가입을 위해 가입신청서, 기본계획·실시계획서를 제출한 상태이며 부천시는 노인복지증진 기본조례제정을 통해 'WHO의 고령친화가이드영역'을 포괄적으로 담아내고 있다.[14)

특히, 수원시는 2016년 6월 세계보건기구WHO 고령친화도시 가입 인증을 계기로 8월 'WHO 고령친화도시 가입인증 선포식'을 열고, 세계적 수준의 고령친화도시 건설을 위한 6대 영

수원시 WHO 고령친화도시 가입인증 선포식

역 52개 실행과제를 제시한 바 있다. 6대 영역은 △인생 2막 은퇴설계 △활동적인 생활환경 △건강한 노년 △활력 있는 노년 △사회적 존중과 세대통합 △안정된 노년 일자리 등이다. 같은 해 9월에는 '수원시 고령친화도시 조성에 관한 조례'를 제정해 고령친화도시 조성을 위한 기반을 마련했고, 같은 해 11월 고령친화도시 사업 추진상황을 점검하는 역할을 하는 '고령친화도시 조성 모니터단'을 발족시켰다. 2017년 9월에는 관련 행정과 전문가가 참여하는 '고령친화도시 조성위원회'를 발족해 수원시 고령친화도시 관련 사업과 정책을 심의·자문할 수 있는 제도적 기반인 거버넌스 체계를 구축하기도 했다.

관련 법령이 정비되면 고령자 문화향유 기회확대를 위한 위원회를 구

성해 지역 내 민·관 시설, 인적자원을 활용하기 위한 거버넌스를 강화해야 한다. 도시정부는 물론 문화재단, 문화원, 종합사회 복지관, 노인복지관, 평생교육센터 담당자와 대학을 비롯한 민간 문화시설 운영자, 민간 교육 관련자를 망라한 위원회를 구성해 고령자를 위한 콘텐츠를 만들고 정보교류의 장터로 활용해야 한다.

이 위원회를 중심으로 지역실정에 맞는 '노인문화·여가생활 실태조사'를 수행하고, 지역사회의 고령자의 연령별 문화수요를 감안한 맞춤형 콘텐츠를 개발해야 한다. 각 도시의 문화정책 자문단을 비롯한 중요 시정 자문단의 일정 비율을 고령자로 구성해 고령자가 문화정책분야에서 소외되지 않도록 배려해야 한다.

2. 어르신 맞춤형 문화콘텐츠를 개발하라

고령자를 위한 문화 콘텐츠는 고령자에게 공연·영화 관람과 같은 단순하고 소극적인 문화향유 기회를 확대해주는 것부터 참여와 자아실현이라는 문화적 삶을 살 수 있는 기회를 제공하는 것까지 다양하다.

실버영화관, 공연장, 노인친화거리Eldery Friendly street 조성 등이 소극적 문화 향유기회 확대라면 뉴욕 브루클린의 '히스토리 어라이브History Alive'나 최근 해외에서 각광 받고 있는 메이커스운동15)을 고령자 층에 적용한 '시니어 메이커스Senior Makers 운동'은 적극적이고 능동적인 문화 활동으로 고령자문화 콘텐츠를 발굴하는 작업이라고 할 수 있다.

① 종로구 실버영화관을 통해 본 고령자 전용 문화시설의 건립

노인문화회관(가칭)을 건립해 노인의 문화향유 기회를 확대하고 노인이 직접 경영과 운영을 맡는 커뮤니티 비즈니스공간을 마련하는 것이 필요하다.

노인문화회관은 다양한 문화 콘텐츠를 체험하고, 고령자들이 소통하고 편히 쉴 수 있는 휴식공간을 제공한다. 또 고령자의 커뮤니티 활동을 독려하고, 특화된 문화 분야 일자리를 창출할 수 있다.

이곳에 있는 영화관에서 고령자는 영화 · 공연을 관람하고, DJ가 틀어주는 LP판으로 옛 음악을 듣고 즐길 수 있다. 옛날 만화책도 무료로 빌려볼 수 있다. 다양한 분식을 판매하는 주전부리 집, 이발소, 동아리 모임을 위한 공간의 구성 등을 생각해 볼 수 있다.

실버영화관

서울 종로 낙천동에 가면 한국 최초의 실버 영화관이 있다. 과거 대한극장, 단성사 등과 함께 우리나라 10대 극장으로 불리던 허리우드 극장이 있던 곳이다. 55세 이상의 연령에 한해 2000원에 영화관람이 가능하다. 일반 영화표의 가격이 1만 원에 육박하는 것을 감안하면 매우 파격적인 가격이다. 이 극장에는 카페와 3,000원에 추억의 도시락을 먹을 수 있는 식당, 이발소, 여성고령자를 위한 헤어드라이어, 메이크업세트가 갖춰진 뷰티 살롱이 있다. 이곳에서 일하는 사람들의 연령도 대부분 70대 이상이다. 실버영화관에서는 오래된 영화를 상영하고 같은 건물 내 낭만극장에서는 추억속의 연예인을 초청하며 공연도 한다. 이곳 카페에서 음악을 신청하면 DJ가 LP판을 틀어준다.

② 동경 '스기모 거리'식 노인친화거리 Eldery Friendly Street

향후 건립되는 고령자 전용 문화시설 인근, 기존의 고령자 주거단지 주변, 또는 고령자 밀집거리를 조사해 노인친화거리로 조성하는 것을 생각할 수 있다.

이 거리에는 노인친화 디자인을 개발해 글자크기, 단순한 형태의 그림, 간단한 문장으로 간판 등을 만들도록 한다. 또 눈에 띄는 색상을 개발해 도시기반시설 · 상가 설계 · 인테리어에 접목하고, 거리 업종을 노인친화 사회적기업, 고령친화산업물품 판매처 등이 입주할 수 있도록 한다.

락희거리

서울 종로구의 '락희거리'는 어른들에게 즐겁고 기쁜 거리라는 의미의 거리이다. 탑동공원에서 실버영화관 앞에 있으며 연간 900만 명이 방문하는 노인들의 하라주쿠라고 하는 동경의 '스기모 거리'를 벤치마킹한 것으로 '지붕 없

는 복지관' 개념을 실제화한 것이다.

서울시가 락희거리에 적용한 대표적인 '고령화 서비스 디자인'은 '상냥한 가게'이다 상냥한 가게 마크가 있는 식당은 큰 글씨 메뉴판, 현미밥을 준비한다. 특히 가게 내 화장실에는 노인친화형 변기, 세면기가 있는 '어르신 우선 화장실'을 설치하였다.

락희거리에는 일반 간판보다 큰 글씨체를 사용하고 건물 벽에는 60-70년대 유행했던 영화장면들을 그린 벽화와 KBS프로그램 전국노래자랑의 사회자 송해의 이미지를 그린 작은 무대도 있다. 식당의 경우 저렴한 가격(2~3,000원대)에 음식을 판매하고 지팡이 거치대도 설치하였다.

③ 추억의 다방이 커뮤니티 공간으로 변신

사람들이 이야기를 나누거나 쉴 수 있도록 꾸며 놓고, 차茶나 음료 따위를 판매 하는 곳을 뜻하는 '다방茶房'. 우리가 쉽게 떠올리는 다방의 모습은 근대기를 거쳐 곳곳에 서양의 문물이 어색하게 들어선 조금은 이국적인 풍경이다. 오늘날 다방, 아니 찻집이라 부르는 도심의 곳곳은 외국의 유명 커피 브랜드나 프랜차이즈 카페들이 즐비하지만, 지금도 다방들은 한국적인 분위기를 고이 간직하며 남다른 멋과 매력으로 그 맥을 이어가고 있다. 때 묻은 듯 낡은 원목 탁자와 의자, 오밀조밀 모여 있는 도자기 인형들. 그리고 약간 어둡다 싶은 내부는 키치하면서도 빈티지한 느낌. 게다가 귀퉁이에 자리한 엘피판까지 더해 복고적인 분위기도 한층 더해져 마치 과거로 불시착한 타임머신을 타고 있는 착각까지 든다. 다방. 나직이 부르면 입안에서 아련한 추억이 그윽한 향이 되어 맴도는 진한 울림이 멋진 그곳! 현대적인 감각으로 부활한 다방이 일본에서는 시니어들의 커뮤니티 공간으로 변신했다.

추억의 다방

대표적인 '추억의 다방'은 '유메다 커피'다. 주로 일본 도심에서 좀 떨어진 교외주택가나 외곽 도로변에 생겨나고 있다. 매장 수가 크게 늘어 현재(2015년 말기준) 전국에 615개나 되는 매장이 영업을 하고 있다. 유메다 커피의 매력포인트는 여유, 안정감, 친절한 서비스다. 100석 이상의 좌석, 자리도 널찍한 테이블에 폭신한 의자 등이 손님들에게 안정감과 여유로움을 가져다준다.

점원들이 직접 주문과 동시에 풀서비스를 제공한다. 매장에는 스포츠신문 등 10개 종류의 신문과 주간지, 여성지가 비치되어 있고, 눈이 침침한 장년층을 위한 돋보기 안경도 있다. 남 눈치 보지 않고 여유롭게 커피타임을 즐길 수 있다는 것이 매력이다. '유메다'는 또 퇴직자 등 시니어를 위해 모닝세트를 제공하고 있다. 오전 6시에서 11시까지는 브랜드 커피 한 잔(약 5,000원)을 시키면 찐 달걀과 토스트가 무료로 제공된다.

'유메다 커피'뿐만 아니라 '도토루', '르누아르 커피 체인' 등 일본의 유명 커피 체인점들도 이런 다방식 커피숍을 잇달아 출점하고 있다. 비싼 돈을 지불하더라도 좀 더 여유롭게 커피를 즐기고, 시간을 보낼 수 있는 공간을 추구하는 시니어의 특징을 반영했기 때문이다.

④ 세대 간 소통을 위한 고령 문화 콘텐츠

노인 문화 콘텐츠는 노인만을 위한 콘텐츠에 머무르지 않는다. 세대 간 소통, 이해를 돕는 콘텐츠를 만드는 게 중요하다. 지금의 50대가 고령자가 될 사회에 접어들었을 때를 대비해 젊은이와 노인, 두 세대의 이목을 공통으로 집중시킬 수 있는 다양한 분야의 콘텐츠 개발이 필요하다. 나이든 세대는 변화를 거부하고 자기만의 방식을 고수하고, 젊은 세대의 문화에 별다른 관심을 두지 않을 것이라는 고정관념에서 탈피해야 한다.

노인복지관, 노인전용문화시설, 공동생활가정 등에서 활용할 수 있는 문화 예술 프로그램 개발이 관건이다. 또한 이들을 위한 시설과 프로그램이 자칫 '게토ghetto화'되지 않도록 해야 한다. 노인문화정책에 대한 사회적 이해를 위해 세대 간 소통이 이뤄질 수 있는 방향의 운영방식을 고려해야 한다.

고령자 예술지원단체

Elders Share the Arts
@EldersShareTheArts

뉴욕 브루클린에 위치한 'Elders Share the Arts'는 노인이 예술 활동을 통해 자립 할 수 있는 존재로 성장하도록 장려하는 비영리단체이다.

이 단체의 'History Alive' 프로그램은 청소년 교육기관과 노인 복지기관의 파트너십을 통하여 스토리텔링을 접목한 공연예술, 시각예술, 작문 등의 다양한 분야에서 공동 작업을 진행하며 노인세대의 이야기를 젊은 세대에 전달함으로써 서로의 문화를 존중하고 공감할 수 있는 기회를 마련하고 있다.

'뉴욕 주 교육 표준New York State's Learning Standards'을 통해 학생들이 이 활동으로 학점을 인정받을 수 있는 제도적 장치도 갖춤으로써 더욱 적극적인 활동이 진행되고 있다.

⑤ 세상을 구하는 '인간 온난화'

'지구 온난화' 또는 '인간의 고립'에 맞서 '인간 온난화human warming'를 주창하는 사회적 행동으로 잔잔한 메시지를 주는 프로그램도 있다. 영국의 여러 도시와 시골 마을에서는 이웃 주민들이 야외에서 점심을 함께 먹는 '빅 런치Big Lunch' 행사가 2009년 처음 열렸다. 당시 행사에 참석한 93살의 홀몸고령자는 "야외에서 사람들과 어울려 식사할 수 있게 되다니 꿈만 같다"고 감격했다고 한다. 혼자서 생활하면서 이웃을 그리워하는 고령자들의 마음을 치유하기 위해 에덴 프로젝트가 기획한 행사였다.

영국에서 노인뿐 아니라 이웃 간 교류를 목적으로 한 "거리파티Street Party"를 개최하고 이 행사의 활성화를 위해 "빅런치Big Lunch" 프로그램을 진행했다. 야외에서 점심을 함께 먹는 '더빅런치the big lunch'는 음식 공유와 관계 회복의 연결고리가 정점에 도달해 있는 이벤트다. 도시 재생 프로젝트 '에덴프로젝트'가 2009년부터 기획해 꾸려 왔다. 6,300만 영국 인구가 모두 점심을 함께 먹고 우정을 나눌수 있게 하자는 게 행사의 궁극적 목표다. 2015년 한해 인구의 12% 가까이 되는 729만 명이 참여했다.

빅런치는 참석자들이 각자 음식을 가지고 와서 함께 어울려 먹는다. 포트럭(여러 사람들이 각자 음식을 조금씩 가져 와서 나눠 먹는 식사) 파티의 형식이다. 자신이 가지고 온 음식을 공유하며 관계를 맺어가는 네트워킹의 새로운 방식이다. 매년 커뮤니티 주민들이 거리에서 함께 점심을 먹는 것으로 이런 프로그램들이 고령자 세대의 접근과 지역사회 문제해결에 대한 관심을 유도해 낼 수 있는 좋은 매개체가 될 수 있다.

⑥ 'Senior Makers' 개최

해외에서 각광받고 있는 메이커스Makers 운동은, '모두가 크리에이터'를 모토로 진행되고 있다. 이는 4차 산업혁명을 위한 '손으로 만들어내는 문화'를 지향하는 일종의 공예운동이다. '손으로 만들어낸다'는 점을 중점적으로 차용해 노인들이 치매예방을 위해 손을 이용하는 작업을 많이 한다는 점에서 착안, 그들의 오랜 경험과 숙련된 실력으로 결과물을 만들어내는 메이커스 운동을 생각할 수 있다.

연극제, 패션쇼, 체험형 동아리, 사회적 기업부스 등 운영으로 구성되며 단순한 복지 수혜를 벗어나, 노인의 능동적인 문화 활동을 통해 노인 문화콘텐츠를 적극적으로 발굴하는 데 목적이 있다.

한국문화예술교육진흥원, '청춘제'

2012년까지 '청춘연극제'라는 이름으로 연극분야에 국한하여 진행하다가, 2013년부터는 전국 복지기관 문화예술교육지원사업의 일환으로 무용, 음악, 미술, 사진 등 여러 장르를 포함한 문화예술교육프로그램 및 공연, 전시 결과물을 공개하고 있다.

노인이 직접 자신의 이야기를 극화하여 창작극을 만드는 경우가 많았는데 이야기 전달력과 몰입도가 강했다는 평이다.

실제 운영당시 참여자의 만족도가 높았으나, 오디션 진행과정에서의 문제, 형평성 논란 등 진행과정에서의 어려움으로 인해 2015년부터는 개최되지 않고 있다.

뉴시니어라이프, '시니어패션쇼 : 노을빛 아름다운 세상'

사회적기업인 '뉴시니어라이프'는 50세 이상 남녀 누구나 참여할 수 있는 시니어 모델교실을 개설, 8년 동안 1,200명을 교육, 교육받은 모델과 함께 80회 이상 시니어패션쇼를 공연하였다. 이는 '옷을 위한 패션쇼'가 아니라 '사람을 위한 패션쇼'로서, 자세교정훈련 및 워킹훈련, 연기, 댄스, 음악, 모델이론, 내레이션 등 다양한 교육프로그램 진행을 통하여 고령자들의 관절질환, 우울증, 사회성 저하 등 노인성 질환이 자연스럽게 치유되는 효과를 경험하였다.

3. 적극적으로 정보 제공하고, 참여 이끌어야

현재 행정 · 복지 · 문화기관의 고령층 대상 프로그램 · 혜택 등을 종합한 매뉴얼을 발간해 배포하고, 주민자치센터 노인복지 담당자에게 매뉴얼을 제공해 어르신에게 프로그램을 안내할 수 있도록 해야 한다. 이용자인 고령자가 주체적으로 문화 활동에 활발히 참여할 수 있도록 정보를 제공하는 것이 중요하다.

고령층은 정보 전달매체로서 전화가 친숙한 것을 감안해 스마트폰과 같은 IT기기뿐 아니라 각 도시에 있는 민원콜센터로 노인 맞춤형 종합정보를 제공하는 것이 바람직하다. 민원콜센터에서 간단한 노인 맞춤형 정보를 제공하면 노인들이 쉽게 정보를 얻을 수 있다.

이를 위해 고령층을 대상으로 민원콜센터에 대한 홍보를 강화해야 한다. 또한 경로당·복지 시설 등 노인이 자주 방문하는 기관에 홍보 포스터를 부착하고, 노인맞춤형 정보 제공 매뉴얼에 민원 콜센터 전화번호를 추가하는 것도 필요하다. 서울특별시 '다산콜센터120'처럼 민원콜센터 전화번호를 쉬운 번호로 변경하는 것도 고려해야 한다.

고령자들을 위한 좋은 문화 콘텐츠가 있어도 이에 대한 정보제공이나 홍보가 미약하다면 체감 효과는 떨어질 수밖에 없다.

고령자와 가족을 위한 적극적인 정보제공

"Healthfinder.gov"는 미국 질병예방 및 건강증진국에서 운영 관리하는 사이트로 1,600여 개 이상의 정부 및 보건의료 관련기관에서 제공하는 정보 중에서 Healthfinder의 콘텐츠 지침에 적합한 정보들을 제공한다. "Shape-Up! Seattle"은 지역사회에 제공되고 있는 고령자 건강 운동시설과 프로그램들을 팸플릿이나 웹사이트를 통해 정보를 제공하는 사업이다. "ElderWeb-Online Eldercare Sourcebook"은 지역정보, 모임이나 이벤트, 기관, 뉴스레터, 재정과 법률, 주거 및 케어, 신체와 정신건강정보 등이 섹션으로 나눠져 있다.

"Senior Net"은 고령자들이 컴퓨터 기술을 활용하여 자신들의 삶의 질을 향상시키고, 노인의 경험과 지혜를 남을 위해 나눌 수 있도록 돕기 위한 사업들을 추진하고 있다.

일본 도쿄도 히노시는 2008년부터 아파트단지 내의 빈 점포를 활용해 시니어를 위한 '교류살롱'을 만들어 운영하고 있다. 베이비부머 등 시니어가 사회참가 계기를 만들고, 계속적인 사회활동을 유지 하도록 하기 위해 쉽게 모일 수 있는 공간이다. 즉 지역 활동의 거점 만들기의 일환으로 입실료는 100엔으로 커피, 녹차가 무한으로 리필 되는 것이 특징이다.

4. 좋은 고령자 문화정책 발굴해 확산해야

고령화가 사회 문제로 대두되면서 다양한 문제가 발생하고 있다. 가까운 미래에 인구의 다수를 차지하게 될 노년층의 문제가 가장 크다고 할 수 있다. 말리의 소설가 아마두 함파텝 바는 "아프리카에서 노인 한 분이 숨을 거두는 것은 도서관 하나가 불타는 것과 같다"고 했는데 이것은 한 인간으로 태어나 살면서 여러 가지 경험을 쌓아온 노인이 차지하는 중요성을 표현한 말이다. 그러나 현재 우리나라의 실정은 어떠한가. OECD 최고의 노인빈곤율을 언급하지 않더라도 가난과 건강문제, 외로움 등으로 고통 받고 있는 노령층이 적지 않은 게 현실이다.

인구 구조의 변화가 앞으로 우리 사회에 어떠한 영향을 미치게 되고 그로 인한 문화수요는 어떻게 변할 것인가를 분석해야 한다. 이제부터라도 은퇴 후 여유로운 마음으로 좋아하는 일을 찾아 무엇을 어떻게 즐기면서 살 수 있는가를 고민해야 한다. 긍정적인 측면에서 노인문화의 정책적 대응방안도 함께 생각해봐야 할 때이다.

문화 · 복지 정책이 국가적으로는 문화체육관광부, 보건복지부, 교육

부 등으로 수평적으로 분산돼 있고, 지방정부도 관련 부서별로 나뉘어 있다. 고령자 문화정책에 관한 기능이 통합돼야 한다. 연령별, 수직적으로 볼 때 고령자를 위한 문화정책과 사업이 정교하게 세분화 될 수 있도록 각종 정책과 사업들이 설계돼야 할 것이다.

지방정부에서 시범적으로 추진하는 고령자 문화정책 중 성공사례를 발굴해 확산하는 것이 중요하다. 단순 영화, 공연 관람에서 한 걸음 나아가 직접 참여와 이를 통한 자아실현, 나아가 지역사회와의 소통까지 이룰 수 있는 정책으로 발전시켜야 한다. 아울러 각종 고령자 문화시설과 콘텐츠를 만들 때는 고령자 시각에서 접근해야 한다. 노인들이 쉽게 이용할 수 있는 주민자치센터, 콜센터 등과 같은 낯익은 매체와 수단으로 정보를 제공하는 것이 중요하다.

현재 우리나라 대학 진학률은 80%이상이다. 미래에는 고학력 노년층의 비율이 무척 높아질 것으로 보인다. 고령화 사회에 들어맞는 '질높은 장수'를 위한 새로운 문화의 창출이 시급하다. 고령화 사회에서는 고령자를 부양해야 하는 젊은 세대의 부담이 커지면서 세대 간 갈등이 높아질 수 있다. 무엇보다 모든 세대가 함께 어울릴 수 있게 하는 정책이 필요하다.

문화의 초점을 어느 세대에 맞추든 세대 간 문화격차를 줄여 두 세대가 공통적으로 관심을 나눌 수 있는 콘텐츠를 발굴하는 게 필요하다. 대중문화에서 고급문화까지 다양한 문화적 스펙트럼 속에서 경제적으로 윤택하면 다양한 문화생활을 즐길 수 있겠지만, 그렇지 못하다고 해서 문화생활을 즐길 수 없는 것은 아니다. 문제는 경제적 환경을 떠나 젊은 시절부터 얼마나 다양한 문화를 접해보고 경험해보고 익숙해질 수 있느냐이다. 지금까지는 사실상 젊은 계층이 문화를 이끌어왔다면 앞으로는 변화가 불가피하다.

제2장

백세 대중문화 지평 확장을 위한 제언

소설의 영상화를 통한 콘텐츠개발
: 『오베라는 남자』를 중심으로

이혜경

1. 영상매체 시대

21세기의 인류는 스마트폰 하나로 텔레비전, 영화, 인터넷, 게임, 독서, 음악, 만화, 연극, 뮤지컬 등의 다양한 문화를 시공간에 구애받지 않고 즐긴다. '디지털기술로 인한 미디어의 발달이 인간의 삶의 패턴을 바꿔놓을 것'이라는 마샬 맥루한의 예견이 현실이 된 지는 이미 오래다. 디지털기술이 개별적으로 존재하던 기존의 매체들을 유기적으로 통합시킨 결과이다. 따라서 디지털매체가 오늘날의 사회 · 문화 전반을 형성하는 중추적인 대중매체라는 인식에는 이견이 없을 것이다.

인터넷을 기반으로 하는 현대의 유비쿼터스 생활방식은 기존의 인식들도 재편한다. 이에 따라 현상을 이해하는 의식도 주체적인 해석이 가해

짐으로써 다변화되었다. 디지털매체가 현대인들의 삶의 형태뿐만 아니라 문화의 양상까지 바꿔버린 것이다. 이와 더불어 현재 지구촌은 과학문명의 진보로 의료기술과 생활수준이 향상되어 고령인구가 급증하고 있다. 이에 국제사회는 아무런 준비 없이 맞은 고령화로 인해 사회 · 경제적으로 다양한 문제를 호소하고 있다.

고령사회는 노동력 부족으로 국가경제가 약화되는 건 물론이고 신체적으로 약화된 노인들에게서 나타나는 빈곤, 질병, 소외 등으로 인해 다양한 사회문제를 야기 시킨다. 국가사회는 인구고령에 따른 사회문제를 해결하기 위해 연금, 주택, 고용, 보험, 의료, 복지 서비스 등의 서비스 대책을 내놓지만 실효성의 여부는 미지수다. 국가 차원에서 이루어지는 복지서비스는 집단과 계층 그리고 세대 간의 이해관계가 충돌할 수 있기 때문에 사회적 합의가 있어야만 실현될 수 있다. 따라서 국가적 차원에서만 이루어지는 고령자 대책은 한계가 있기 때문에 근본적인 해결책을 마련해야 한다.

근본적인 고령자 대책은 노인들이 정신적 안정 속에서 길어진 노년기를 보낼 수 있는 환경마련이 필수이다. 신체건강과 인지기능이 점점 약화되는 고령자들의 특성을 감안하여 정신적인 안정에 포커스를 맞춘 대책을 강구해야 한다. 노년기는 은퇴, 자녀의 출가, 지인의 죽음, 신체적 약화로 인한 상실감, 소외감, 불편함 등이 삶의 모든 영역에서 파급되기 때문이다. 이러한 불안요소로부터 노인들을 벗어나게 할 수 있는 방법은 정신적 활동을 유도하는 일이다. 바로 현대라는 시대적 환경에 맞게 디지털매체를 이용하여 노인들을 대중문화의 소비주체로 만드는 것이다. 즉 신체적 약화와 소통의 부재에서 오는 소외와 고독으로부터 노인들 스스로 벗어날 수 있는 환경을 조성하자는 말이다. 일반적으로 젊은이들에 비해 시간이 많고, 신체적 약화로 인해 비활동적인 노인들이 가장 손쉽게 접할 수 있는 게 대중문화인 까닭이다. 이러한 현실을 반영하여 최근 텔레비전을 비롯한 다양한 매체에서 노인을 다룬 대중문화가 급증하고 있는 현상은 고령사회라는 시대적 요청에 답한 결과로 볼 수 있다.

현재 우리나라는 노인인구가 차지하는 비율이 전체인구의 14%를 넘기면서 고령사회가 되었다. 이대로 인구고령이 가속화된다면 우리나라는 노인인구비율이 41%가 되는 2060년에는 세계 최고령 국가가 된다. 머지않아 대중문화의 소비주체가 노년층으로 옮겨가리란 것을 예측하기란 어렵지 않다. 다양한 문제가 복합적으로 나타나는 노인들의 현실을 감안할 때 대중매체에서 영상이 차지하는 비율이 현저하게 높아질 것은 자명하다. 따라서 현대의 사회 · 문화 전반을 형성하는 중추적 역할을 하는 대중매체가 특수한 상황에 처해있는 노년층을 끌어안는다면 영상문화는 더욱 부각될 것이다. 최근 우리나라뿐만 아니라 전 세계적으로 노인을 다룬 소설의 영상화가 활발한 것은 이에 대한 반증일 것이다.

이러한 시대적 흐름 속에서 소설과 영화는 긴밀한 유대관계를 형성하며 상호 충돌 · 의존하면서 지속적으로 발전을 꾀하고 있다. 두 장르가 단점과 장점을 보완하고 극대화하면서 서로를 의지하는 건, 서사예술로서의 형식과 기능 그리고 대중 친화적이라는 공통점에서다. 서사의 시각화를 추구하면서 교훈과 쾌락을 동시에 제공하는 표현예술로서 수용자들이 손쉽게 접할 수 있는 대중매체라는 점에서도 두 장르의 결속력은 콘텐츠개발 차원에서라도 더욱 가속화될 전망이다. 이렇듯 디지털기술의 발달에 따른 콘텐츠개발에서 영상(영화)이 Storytelling(소설)을 필요로 하는 이유가 있다. 스토리텔링과 IT기술의 결합이라는 콘텐츠의 속성(OSMU)으로 볼 때, 콘텐츠의 소재를 제공하는 소스가 이야기에서 비롯되기 때문이다. 따라서 콘텐츠의 속성이 서사를 담고 있는 소설의 중요성을 더욱 강조한다고 볼 수 있다.

전통적으로 이야기는 문자로 이루어진 텍스트를 통해 전달되어왔다. 하지만 현대는 문자로 된 텍스트가 영화, 뮤지컬, 연극, 게임, 만화 등 다양한 영상매체로 재생산되고 있다. 하나의 이야기가 매체의 특성과 환경에 맞게 재탄생되는 것이다. 이때 다양한 콘텐츠들 사이의 소통을 가능케 하는 요소가 바로 이야기다. 따라서 어떤 매체를 만나느냐에 따라 이야기 구조가 다르게 나타난다는 것은 주지의 사실이다. 매체의 형식이 이야기 구조에 결정적인 영향을 미치기 때문이다. 이러한 사실이 콘텐츠개발에 있어서 스토리텔링의 중요성을 역설하는 것이다. 콘텐츠개발에서 이야기를 담고 있는 텍스트가 원천콘텐츠임을 감안할 때, 영상에 소설을 적극적으로 도입하는 방법론이 절실하다고 할 수 있다. 그럼에도 다양한 매체로 재생산될 이야기를 품고 있는 소설을 통한 콘텐츠개발의 활성화를 위한 작품분석은 이루어지지 않고 있다. 이러한 문제의식에서 소설을 통한 콘텐츠개발에 도움이 될 수 있는 방법을 모색하고자 한다. 이를 위해 매체이동을 통해서 같은 소재를 다루면서도 다른 이야기로의 소통을 가능케 하는 플롯을 중심으로 서사구조를 살펴볼 것이다. 새로운 이야기로 재생산되는 매체전환은 소설을 매체의 특성에 맞게 형상화하는 작업, 즉 플롯의 변형을 의미하기 때문이다.

시대적 요청에 따른 콘텐츠개발의 활성화와 백세 대중문화 지평확장을 위한 기획으로 동명소설을 영화화한 〈오베라는 남자〉를 분석하고자 한다. 이는 노인들이 정신적 안정을 누리며 노년을 보낼 수 있는 방안을 모색하고자 함이며, 이 목표가 실현된다면 노인들은 영상을 통한 평생교육의 연장선에서 자신의 지난날을 돌아보며 '자아 통합'에 이르는 노년기의 주요한 과제를 잘 수행할 수 있을 것이다. 영화 〈오베라는 남자〉는 소설의 핵심 서사를 그대로 따르고 있지만 상이한 주제의식을 드러내고 있다. 따라서 소설을 각색하여 재탄생된 영화가 어떻게 원작의 내용을 훼손하지 않으면서도 다른 주제와 미학을 탄생시켰는지 알 수 있는 좋은 예가 될 것이다.

2. 현대 노인의 초상, 오베

프레드릭 배크만의 장편소설 『오베라는 남자』는 9백만 인구를 가진 스웨덴에서 70만 부 이상이 팔리는 기록을 세우며 '오베'라는 까칠한 노인네 신드롬을 일으켰다. 이 소설은 자국의 인기에 힘입어 독일, 영국, 캐나다, 노르웨이, 덴마크, 아이슬란드, 이스라엘, 남아프리카공화국 등에서도 베스트셀러로 등극하는 기염을 토했다. 2015년 우리나라에서도 가장 많이 팔린 소설 1위를 기록하면서 침체된 출판시장에 활력을 불어넣기도 하였다. 프레드릭 배크만은 『오베라는 남자』의 출간으로 신인작가 신고식을 치르는 동시에 세계적인 스타작가로 당당히 이름을 올렸다. 따뜻하다, 울림이 있다, 감동적이다, 공감이 간다는 독자들의 평은 『오베라는 남자』의 작품성과 인기를 실감케 한다. 이렇듯 세계가 프레드릭 배크만의 소설에 뜨거운 반응을 보이는 이유가 있다. 바로 '오베'가 현대판 노인을 대변하는 시대적 초상이자, 고령화시대를 맞은 현재 지구촌의 공통된 현실인식에서다. 이러한 세계적인 현상은 소설이라는 매체가 인간존재와 세계에 대한 중요한 사회적 담론을 형성할 수 있다는 점을 시사한다.

현재 지구촌은 갑작스럽게 맞은 고령화로 인해 사회·경제적으로 많은 문제점들을 호소하고 있다. 사상 처음 겪는 일이기도 하지만 견고했던 토대들이 쉽게도 붕괴되고 급부상하는 대변혁의 시대가 겹친 탓이다. 어제의 신기술이 오늘은 낡은 것이 되어버리듯 기존의 중요했던 가치관도 하루아침에 전근대적인 것으로 전락하고 만다. 이러한 대변혁의 시대는 시대논리를 앞세워 기존의 가치관으로 살아온 기성세대를 현실무대에서 퇴출시키는 일에 가차가 없다. 현대사를 새로 쓴 기성세대를 퇴출시키고 또 다른 현대사를 쓸 젊은 세대를 현실무대에 올린다. 구시대적 가치관은 대변혁의 시대가 요구하는 변화속도를 추월하는 데 걸림돌이 되기 때문에 일고의 가치도 없는 것이다. 이런 이유로 자신의 의지가 아닌 시대적 요청으로 한 세대가 끝나기도 전에 구시대의 유물로 전락한 존재가 바로 노인들이다. 현재 지구촌의 모든 노인들이 그렇고, 소설 속 오베 역시 그렇게 뒷전으로 나앉은 신세가 되었다.

소설 속 오베는 웬만하면 마주치고 싶지 않은 까칠한 성격의 소유자다. 그는 무엇이든 신경질적으로 대응하고. BMW 운전자와는 말도 섞지 않는 등 나름의 신념 속에서 살아가는 남자다. 오베가 원칙적인 삶의 규칙성에서 이탈하지 않는 건 유년기에 체득한 철학적 신념 때문이다.

어릴 적 오베는 임원에게서 얻은 사브Saab Automobile AB를 소중히 다루던 아버지의 모습에서 사브만 타겠노라고 다짐한다. 그에게 사브는 가난하지만 정직하게 살아온 아버지에 대한 긍지와 자부심이다. 오베가 아버지의 일터를 직장으로 삼은 이유 역시 보수는 적지만 정직한 직업이라는 생각에서다. 그런 오베가 기차를 청소하다가 승객이 놓고 간 지갑을 주어 경찰서에 갖다 주고 돌아오는 길에 다시 한 번 아버지를 닮겠다고 다짐한 건 아버지에 대한 존경심에서다. 아버지가 죽으면서 16살 어린 오베에게 남긴 건, 사브, 무너져가는 집, 손목시계가 전부지만 아버지에 대한 그의 존경심은 변치 않는다.

　학교를 그만 두고 아버지 회사에서 노동자의 길을 걷게 된 오베는 톰에게 누명을 쓰고 회사에서 쫓겨나지만 고자질을 하지 않는다. 그 사건으로 야간 청소원이 된 오베는 기차에서 만난 소냐와 결혼하여 행복한 가정을 꾸린다. 오베는 아이를 임신한 소냐와 스페인으로 여행을 갔다가 와인을 마신 운전사의 실수로 교통사고를 당한다. 그 바람에 아이는 유산되고 소냐는 장애를 입는다. 이후 소냐는 휠체어를 타고 ADHD를 앓는 아동을 가르치게 되는데, 이때 오베는 술을 마신 운전사와 스페인 그리고 자국의 정부 스웨덴에 항의를 하지만 받아들여지지 않는다.

　그런 오베의 인생에 균열이 생기기 시작한 건 6개월 전 암 투병생활을 하던 아내가 죽고, 한 세기의 3분의 1 가량을 몸담았던 직장에서 해고당한 뒤부터다. 시대가 은퇴라는 이름으로 나이든 오베를 제명시켰지만 그는 변함없이 동네를 시찰한다. 주차구역, 쓰레기 분리수거장, 자전거 전용보관소 등을 돌며 누군가 원칙을 위배하지 않았는지를 살핀다. 원칙을 지키지 않은 경우를 발견한 즉시 거침없이 욕설을 퍼붓는 오베는 원칙주의자이다.

　그런데 세상은 이미 원칙이 통용되지 않는 시대가 돼버린 것이다. 현대사회는 돈을 주고 사람을 고용하는 것 외에 달리 방법을 찾지 않는 사람들로 넘쳐난다. 직접 마룻바닥을 깔거나, 습기 찬 방을 개조하거나, 겨울용 타이어를 갈아 끼울 수 있다는 건 더 이상 미덕이 아닌 세상이 돼버렸다. 이제 있는 거라곤 컴퓨터와 컨설턴트, 그리고 아니트클럽에 가거나 아파트 임대차 계약을 은밀하게 팔아치우는 지역 유지들뿐이다. 조세 피난처와 금융 자산만 있을 뿐 아무도 일하기를 원치 않는 세상에서 자기가 보고 만질 수 있는 것만 이해했던 오베는 끝내 자살을 결심하면서 인간존재에 대한 물음을 제기한다. 도대체 인간의 가치란 무엇인가?

결국 오베가 자살을 선택한 표면적인 이유는 아내의 죽음과 직장해고 때문이지만 이면적인 이유는 한 사람의 인생이 끝나기도 전에 그 사람을 구식으로 몰아버리는 세상에 대한 분노에서다. 근면한 노동이 정당화되는 세계를 확고하게 믿고 있는 '오베'가 세상에서 가장 융통성 없는 남자라고 욕을 먹는 이유이기도 하다.

소설 속 오베와 우리나라 노인들이 처한 상황은 데칼코마니처럼 닮아 있다. 시대논리로 무장한 국가사회가 실존의 숙명인 노동의 현장에서 노인들을 무참히 끌어내린 것이다. 이에 노인들은 우울하고 고독한 일생을 보낼 수밖에 없다. 따라서 지난날의 노력과 성과를 되돌아보면서 자신의 인생을 평가하여 '자아 통합'에 이르는 노년기의 주요한 과제를 제대로 수행하지 못하게 된다. 에릭슨의 지적대로 자아 통합감에 이르지 못한 노인들은 자신뿐만 아니라 타인의 삶에도 관용적이지 못한 이유가 있다. 그것은 기존 사회를 지탱해온 정신과 가치를 낡은 것으로 치부하는 젊은이들의 정체성과 배치되는 시대인식 때문이다.

요즘 젊은이들은 신자유주의의 생존경쟁에서 살아남기 위해 자신들을 시대정신으로 무장하고 혼신의 노력을 기울인다. 신자유주의가 개인의 욕망을 경제적 가치에 한정시킨 결과로 그들 힘으로는 시스템 자체를 바꿀 수 없기 때문에 달리 선택지가 없다. 그런 줄 알면서도 기성세대들은 젊은이들을 비판할 뿐 마땅한 대책을 내놓지 못하고 있다. 현실이 이렇다 보니 삶의 무대에 나란히 공존하는 두 세대의 가치관이 첨예하게 대립할 수밖에 없다. 소설 속 오베가 컴퓨터와 컨설턴트, 그리고 아파트 임대차 계약을 은밀하게 팔아치우는 지역 유지들에게 분노하는 것은 인간의 가치가 무엇이어야 하는지에 대한 문제제기인 셈이다.

　이런 맥락에서 『오베라는 남자』의 작가 프레드릭 배크만의 관심은 탈중심화, 즉 다양화로 상징되는 포스트모더니즘 현상과 조우한다. 기존의 전통적 가치관을 소중히 생각하는 오베와 신자유주의를 추구하는 다양한 이웃(지역 유지, 이란 여자 파르바네, 동성애자)은 이분법적 구도를 해체시켜 보여주려는 대척점에 서 있는 인물들이다. 이런 이유로 오베는 오랫동안 틀린 채로 살아왔다는 사실을 인정하고 대척점에 있는 인물들과 더불어 살다가 생을 마감한다. 오베가 인정한 건 자신이 고수해온 기존의 전통적 가치관이 틀렸다는 것이 아니라 자신이 모르는 영역에 대한 거부감을 허무는 일이다. 현대라는 삶의 무대에서 공존하려면 구성원들과의 다름을 인정하는 차원을 넘어 동화되지 않으면 안 되기 때문이다. 그래서 마침내 오베는 이웃집 파르바네의 딸과 소통하기 위해 현대문명의 상징인 휴대폰이라는 물건을 구매한 것이다.

　작가가 소설 속 오베를 변화된 시대 속으로 밀어 넣은 의도가 있다. 국가, 사회, 가족으로부터 소외된 노인들 스스로 같은 시대를 살아가는 공동체 일원으로서 이웃에 대한 관심과 사랑을 실천하도록 유도하기 위함이다. 이는 그동안 노인과 인간의 존재론적 의미를 집요하게 천착해온 프레드릭 배크만 작가의 세계에 대한 인식을 보여주는 중요한 표지가 된다. 다시 말해 프레드릭 작가의 담론은 노인들도 자신들과 다른 가치관과 시대맥락에서 형성된 현대문화의 다양성을 받아들이는 방식으로 소통해야 한다는 전언인 셈이다. 따라서 『오베라는 남자』의 작가는 문화의 다양성을 인정하고 이웃에 대한 관심과 사랑을 실천하다가 생을 마감한 오베를 조명했다고 볼 수 있다.

3. 동명소설의 영상화 : 로맨티스트, 오베

프레드릭 베크만의 소설 『오베라는 남자』는 출간한 지 3년 만에 매체를 이동하여 영화로 재탄생되었다. 하네스 홀름 감독에 의해 재탄생된 〈오베라는 남자〉는 삶의 의미를 다시 돌아볼 계기가 되어준 영화라는 극찬과 함께 영화제 3개 부문의 상(관객상, 남우주연상, 분장상)을 휩쓸었다. 2016년 5월 우리나라에서도 개봉되었던 〈오베라는 남자〉는 스토리와 인물 캐릭터가 한국인들의 정서와 맞닿아 있다는 평가를 받기도 하였다. 사실 베스트셀러를 영화화한 경우 관객들의 평가가 냉정하기 마련이지만 원작에 감독의 완성도가 더해진 영화가 더 좋다는 평을 받은 것이다. 여기에 더해 '인생영화'라는 관객들의 평가는 영화가 사회적 담론을 형성하는 중요한 대중매체라는 시사점을 제공한다. 그만큼 오늘날의 사회·문화 전반에 걸쳐 중추적 역할을 하는 대중매체의 중요성이 강조된다고 할 수 있다. 따라서 양질의 콘텐츠를 개발하기 위해 다양한 매체들 간의 융합과 그에 따른 효과와 문제점을 살펴볼 필요가 있다. 그리하여 매체를 대하는 비판적 의식을 갖춘다면 인간존재와 세계에 대한 사회적 담론으로 대중매체를 활용할 수 있을 것이다.

콘텐츠개발을 통한 매체이동에서 가장 활발하게 교류하고 있는 분야는 소설과 영화다. 스토리텔링과 IT기술의 결합이라는 콘텐츠의 속성으로 볼 때 소재를 제공하는 소스가 이야기에서 비롯되기 때문이다. 콘텐츠를 기획하고 개발하는 과정을 살펴보면 그 출발점에 이야기가 자리 잡고 있음을 어렵지 않게 확인할 수 있다. OSMUOne Source Multi Use라는 콘텐츠의 속성 중에 하나가 이야기라는 사실에서 서사예술인 소설의 중요성이 강조된다고 볼 수 있다. 따라서 영화가 원작소설을 지속적으로 영화화해오고 있는 것은 흥행에 실패할 위험성을 최소화시키겠다는 전략인 셈이다. 영화 제작사 입장에서 보면 이미 독자를 확보한 작품을 제작하는 것이 문학성과 예술성을 동시에 확보하기 때문에 흥행실패의 위험성을 최소화할 수 있다. 실제로 이러한 전략은 영화의 성공이 원작에 대한 관심을 유도하고, 원작에 대한 관심은 다시 영화의 성공을 부추기는 상호 상승작용을 가져오는 결과로 이어진다. 따라서 이야기를 담고 있는 텍스트가 원천콘텐츠라는 점을 감안할 때, 소설의 영상화를 적극적으로 도입하는 방법론이 절실히 요구되는 시점이라고 할 수 있다. 창조적이고 효율적인 교류가 절실하게 요구되는 시점에서 이루어지는 영화 〈오베라는 남자〉의 분석은 소설의 영상화라는 콘텐츠개발의 활성화에 기여하는 일이 될 것이다.

책 〈오베라는 남자〉 표지

영화 〈오베라는 남자〉 포스터

영화 〈오베라는 남자〉는 원작소설과 같은 이야기를 하면서도 전혀 다른 분위기와 주제의식을 보여준다. 이는 원천텍스트와 차별화 전략에서 이루어진 각색의 힘이라 할 수 있다. 보편적으로 각색이라 함은 문학작품을 영상으로 전환하기 위한 과정이다. 따라서 소설의 영상화를 위한 각색은 문자텍스트를 이미지와 소리로 번역하는 일이라 할 수 있다. 사실 각색영화는 오리지널 시나리오를 쓰는 것보다 더 까다롭고 복잡한 과정을 거쳐야 한다. 그럼에도 소설을 각색하여 영화로 만들겠다는 것은 매체전환 될 가능성이 높은 텍스트라는 의미가 된다.

감독이 독자들에게 잘 알려진 소설을 영화로 제작하겠다고 하는 이유가 있다. 원천텍스트에서 무한한 해석의 여지, 즉 불확정성의 영역을 발견했기 때문이다. 따라서 원천텍스트의 불확정성의 영역을 구체화시키는 작업이 각색의 과정에서 이루어진다고 할 수 있다. 감독은 원천텍스트를 각색하는 과정에서 자신만의 사상이나 철학적 사유를 영화 속에 녹여 예술적으로 형상화시킨다. 관객들에게 심미적 체험을 경험케 하는 동시에 작품성을 인정받고자 하는 예술가적 욕망에서다. 예술작품에 대한 감독의 욕망은 단 하나, 원천텍스트보다 미학적 완성도가 높은 예술작품을 탄생시키는 일이다. 재매개를 이룬 영화가 원작과는 별도로 독자성을 인정받는 이유가 바로 여기에 있다. 따라서 소설의 영화화는 원천텍스트를 재해석한 감독의 새로운 창조물로, 〈오베라는 남자〉 역시 이런 과정을 거쳐 재매개된 영화가 된다.

영화 〈오베라는 남자〉는 소설의 서사내용을 크게 훼손하지 않으면서도 전혀 다른 주제와 미학으로 관객과의 소통에서 성공하고 있다. 문화의 다양성을 인정하고 이웃에 대한 관심과 사랑을 실천하다가 생을 마감한 오베를 조명한 소설과 달리 영화는 아내 소냐와의 사랑에 초점을 맞춘 로맨티스트 오베를 그려냈다. 영화가 원작소설과 같은 이야기를 하면서도 어떻게 다른 이야기로 소통했는지 알아보기로 한다. 이를 위해 소설과 영화의 플롯구성에 따른 스토리텔링을 살펴볼 필요가 있다.

영화가 소설과 다른 이야기로 소통을 이룬 건 각색과정에서 플롯을 통해 차별화를 꾀했기 때문이다. 이때 반드시 스토리텔링에도 변화가 따르는데, 이는 주제를 드러내기 위한 의미망 구축에서 서사를 전개시키기 때문이다. 소설과 영화의 플롯구성에 따른 서사구조를 살펴보면 그에 따라 수반되는 플롯과 스토리의 변화를 한 눈에 파악할 수 있다. 이런 플롯구성의 비교는 하나의 핵심 스토리를 유지하면서도 전혀 다른 분위기와 담론으로 소통을 이룩한 새로운 텍스트가 원작에 대한 해석 수단도 아울러 제공해준다는 사실을 반증해줄 수 있다. 소설과 영화 〈오베라는 남자〉의 플롯구성에 따른 스토리텔링은 각각 다음과 같다.

플롯	소설	플롯	영화
발단	오베, 컴퓨터를 사러간다	프롤로그	오베, 소냐를 위해 꽃을 산다
전개 1	오베, 동네 시찰 후 자살시도	발단	오베, 동네 시찰 후 자살시도
전개 2	오베, 아버지 회상	전개	오베, 자살시도 중 과거 회상
위기	오베, 소냐의 교통사고 회상	위기	오베, 공무원과의 다툼에서 좌절
절정	오베, 파르나베의 운전교습	절정	오베, 파르나베 가족과 소통
결말	오베, 파르나베의 간호를 받음	결말	오베, 죽어서 소냐와 재회
에필로그	오베의 사후 이야기	✕	

두 장르의 플롯을 비교한 결과 영화가 소설의 플롯을 단순화시켰다는 사실을 확인할 수 있다. 영화는 프롤로그에서부터 소설과 차별화를 꾀하고 있는데, 이웃집 꼬마에게 줄 컴퓨터를 사는 오베로부터 시작하는 소설과 달리 영화는 죽은 아내를 위해 꽃을 사는 오베로부터 시작한다. 이렇듯 영화가 아내에 대한 사랑을 여전히 간직하고 있는 오베를 전경화 시

키는 구성을 취함으로써 영화의 결말은 프롤로그에 대한 결과일 수밖에 없게 된다. 이런 이유로 영화는 소설의 에필로그를 통해 들려준 오베의 죽음을 현재진행형으로 처리하고, 죽은 오베가 소냐와 재회하는 모습에서 엔딩 크레딧을 올리는 것이다. 따라서 영화는 아내에 대한 오베의 순애보적 사랑을 강조하는 플롯을 구성했다고 볼 수 있다.

이처럼 영화가 플롯을 단순화시킨 것은 소설의 긴 내용을 선택적으로 보여주기 위해 핵심인물을 전경화 시키는 스토리텔링을 구현한 것으로 풀이된다. 영화가 일관된 서사를 방해하는 과거의 에피소드들을 현재진행에 삽입하는 방식으로 플롯을 단순화시킨 것이다. 영화가 문장으로 표현된 소설의 인물 묘사를 카메라 기술을 통해 이미지를 구축하기 위해, 즉 내러티브를 구현하는 표현방식에서 오는 차이를 극복하기 위해서다. 이러한 표현방식의 차이에도 불구하고 두 장르는 내러티브라는 구조 안에서 핵심 이야기를 통해 작가의 담론을 형상화시킨다는 공통점을 지닌다.

두 매체는 각기 다른 도구를 사용하는 표현방식에도 불구하고 독자(관객)의 마음속에 이미지를 떠올리게 하여 예술적 형상화를 이룩하려는 목적은 같다. 이미지화에서 소설은 문자를 통해 독자에게 심상을 투사시키고, 영화는 빛, 그림자, 음향 등의 영상을 통해 관객에게 시각적 이미지를 전달한다. 문자로 관념적인 심상을 제공하는 소설과 영상으로 감각적인 현실을 제시하는 영화의 표현방식은 각각 스토리텔링과 이미지텔링으로 구분할 수 있다. 이런 차이에도 두 장르가 매체이동에서 긴밀한 유대관계를 갖는 것은 쌍방 간의 창작 기법과 설득력 있는 내러티브를 발전시킬 수 있기 때문이다.

미학적 형상화를 지향하는 두 장르는 시각적 속성을 공유하면서도 시각적 기재에서 명백한 차이를 형성한다. 서사구축에서 문자로 표현하는 소설과 영상으로 표현하는 영화는 예술적 형상화를 이룩한다는 측면에서는 모두 시각적이다. 하지만 표현을 드러내는 도구가 다른 이유로 수용자의 감상에서 차이를 낳는다. 소설독자는 문장을 시각적 형태로 재형상화 시키는 감상을 하고, 관객은 영화감독이 제시한 시각적 형태를 직접적으로 감상을 한다. 이렇듯 소설과 영화는 형상을 시각화하는 예술이면서도 동일한 시각예술이 아니라는 차이를 형성한다.

소설의 영상화에서 영화는 소설문장을 시각화하기 위해 동사를 적극적으로 활용한다. 카메라에 담은 컷을 분할하고 다시 통합한 컷들을 연속적으로 보여주는 방법을 쓴다. 이로써 관객들은 현란하게 프레임을 바꾸며 진행되는 스크린에서 눈을 뗄 수 없게 된다. 그럼에도 소설의 시각화에서 영화가 소설문장을 영상적으로 재해석하여 보여주지만 고유한 매체의 특성 때문에 서로 대체·환원할 수 없는 차이가 존재한다. 따라서 두 장르가 지속적인 매체이동을 통해 상호 동반상승하기 위해서는 표현방식에서 오는 한계를 극복해야 한다. 따라서 표현방식에서 오는 한계를 극복하여 소설의 영상화에 성공한 각색영화를 분석해보는 일은 매우 중요하다고 할 수 있다.

결국 소설의 영화화란 소설 문장을 시각화로 전환한다는 의미로, 추상적·관념적인 언어를 직접적인 형상으로 제시하는 일이다. 그럼에도 매체전환을 이룬 영화가 원작의 스토리를 그대로 유지하면서도 다른 담론으로 소통이 가능했던 것은 담론을 결정하는 플롯의 변화 때문이다. 소설의 영화화에서 매체 특성에 따른 서사양식을 비교하는 중요성이 여기에 있다. 서사양식의 비교는 결국 소설 작가와는 다른 영화감독의 담론을 밝히는 일이 된다.

서사예술에서 플롯의 중요성이 강조되는 것은 단순한 스토리의 나열만으로는 담론을 드러낼 수 없어서다. 반드시 플롯화 과정을 거쳐야 하는 이유는 작가의 이념이나 사상을 예술적으로 형상화시키는 것이 서사예술의 본질이기 때문이다. 소설을 충실하게 각색한 영화라 할지라도 핵심적인 스토리는 유지하지만 담론을 드러내는 플롯까지 같은 경우는 없다. 비교적 소설을 충실하게 각색한 영화 〈오베라는 남자〉 역시 플롯의 차별화를 통해 소설과 다른 담론을 제시할 수 있었던 것이다.

4. 다시 사랑으로

하네스 홀름 감독의 영화 〈오베라는 남자〉는 이웃에 대한 관심과 사랑을 실천하다가 생을 마감한 오베를 그린 원작과 달리 아내에 대한 오베의 순애보적 사랑을 강조하고 있다. 소설 속 현대 노인의 초상인 '오베라는 남자'가 영화감독에 의해 로맨티스트 노인으로 재탄생한 것이다. 이렇듯 목숨을 바쳐 사랑을 완성한 오베를 재탄생시킨 감독에게 관객들은 묻는다. 과연 이 시대에 죽은 아내를 뒤따라가기 위해 자살을 시도하는 노인이 있는가? 죽은 아내를 뒤따라가는 것이 사랑을 실현하는 일인가? 일반적으로 살아생전에 아내에게 잘못한 노인이라면 오히려 설득력이 있었을지도 모른다. 하지만 오베는 살아생전에 아내에게 최선을 다했고, 그런 아내가 죽은 지 6개월이 지난 현재까지 살아있었던 것이다. 그러니까 오베의 자살에 직접적으로 영향을 미친 건 아내의 죽음이 아니라 평생을 몸담았던 직장에서 해고당한 일이 된다. 바로 이 지점에서 관객들의 의구심이 증폭된다고 할 수 있다. 과연 오베를 로맨티스트 노인이라 불러도 좋은가?

영화는 죽은 아내의 무덤에 꽃을 바치는 오베를 보여주는 프롤로그에 이어 매일 아침 정해진 시간에 일어나 동네를 시찰하는 오베의 일상을 재현한다. 그리고 직장에서 일하던 오베가 해고당하는 장면을 보여주는데, 현재진행형의 서사를 전개시키는 영화의 시작은 사실상 이 장면부터라고 할 수 있다. 곧장 아내의 무덤을 다녀온 뒤 오베의 자살 시도는 시작되지만 번번이 이웃들로 인해 자살은 유보된다. 그럼에도 매번 오베의 자살시도는 멈추지 않는데 그때마다 오베는 아버지와 아내를 추억하며 그리움에 젖는다. 여지없이 오지랖 넓은 이웃들에 의해 자살시도가 미수에 그칠 때면 오베는 아내의 묘지를 찾아가 그립다고 말한다. 계속되는 오베의 자살 유보는 지역을 위해 솔선수범하는 그의 원칙주의자적인 성격을 보여주지만 이 장면에서 관객들은 웃음을 자아내곤 한다. 오지랖 넓은 이웃들 때문에 자살에 실패하는 게 아니라 오베가 오지랖이 넓어서 자살을 미루기 때문이다. 사실 버려진 담배꽁초를 줍고, 불법 주차된 자전거를 단속하고, 주차선을 어긴 차량의 번호를 적고, 차를 몰고 단지 안으로 들어온 운전자와 말다툼을 벌이는 그의 오지랖은 온전히 지역주민의 안녕을 위해서다. 그러니까 지역주민들이 부르는 오베의 다른 이름, 고집불통, 깐깐한, 성질머리가 고약한, 꼰대, 참견장이, 꼬장꼬장한 노인네 등은 원칙주의자 오베를 지칭하는 수식어인 셈이다.

이후에도 오베의 자살시도는 계속되는데, 그런 중에도 정해진 시간에 일어나 동네를 순찰하는 그의 일상은 변함없이 진행된다. 그 과정에서 오베는 다문화 가정, 동성연애자, 매너리즘에 빠져있는 행정관료, 컴퓨터로 소통하는 현대 사회와 더불어 변화된 세상과 마주한다. 근면한 노동이 정당화되는 세계를 확고하게 믿고 있던 '오베'는 확연하게 달라진 세상을 용납할 수 없지만 어쩔 수 없이 그들과 엮이게 된다. 결국 오베가 자살을 무기한 연기한 것은 지역사회를 위해, 이웃들을 위해 아직 자신이 할 일이 남았다는 판단에서다. 지금까지 죽기를 작정한 오베가 의미 있는 삶을 살기로 방향을 전환한 지점이 바로 영화의 중반부의 시작이 된다.

이란 여자에게 운전을 가르치는 일로 이웃과 소통을 시작한 오베는 그녀에게 사브가 아닌 볼보를 사서 친구와 결별한 일화를 들려준다. 이어 파르바네가 아내에 대해 물었을 때 오베는 회피하고 마는데, 그것은 아내를 사랑하는 그의 진정성을 보여주는 장치라 할 수 있다. 결국 매뉴얼대로 일처리를 하는 관료의 상징인 흰 와이셔츠를 입은 공무원과 말다툼을 벌인 후 오베는 파르바네에게 아내 이야기를 털어놓게 된다. 교통사고로 아이를 잃고 장애를 입은 아내 소냐를 위해 불의와 맞서 싸우는 과정에서 오베는 관료들에 대한 불신이 싹튼 것이다. 그러니까 그동안 오베가 원칙을 지키지 않는 자들을 단호하게 응징하고자 했던 심리의 저변에는 책임을 떠넘기기에 급급했던 관료들에 대한 무언의 저항이었던 셈이다. 여기 아내에 대한 그의 고백에서 그동안 수차례에 걸쳐서 자살을 시도한 오베의 마음이 밝혀진다. 살아서 지켜주지 못한 아내를 죽어서라도 지켜주고 싶었던 것이다. 아내에 대한 사랑이 깊었던 오베는 파르바네 가족과 즐거운 시간을 보내다가 어느 날 아침 죽음을 맞이하게 된다. 문상객들이 애도하는 가운데 죽어있던 오베가 몸을 일으켜 아내 소냐와 재회하면서 영화는 끝이 난다. 이렇듯 죽어서 아내에 대한 사랑을 완성하는 오베를 엔딩으로 취하고 있는 영화의 담론은 로맨티스트 오베를 조명했다고 볼 수 있다. 따라서 이 영화는 단순히 노인과 죽음에 대한 문제가 아닌 인간의 가치란 무엇인가에 대한 근원적인 물음을 던졌다고 할 수 있다.

지금까지의 개략적인 줄거리는 영화 속 배경이 되는 스웨덴의 어느 지방에 사는 오베라는 남자의 이야기다. 이 영화가 우리나라에서 개봉됐을 때 상당수의 관객들이 한국인의 정서와 비슷한 점이 많아서 더욱 공감이 갔다는 평을 내놓았다. 사실 원작소설의 작가도 감사의 말을 빌려 오베라는 남자가 실제 인물이라는 점을 밝힌 바 있듯이 영화 속 오베는 현존하는 인물일 가능성이 높다. 그러니까 스웨덴의 노인과 우리나라 노인들의 삶이 오십보백보라는 말로 영화 속 오베가 현대 노인을 대표할 수 있는 인물이라는 뜻이다. 따라서 영화 속 오베라는 노인의 행적을 객관적인 시각으로 바라볼 수 있다면 노년의 삶에 대한 통찰을 얻을 수 있을 것이다.

오베가 살아가는 현대의 스웨덴이 그렇듯 우리나라 역시 변화의 소용돌이 속 한가운데에 있다. 이러한 대변혁의 시대는 시대변화를 읽어내는 통찰력이 무엇보다 필요하다. 한마디로 유연성을 발휘하여 시대적 요구에 부응해야 한다는 뜻이다. 하지만 영화 속 오베도 우리나라 노인도 그렇지 못한 편에 속한다.

하네스 홀름 감독의 영화 속 오베는 지구촌의 모든 노인을 대표하는 인물이다. 그가 거칠고 까칠한 성격의 소유자가 된 것은 타인들에 의해서다. 원칙주의자인 그가 원칙을 위배하는 타인들과 대립각을 세우는 것은 공동체를 위하려는 신념에서다. 그가 신념을 지키기 위해 평생을 두고 싸운 건 두 가지다. 첫째, 교통사고로 장애를 입은 아내 소냐가 장애 아동들을 가르칠 수 있도록 휠체어를 탈 수 있는 환경을 만드는 일이다. 둘째, 주택가의 쾌적한 환경을 위해 차량을 통제하고 골목을 깨끗하게 유지하는 일이다.

끝내 오베는 기관과 이웃의 도움을 받지 못한 채 혼자 힘으로 두 가지 일을 해결 했다. 그렇게 불의와 맞서 싸우는 과정에서 그는 웬만하면 마주치고 싶지 않은 까칠한 노인이 된 것이다. 이러한 소설의 핵심 스토리를 영화가 그대로 따르고 있는 것은 오베를 통해 현대 노인들의 상황을 단적으로 보여주기 위해서다. 노인들을 낡은 가치관을 지니고 있는 구시대의 유물로 치부하는 젊은 세대를 반영한 설정인 셈이다. 하지만 자신의 의지가 아닌 시대적 요청으로 구시대의 유물로 전락한 존재가 노인이라면 생각을 바꿀 필요가 있을 것이다.

'노인 하나가 죽으면 도서관 하나가 불타는 것'과 같다고 했다. 노인은 급변하는 속도를 추월하지는 못하지만 시대가 변해도 흔들리지 않는 가치가 무엇인지 알고 있다. 그 가치를 밝히기 위해 영화가 소설과 다른 담론을 드러낸 것은 감독이 매체들 간의 소통을 진지하게 생각했다는 점을 시사한다. 조셉 캠벨에 의하면 '하나의 이야기는 시대적 조건에 맞게 새로운 깊이와 의미를 부여하며 계속적으로 발전'한다. 현대라는 시대적 배경과 문화상황에 맞게 새로운 담론을 창조한 감독의 영화가 성공할 수 있었던 이유이다. 이는 또 디지털 기술의 발달로 보는 것에 익숙해져 있는 현대인들이 영상을 통해 교감하기를 바란다는 반증이기도 하다.

5. 영상매체를 통한 사회적 담론 형성

현대는 개인과 국가를 넘어 지구촌 전체의 정치, 문화, 경제를 영상매체로 파악한다. 영상매체로부터 정보를 제공받는다는 사실은 현대인이 획일적으로 조정되고 통제될 수 있다는 역설을 낳는다. 소비주체에게 판타지를 심어주기 위해 최첨단 디지털기술을 이용하여 이미지를 창출하는 정보 제공자에 의해 수동적 존재가 될 수 있다는 말이다. 이미지가 매체가 되는 영상의 시대에서는 얼마든지 이념을 조작하여 대중에게 영향력을 행사할 수 있는 것이다. 따라서 오늘날의 대중은 여론을 형성하는 영상 이미지에 현혹됨으로써 가치 판단이 흐려질 수 있다. 이런 이유로 소비주체가 되는 현대인은 약이자 독이 될 수 있는 영상문화에 대한 비판적인 안목을 갖출 필요가 있다.

현대사회에서 디지털 공간은 이용자들끼리 정보를 교환·공유하며 새로운 정보를 창출하는 소통의 장으로 기능한다. 이러한 쌍방향식 의사소통은 정보를 주고받는 이용자들이 다양한 정보를 요구함으로써 뉴미디어의 효용성은 점점 커져간다. 이용자들의 다양한 욕구가 융·복합적으로 나타나는 디지털공간은 매체들 간의 경계가 허물어지는 건 물론이고 갈수록 모호해지는 양상을 띤다. 이렇듯 전 영역에서 경계들이 빠르게 재편되는 오늘날 신속하게 정보를 전달·활용하는 것이 중요해짐으로써 매체의 역할과 기능이 더욱 강조된다고 할 수 있다. 현대인의 삶의 일부가 된 매체가 대중문화를 선도하는 동시에 개인의 가치관이나 생활양식에 막대한 영향을 미치기 때문이다. 따라서 매체가 사회적 담론을 형성하는 중요한 장이 된 시대에 매체를 대하는 현대인들의 인식도 바뀌어야 할 것이다.

이런 시대에 원천콘텐츠개발에 따른 다양한 매체들 간의 융합현상에 대한 효과와 문제점을 살펴 콘텐츠들이 매체 속에서 어떤 역할을 수행하는지 고찰할 필요가 있다. 이를 위해 본고는 양질의 콘텐츠개발의 활성화를 위한 전략차원에서 소설을 영화화한 〈오베라는 남자〉를 고찰했다. 당대의 화제작을 시각적 매체로 재탄생시킨 영화라면 중요한 사회적 담론으로 활용할 수 있기 때문이다. 도가니 법과 사형제 폐지라는 사회적 담론을 형성한 공지영의 동명소설을 영화화한 〈도가니〉, 〈우리들의 행복한 시간〉이 좋은 예가 된다. 프레드릭 베크만의 동명소설을 영상화한 〈오베라는 남자〉 역시 갑작스런 고령인구의 급증으로 사회·경제적으로 다양한 문제를 호소하고 있는 국제사회에 중요한 시사점을 제공해준다.

하네스 홀름 감독의 영화 〈오베라는 남자〉는 아내를 먼저 떠나보내고 직장에서 해고당한 뒤 대인관계가 수반되는 모든 활동에서 스스로를 고립시키는 노인의 이야기다. 일반적으로 노년기에 겪는 전철을 그대로 되밟아가는 오베를 현대 노인의 시대적 초상이라고 명명하는 이유다. 노인들은 대부분 이 시기에 겪는 경험이나 변화에 적응하고 대처하는 과정에서 심리적 문제를 발생시킨다. 노인들에게 나타나는 심리적 문제는 살아온 과정에서 가장 선명하게 기억되는 외상에 대한 방어기제로부터 비롯된 것이다. 그래서 외상을 경험한 주체는 정신적으로 가장 행복했던 과거로 퇴행하고자 하는 욕구를 드러낸다고 할 수 있다. 오베 역시 아내가 죽고 직장에서 해고당한 뒤 자살을 시도했던 것은 자신의 삶에서 가장 행복했던 시절, 즉 아내에게로 회귀하고자 하는 심리에서다.

이러한 외상으로 세상을 살아갈 이유를 느끼지 못하고 자살을 결심한 오베를 구원한 건 파르바네다. 처음 파르바네가 다가왔을 때 오베는 쌀쌀맞게 굴지만 계속해서 말을 걸어오는 그녀를 무시할 수는 없다. 그렇게 조금씩 마음을 열어보이던 오베는 끝내 그녀의 가족과 깊은 정을 나누는 사이로 발전한다. 그 과정에서 오베는 자신의 아픈 과거(교통사고로 아이를 잃고 장애를 입은 아내 이야기)를 들려준 뒤 파르바네와 온전한 소통을 이룩한다. 그러던 어느 날 죽음을 맞이한 오베는 죽은 아내와 재회를 한다. 죽어서 아내와 재회하는 오베를 끝으로 엔딩 크레딧을 올린 영화감독의 담론은 다시 사랑이다.

여기서 다시 사랑이란 진정성에서 우러나오는 휴머니즘이라는 의미로 인간의 삶에서 가장 가치 있는 실천덕목이 된다. 이것이 바로 영화 전체를 관통하는 주제이자 '인간의 가치란 무엇이어야 하는가.'라는 오베의 질문에 대한 감독의 답이다. 이러한 담론은 그동안 인간존재에 대해 집착해온 하네스 홀름 감독의 노인에 대한 시대인식을 보여주는 중요한 표지가 된다. 따라서 '다시 사랑으로'라는 주제의식을 형상화한 이 영화를 시대적 담론으로 활용할 수 있을 것이다.

감독은 영화라는 텍스트 속에 자신의 주제의식을 형상화시키기 위해 시대상에 걸맞은 인물설정과 그에 따른 시대의식을 구현한다. 이것이 영화 관객들에게 몰입하도록 하는 기제로써 문제적 현실을 상기시켜 사유할 수 있는 기회를 제공하는 것이다. 바로 전 세계가 현대 노인의 초상, '오베'라는 인물에 주목한 것은 고령화 시대를 맞은 인류의 공통된 현실인식에서다. 이렇듯 영화는 인간이 살아가는 현실세계에 대한 탐구를 근본으로 삼는다. 때문에 인간 세계의 진실을 찾아내는 데 있어서 정직하다고 할 수 있다. 영화 속 인물이 설령 진실을 찾지 못하더라도 진정한 가치를 탐색하고 삶의 의미를 재발견하려고 애를 쓴다. 이런 의미에서 하나의 사태를 극복·해결하는 과정을 그린 서사예술로서의 영화는 사회적 담론으로 활용할 가치가 충분하다고 할 수 있다.

이상으로 콘텐츠개발의 차원에서 소설의 영상화에 성공한 〈오베라는 남자〉를 분석하였다. 그 결과 소설이 매체이동을 통해 영화로 재탄생되었을 때 사회적 담론을 형성하는 중요한 매체로서 기능한다는 걸 증명하였다. 이는 역으로 오늘날 사회·문화 전반을 형성하는 중추적인 디지털

매체가 영상매체라는 인식을 재확인하는 동시에 양질의 콘텐츠개발의 필요성을 역설하는 기회를 제공하기도 했다. 따라서 본 연구는 OSMU 시대를 대표하는 문화상품들이 영상으로 제작된다는 점에서 소설을 활용한 콘텐츠개발에 참신한 시각을 제공해줄 수 있을 것이다. 본질적으로 영상미디어 산업은 불확실성의 여러 요소들로 리스크에 대한 부담이 크기 때문에 이야기의 원천인 소설의 중요성이 강조된다.

자본과 영합하는 영상물은 개인뿐만 아니라 국가의 경쟁력을 높이고 고부가가치를 창출할 수 있는 문화콘텐츠산업이다. 조앤 K. 롤링이 문화콘텐츠산업의 막강한 잠재력을 보여준 대표적인 인물이다. 그는 『해리포터』하나로 엄청난 부를 거머쥐면서 삶의 반전을 이루었다. 조앤 K. 롤링이 보여주듯 문화콘텐츠산업은 개인과 국가의 미래를 바꿀 수 있는 21세기형 전략산업이다. 저비용 고효율을 가져올 수 있는 합리적 대안인 문화콘텐츠산업의 잠재력을 재고하지 않으면 안 되는 이유다.

문화콘텐츠산업은 원천텍스트 하나가 흥행에 성공하면 다양한 매체를 통해 재생산될 기회를 노릴 수 있는 OSMU의 유통구조를 창출한다. 성공한 콘텐츠를 다른 플랫폼에 제공함으로써 콘텐츠의 가치를 높일 수 있는 창구효과를 누릴 수 있기 때문이다. 국가적인 전략적 차원에서 양질의 문화콘텐츠개발이 절실히 요구되는 시점이다. 따라서 이 글은 지속적으로 수많은 변형 이야기를 만들어내는 스토리의 원천인 소설을 통한 콘텐츠의 활성화에 기여하는 작업이 될 것이다.

일러두기·미주

일러두기

영화포스터 및 사진의 출처는 www.naver.com 네이버 영화입니다.

미주

1) 이하 영화진흥위원회 통합 전산망

2) http://blog.naver.com/ohdjin11/220216313335

3) 이하 http://kor.theasian.asia/archives/162808

4) 이하 계간《공연과 리뷰》2017년 봄 호 참고 · 인용

5) Indignez Vous!, 임희근 옮김, 돌베개, 2011

6) 이하 계간《쿨투라》참고 · 인용

7) 부산영화제 프로그램 노트

8) 부산영화제 프로그램 노트

9) 이상 경향신문 7월 24일 자 인용

10) 연합뉴스 인용

11) 종합문화계간지《쿨투라》2018년 봄호 & 『2018 작가가 선정한 오늘의 영화』

12) 박은영 기자, http://magazine2.movie.daum.net /movie/49065

13) 한국문화관광연구원, 고령자시대를 대비한 문화정책개발연구, 2009

14) WHO 고령친화도시 8대 가이드라인

　　1. 안전 고령친화시설

　　2. 교통편의

　　3. 주거 편의

　　4. 지역 사회활동

　　5. 사회적 존중배려

6. 일자리 지원

7. 의사소통 정보제공

8. 지역 보건복지

15) '모두가 크리에이터'라는 점을 모토로 '손으로 만들어내는 문화'를 지향하는 일종의 공예운동

대중문화 백세를 품다

호모헌드레드와
문화산업

초판 1쇄 발행 2018년 8월 14일

지은이 임진모 이재광 전찬일 이채원 최현규 이재욱 이한규 이혜경
펴낸이 홍남권
펴낸곳 온하루 출판사

출판사 등록번호 제2014-000030호
출판사 주소 전주시 덕진구 무삼지2길 10- 3
tel 063-225-6949 | 010-7376-8430
e-mail nnghong@naver.com
ISBN 979-11-88740-11-6

값 **20,000**원